小西瑞恵著

中世都市共同体の研究

思文閣史学叢書

思文閣出版

序　文

本書は、戦後の中世史研究において、最初はその重要性が認識されず、ようやく一九七〇年代から研究が盛んになりはじめた日本の都市史研究のなかで、特に都市共同体についての実態と内部構造についての解明を、研究課題としたものである。

戦後の中世都市史研究における主要な関心は、戦前からの欧州社会経済史による学問的蓄積の影響をうけて、日本にヨーロッパにおけるような自由都市・自治都市が存在したかどうかという疑問をめぐって、展開されてきたといっても過言ではない。そこで暗黙の前提とされてきたのは、遠隔地商人に代表される諸商人が封建的な領域諸勢力に対抗して、封建社会の異物としての都市共同体を形成したという考え方であり、特権的大商人に代表される商工業者を中心とした都市民が、封建社会に対する近代市民社会の萌芽となったという命題であった。

この命題自体は現在でもなお有効性をもっていると考えるが、実際の歴史についての具体的な分析においては、封建社会における特権的大商人や商工業者の存在形態、すなわち封建社会と特権的大商人や商工業者との関わりの在り方について、実証的な解明がおろそかになりがちであった点や、都市住民のなかで諸商人が主要な分析対象になってしまい、都市共同体の全体的構造や多様な都市住民の実態を解明するまでにいたらない点に、問題があったと思われる。ヨーロッパにおいては、ほぼ一九七〇年代から、このような自由都市論的研究がもつ限界を越えようとする研究史の新しい転換がおこり、日本においても、自由都市論から封建的都市論への転換と要約されるような、従来の都市史研究の欠陥を埋めようとする新しい研究動向が始まった。

本書に収めた諸論文の出発点となった、わたしの大山崎研究（第一部第一章・第二章）は、このような都市史研究の転換をうけて、平安京西郊の淀川に面した港湾をもち、陸路水路の要衝として知られてきた山城・摂津境界の大山崎を都市として分析し、初めてその内部構造を明らかにしたもので、古代から近世にいたる都市大山崎の成立の根拠を、国家権力との密接な関連をもった商業的共同体という観点から論じている。ついで、同様な古代からの港湾都市である摂津・和泉境界の堺および摂津の平野（第一部第三章）や、伊勢神宮の門前都市である宇治・山田とその外港大湊について、中世都市としての再検討を進め、自治都市としての成立過程とその内部構造について、公界と会合に着目するという視点によって、従来とは異なる新しい都市像を明らかにしてきた（第一部第四章・第五章・第六章）。研究の軌跡を理論的に説明するために、大山崎や平野といった都市の長者と比較対照される畿内型武士団の長者である河内水走氏についての分析や、戦後の中世史を代表する都市論について、わたしの見解をあきらかにした四つの論文を、最後にまとめている（第二部　都市論と長者論をめぐって）。

このように本書は、二部・十章から成っている。各章の内容をかんたんに説明すると、つぎのようになる。

第一部の第一章は、都市史のうえで、従来から京都西郊の港湾都市ないし門前都市として知られ、商業史のうえで、八幡宮に属する大山崎油神人の在所として知られながら、その実態が明らかでなかった大山崎について、学説史上はじめて、都市としての内部構造を解明したものである。従来は漠然と八幡宮大山崎油神人と考えられ、石清水八幡宮と離宮八幡宮との関係も、本末といったり、別宮といったり、明確ではなかった。これに対して、大山崎では地主神である山崎神・酒解神・八子神が祭神となった山崎山（天王山）中腹の天神八王子社を紐帯とする宮座が営まれ、離宮八幡宮を紐帯とする宮座ではないことや、この地主神を紐帯とする都市民の宮座と重層的に、石清水八幡宮を紐帯とする油神人の宮座（商業座）が構成されるという構造を解明した。鎌倉時代後半から南北朝時代にかけて、大山崎住京神人との連帯的関係のもとに、石清水八幡宮に対する大山崎神人の決死的な反抗や要求獲得のための政治的闘争が展開され、石清水八幡宮から大山崎神人が自立する動きが盛んになってくる。十四世紀に描かれた「離宮八幡明験図」において、石清水八幡と離宮八幡が画面の上下という位相的違いはありながら、同じ日輪で表象されているように、両者が同格であるという意識や信仰がこの頃に成立する。室町時代には、幕府の全面的擁護をえた大山崎は、西日本一帯における荏胡麻油商業を独占的に展開し、八幡宮を紐帯にした商業座は、西日本一帯における油商人を新加神人として組織化するという繁栄の絶頂期をむかえる。鎌倉時代末から南北朝時代にかけて、山城から摂津の西国街道に沿った大山崎上下十一保がみえるが、これは都市としての大山崎の地域区画であり、室町時代には更に発達していく。これをわたしは〈惣町共同体〉と呼んでいる。この惣町を主導したのは、古代の刀禰にかわる八人の長者で、戦国時代における地主神の天神八王子社の祭礼を施行した長者座と、行政的組織である惣中（宿老・若衆）とは一体の関係にあった。

ついで、第二章では、大山崎惣町の起源をさかのぼって検討し、新出の正嘉元（一二五七）年の「山崎長者等山寄進状」（宝積寺文書）を紹介し、これを手がかりに、鎌倉時代後半には、八人の長者を中心にした大山崎上下十一保の都市制度の定着がみられることや、十四世紀以降の惣町が、大山崎神人からなるほぼ二五氏の殿原層によって主導されるという都市の内部構造を明らかにした。

第三章は、日本を代表する自由都市・自治都市として有名な堺を再検討したものである。堺は豊田武以来、会合衆（えごうしゅう）の都市として著名であるが、わたしは改めて堺についてのあらゆる史料を分析したうえで、会合衆を〈えごうしゅう〉と読む実証的な根拠は何ひとつ認められないことを結論している。すなわち、堺では、これを〈えごうしゅう〉と呼ぶ伝承はなく、史料的にもそう呼ぶ証拠はないうえに、むしろ会合（かいごう）と普通に読んだほうが正しいという根拠がみられる。『日葡辞書』に、〈えごうしゅう〉の項目がなく、会（かい）

を中心に結集していたことを明らかにしている。

や、会合（かいごう）の項目ならある事実も、十五世紀から十六世紀の堺で、代表的な町衆である都市議会員が、〈かいごうしゅう〉と呼ばれていた事実を証明するものと考える。さらに、会合衆の存在形態を実証したうえで、摂津・和泉の国境にある堺南北大小路町が、都市堺の中核にあり、堺を代表する南北町衆の会合衆は、この街路を中心に結集していたことを明らかにしている。

第四章・第五章・第六章は、堺の会合衆との関連から、ややもすると同じく〈えごうしゅう〉と間違えて呼ばれがちな、南伊勢における伊勢神宮の門前都市宇治・山田とその外港として発達した港湾都市大湊における会合（かいごう）の発達を解明したものである。第四章は、鎌倉時代から南北朝・室町時代まで伊勢神宮領大塩屋御園内に位置した大湊について、これまでの製塩業史研究の成果に学びながら、従来は写本でしか検討されなかった太田家文書の原本（神宮文庫所蔵）と、大湊会所文書（伊勢市大湊支所所蔵）をはじめ、多くの史料を使って、その内部構造の実態を解明したものである。近年の廻船史研究の成果によって、伊勢と東海・関東地域とが、伊勢湾から太平洋への海路を通じて、きわめて密接につながっていた事実や、大湊の製塩業者が廻船業者と重なる場合が多いことが明らかにされてきた。ここで取り上げた大湊の太田家や馬瀬家がそうで、信州松本から伊勢に移ったといわれる角屋家は、典型的な廻船商人であるが、いずれも戦国・織豊政権時代に最盛期をむかえる大湊会合を代表する会合衆で、その活躍は江戸時代まで継続することを明らかにしている。

分析視角の特徴として、ここでは空間と景観から都市にアプローチしようとする最近の都市研究の方法による絵図などの活用に加えて、地域的広域的に都市的な諸機能を検討しようとする新しい方法をとっている。大塩屋御園は度会郡高向郷・箕曲郷に位置していたが、高向郷における惣中の実態や、大湊が航行権をもっていた勢田川沿いの問屋街である河崎の分析によって、大湊との関係を論じ、同時に大湊と宇治・山田との密接な関係を論じているところである。大塩屋御園では、永享四年（一四三二）に、これまでの領家職や預所職が太田家の先祖を中心とする惣里（老分衆）によって買得され、惣里老分衆十名が都市としての行政権、すなわち自治権を獲得しているが、これは正長・永享頃から頻発する山田三方土一揆（神役人を中心にした地下人らの神人に対する土一揆）を契機にしていることを、初めて解明している。明応七年（一四九八）の東海地域大地震により、大きな被害をうけた大塩屋御園の製塩業は壊滅する。その後の港湾都市としての大湊の繁栄のなかで、太田家は会合・湊公界の中核として活躍したのである。

また、第五章では、太田家古文書の全貌を紹介し、この文書が大湊会所文書と通じる公共的な性格の一面をもっていることを、室町時代から江戸時代をつうじて詳しく分析している。第四章と第五章とは、相互に切り離せない密接な内容を述べており、あわせて大湊公界・大湊会合の成立と存在形態を明らかにしているといえるだろう。

第六章は、伊勢神宮外宮の権禰宜で山田三方年寄家であった橋村家の古文書（天理大学附属図書館所蔵）をつうじて、山田三方の会合家の歴史と実態を、具体的にあきらかにしたものである。戦国・織豊期には、宇治・山田・大湊では、それぞれ会合による自治支配体制が継続しておこなわれた。江戸時代になると、大湊は山田三方の管轄下に入るが、山田の都市議会である山田三方は、すべて外宮権禰宜たる御師によって構成されていた。御師は伊勢信仰の伝達者であるが、その檀那（室町時代は道者）との師檀関係をつうじて、米銭を中心に莫大な富を獲得することができたという意味では、都市商人であり、旅宿業も兼ねていた。鎌倉時代からの伊勢御師の歴史についても解明しているので、橋村家がこれまで説かれてきたように、西日本を縄張りにするだけではなく、戦国期に道者株の買得によって、東海・関東（甲信越）地域への縄張りを拡大していたという新事実についても、自然なかたちで承認できると思われる。

第二部は、第一部までと異なって、戦後の中世史における代表的な歴史家の学説や理論を取り上げ、都市論にかかわる所説を批判的に検討したものである。

まず第七章では、商業史的な、あるいは社会経済史的な都市論の代表とおもわれる豊田武の都市論について検討し、理論的にも実証的にも大きな蓄積であることを評価しているが、町衆の自治組織、会合衆については、第三章で詳しく分析したように、これを〈えごうしゅう〉と呼ぶ根拠がないことを論じている。

第八章では、最近の中世都市論を代表する立場にある網野善彦の学説と、対極の位置にあると思われる安良城盛昭の学説を検討している。その意図は、安良城説の家父長的奴隷制社会論を、一九九四年度の歴史学研究会大会が設定した「奴隷包摂社会」論のもとで、あたらしく見なおしてみようという点にあった。安良城説については、現代にも奴隷は存在するという人権意識から、その歴史観を新しい歴史分析に生かすことができると考えられる。しかし、都市論については、やはり安良城説のもっとも弱点とするところであると思われ、安良城が説く都市の分析においては、隷属民の存在が充分に実証されているとは認めがたい。伊勢山田三方の五ケ条の「主従作法」について、安良城が被官の主人に対する半奴隷的隷属性を述べているところについては、見当違いであると結論している。

第九章では、畿内型武士団の代表例として、戦後の歴史学における戸田芳実らの新領主制理論の典拠となった河内国水走氏の武士団について、その特質と構造を解明し、あらためて長者および御家人としての水走氏について分析を加えている。問題は大山崎の長者衆と水走氏の武士団との存在形態の比較であり、皇室領大江御厨山本河俣両執当職（大江御厨の現地管理人としての職）ほか多くの所職をもつ水走氏は、若いときには官人として京都に邸宅をもっていたし、大江御厨内外の港湾都市に出入りする事も多く、都市的な場を管轄する立場にもあった。しかし、かれは水走氏武士団の長として五条屋敷ほかを軍事的拠点としており、都市としての防衛体制に包括された大山崎の長者衆とは異なっている。

第十章は、荘園制的都市論の提唱者としての戸田芳実の学説を検討し、戦後の都市論の研究史のなかに位置付けたものである。戸田による都市論は、王朝都市としての平安京を分析しているため、その後に展開した武家政権を都市論の視野のなかに組みこんでいない。そのために、〈荘園領主制的都市論〉と要約しているが、ここで示された分析視角と方法は、以後の都市論研究において、必須のものだと評価している。

以上に述べたように、本書は二〇年間におけるわたしの都市論・都市史研究の集大成であり、ここで明らかにした会合や会合衆について、さらに研究を重ね、今後も日本における都市議会の伝統や、都市民がみずから行政権を行使して、都市自治をおこなってきた歴史を解明するために、研鑽をかさねたいと考えている。

中世都市共同体の研究　もくじ

序　文

第一部　惣町と会合の発達

第一章　地主神の祭礼と大山崎惣町共同体 17
はじめに 17
第一節　八幡宮の成立と山崎神の祭礼 18
第二節　商業座の展開と大山崎十一保の成立 28
第三節　「離宮八幡明験図」の成立 36
第四節　日使頭祭の再構成と大山崎神人 43
第五節　惣中結合と天神八王子社の祭礼 53
おわりに 66

第二章　中世都市共同体の構造的特質―中世都市大山崎を中心に― 75
はじめに 75
第一節　山崎神の祭礼と山崎長者 76
第二節　大山崎惣町の形成 84
第三節　大山崎惣町の内部構造 87
おわりに 90

第三章　戦国都市堺の形成と自治――99
第一節　学説史と問題点　99
第二節　堺の都市的発達の前史　104
第三節　会合衆・町衆の発展　112
第四節　自治都市堺の構造　121
おわりに　132
第四章　大湊会合の発達―宇治・山田・高向・河崎との関係を中心に―――139
はじめに　139
第一節　大湊研究の問題点と課題　140
第二節　大塩屋御園と大湊　142
第三節　高向郷老若と大塩屋惣里老分衆の成立　148
第四節　大湊公界の成立と宇治・山田　157
おわりに　162
第五章　会合年寄家文書から見た都市行政―伊勢大湊太田家古文書についての一考察――167
はじめに　167
第一節　大湊太田家と文書の伝来　169
第二節　中世の大湊における太田家　175

第三節　太田家古文書からみた大湊会合　180
第四節　中世末から近世の太田家　186
おわりに　190
第六章　戦国期における伊勢御師の活動―橋村氏を中心に―　193
はじめに　193
第一節　御師橋村氏の師檀関係　195
第二節　土地集積と金融　204
第三節　山田三方と上中之郷老若　209
おわりに　217
第二部　都市論と長者論をめぐって
第七章　豊田武の都市論・会合衆論について　223
はじめに　223
第一節　都市の概念と類型について　226
第二節　比較史的観点による都市研究の現状　231
第三節　町衆の自治組織、会合衆について　234

おわりに　229

第八章　安良城盛昭の奴隷制社会論について　243
はじめに　243
第一節　アジア的生産様式論と安良城学説　245
第二節　「奴隷包摂社会」論と網野善彦批判　250
第三節　比較史的観点による展望　257
おわりに　262

第九章　水走氏再論―畿内型武士団の特質と構造―　265
はじめに　265
第一節　水走氏研究と問題点　266
第二節　中下級官人から開発領主へ―水走氏武士団の形成期　271
第三節　長者および御家人としての水走氏　275
第四節　水走氏武士団の構造と特質　280
おわりに　283

第十章　戸田芳実の都市論・交通論について────289
はじめに　289
第一節　在地領主制論から荘園領主制的都市論へ　290
第二節　王朝都市と荘園体制をめぐる諸問題　296
第三節　比較史的観点による展望　300
おわりに　307
あとがき　311
索引

第一部　惣町と会合の発達

第一章　地主神の祭礼と大山崎惣町共同体

はじめに

一九六〇年を画期にして現在にいたる中世史研究の主要な関心が、国家論・国家史をめぐる諸問題に移ったことは、広く知られているところである。この新しい研究動向の嚆矢となったのは、黒田俊雄の権門体制論や石母田正の理論的問題提起であり[1]、ことは従来の中世史研究の再検討を促すほどの深刻な影響を及ぼしている。それ以来中世前期史においては、王朝国家論や鎌倉幕府論、中世的身分と階級の構成論・村落共同体論といった各分野での研究が着実に積み重ねられ、国家論構築のための積極的努力がみられるといってよい。しかしながら、中世後期史においては、あまりにもこのような積極的試行が欠けている。室町幕府論や戦国社会史の研究、峰岸純夫の提起した人民闘争史の視点から見た国家論[2]といった種々の成果をもとに、中世前期と後期を結ぶ研究が、さらに意図して続けられねばならないであろう。

私は中世国家論のためには、中世的共同体の再検討が不可欠な課題であると考え、ここでは、朝廷・幕府の擁護を背景にした石清水八幡宮という宗教的権門（荘園領主）によって、その特権的身分を保証された大山崎油神人が形成した商業的共同体の解明を課題とした。従来、前近代社会における共同体論が問題にされる場合、それは必ずといってよいくらい村落共同体を念頭において提起され論議されつづけてきたのであり、[3]そのような立場から私も地域的な村落共同体について論じたことがある。[4]しかし、大山崎惣のような特権的座商人の職能的組織を包含する商業的共同体を、いわゆる村落共同体として同一には論じられない。それはその形成の端緒から、公権力からする密接な規定性を刻印されているからである。

このような大山崎惣が石清水八幡宮に近接する門前都市的[5]様相を呈するのはいうまでもないが、ここでは中世を通じて一貫する商業的共同体として性格規定し、商業史的観点を前提にした上で、公権力の膝下にあるという特定の条件がもたらす支配被支配の問題に迫るという分析方法を取った。都市研究が非常に盛行している現状であるが、「都市とは何か」という根本的命題が共通に了解され論議される段階には至っていない、と考えるからである。以上はあらかじめ私自身の分析視角を明らかにしたものであり、本稿の課題は、近年発見された戦国時代以降の七冊の日記「童使出銭日記」[6]（大山崎の地主神である天神八王子社の祭礼記録）を重要な手懸かりにして、大山崎における座と保と惣の起源や相互関係についての諸問題をめぐって、研究の第一歩をしるすことにある。

第一節　八幡宮の成立と山崎神の祭礼

現在離宮八幡宮の鎮座する京都府乙訓郡大山崎町とこれに隣接する大阪府三島郡島本町地域は、木津川・宇治川・桂川の合流点の対岸に位置し、かつての山城・摂津両国境にある。山崎の地は孝徳天皇の白雉四（六五三）年の「山碕」宮[7]や天平一三（七四一）年の「東大寺奴婢帳」[8]記載の「乙訓郡山崎里」「間人造東人」の戸籍によって、古代からその名を知られているが、とくに平安京の時代にいたると、都の西郊に位置し、水陸両交通路を兼備するこの地域は淀津と並ぶ交通の要衝地点として、山崎津・河陽津と呼ばれ、都の外港的機能を果たしていた。津頭に聚落が早くから成立していたことは、平安初期の弘仁四（八一三）年二月の「津頭三十余家失火」（日本後紀）や、貞観六（八六四）八月の「山崎橋南四十余家流失」（同上）という記事が示し、斉衡二（八五五）年一〇月一八日には「山城山崎津頭失火、延焼三百余家」（文徳実録）とあるから、人口の稠密ぶりも当時としては相当のものだった。この聚落には船舶の通交を収入の糧とする運送業者や遊女達以外に、酒造業や「此地累代商売之廛遂魚塩利之処也」(10)とあるような魚塩商売をはじめとする数々の商家が含まれていた。(9)

このように交通・流通上の要地として発展してきた山崎地方は、同時に政治的な要地でもあり、山崎駅・関戸院・河陽離宮・相応寺といった著名な建造物が設置されるところであった。都から西国街道に通じる陸路には、「山城国駅山埼廿疋」（延喜式）とあるように伝馬二十頭を常備する山崎駅が置かれ、加えてこの地は風光明媚な水無瀬野（水生野＝現在の島本町）に隣接していたから、奈良時代より平安時代初期にかけて天皇の郊外に遊猟する風が盛んになるにつれて、度々天皇の行幸する地となり、とくに嵯峨天皇の時代に「山崎離宮」(11)または「河陽宮」が行幸とされ、この頃かつての摂津関（山崎関）が廃止された跡に、都への関門として貴族のしばしば利用する公設の宿泊施設としての関戸院(12)が置かれた。また、山崎津頭には権僧正壱演の開基した相応寺が、貞観八（八六六）年の勅命により木工寮の手で建造された。(13)

以上を要約すれば、山崎地方は山崎津を中枢に古代から政治・経済・交通上の要衝地点として繁栄してきたところであり、京都から見れば、その西喉を扼する重要な機能を果たしていたのであった。貞観元（八五九）年の清和天皇の時代に、南都大安寺行教和尚が豊前国宇佐宮より八幡神を勧請し、山崎の対岸男山（現・京都府八幡市）に石清水八幡宮と神宮寺（護国寺）が造営されることによって、山崎地方の歴史は新しい段階を迎え、中世の山崎地方は男山の宮寺経済に大きく左右され、政治的・宗教的にも大きな影響をこうむりながら共に発展していくことになるが、前述したようなこの地方の歴史は、以後の八幡宮と結合して展開する大山崎（八幡神の山崎離宮鎮座以後の山崎）(14)を見ていく上で、重要な前提となるものである。

貞観元（八五九）年における八幡神の男山勧請を記したものに、『石清水文書』所収「宮寺縁事抄」の記事がある。

行教和尚貞観元年己卯四月十五日辛□参着宇佐宮、転読大乗経、念持真言奉廻向三所大菩薩、九旬已畢、欲帰本都之間、七月十五日戊辰夜示現吾感汝善、不可忘、近都移座、鎮護国家、同月廿日癸酉京上、八月廿三日丙午到来山崎離宮辺、同廿五日夜戊辰示宣可移座処石清水男山之峰也、

これによると、九州宇佐宮から八幡神を勧請した行教が、貞観元（八五九）年八月二三日に山崎離宮辺に到来したところ、同二五日夜宣旨が下り、石清水男山の峰に移座したと記している。八幡神が石清水に実際に鎮座したのは貞観元年ないし二年とされるが、その成立事情については何らあいまいな点はない。ところが、淀川を隔てて男山と相対する現在の離宮八幡宮の成立事情(15)については不明な点が多い。まず厳密にしておきたいと私が考えるのは、石清水八幡宮の成立と軌を一にして離宮八幡宮が成立したのではないという事実である。もちろん、離宮八幡宮の起源が、貞観元年八月二三日における八幡神の山崎離宮遷座にあることは明確である。しかし、山崎離宮への八幡神遷座を後の離宮八幡宮の起源とすることができても、すなわち離宮八幡宮の成立だと認めることができないのは、つぎの理由からである。山崎離宮は、貞観三（八六一）年に山城国司の請により山城国府の設置される所となり、その後も山崎離宮はつぎに見るような記録を通じて、十世紀末まで「河陽離宮」あるいは「河陽館」として名を留めているのである。

貞観八（八六六）年閏三月、河陽離宮で大般若経を転読する（三代実録）

元慶五（八八一）年正月、斎内親王河陽宮を通る（同上）

延喜八（九〇八）年十一月、河陽離宮の建物を山城国に下げ渡す（朝野群載）

寛和三（九八七）年正月、入唐帰朝僧奝然、河陽館に着く（続左丞抄）

貞観三年の山崎離宮への山城国府移転の際、離宮の名を残し、行幸ある時は掃除するという条件で、国府の政庁として使用することを許可されたものであったが、延喜八年には山城国府に下げ渡され、十世紀後半には「河陽館」と名称が変化している。[16] この変化は、たとえば関戸院の例に伺えるように、公共の宿泊施設的役割を兼ねるものになっていったことを示唆する。このように、河陽離宮は十世紀にいたるまで離宮八幡宮と公称されることはなく、その後は史料的断絶があるため、離宮八幡宮の成立について明徴を欠くのである。すなわち、現在の離宮八幡宮に伝えられた「離宮八幡宮文書」は、鎌倉時代の史料として貞応元（一二二二）年一二月の「美濃国下文」（一号）[17]と、同年一二月一七日付の「六波羅下知状」（二号）の二点を有するに過ぎず、外は全て十四世紀以降の史料である。しかも文書中に離宮八幡宮に関連した名称が見られるのは、縁起類を除けば十五世紀中葉（文明頃）の「細川勝元書状」（一三九号）における「於離宮神前以湯起請可令落居旨」が初見である。私見によれば、「離宮八幡宮文書」の文書記載様式に一般的な「八幡宮大山崎神人」は「石清水八幡宮大山崎神人」のことであり、「離宮八幡宮大山崎神人」でないことは、明らかである。

延久の荘園整理令に関連する『石清水文書』所収、延久四（一〇七二）年の「太政官牒」によると、淀川原埼地畠八町と在家は、地子は石清水八幡宮が取得し、在家公事は国衙に勤めていたところが、「或四衛府供御所狩取宮寺神人諸家散所雑色」を称して、公事を勤めなくなったという。[18] この淀川原埼地は「在乙訓郡」に明らかであるように、大山崎近辺（川原崎荘）を指すものである。九世紀後半の貞観一六（八七四）年一二月より山崎津は検非違使の管轄下に入り、淀津・大津と共に使庁官人（佐・志・府生・看督長）による津廻（津の巡検）が津の政所を基点に下級役人である津の刀禰の前行で実施されていた。[19] 一方、永承三（一〇四八）年十月、関白藤原頼通の高野山参詣に際し、「淀山崎刀禰散所等」が十一艘の板屋形船を造ったとの記事[20]が見え、これは摂関家の山崎納殿に由来するものだといわれる。[21]有名な寛徳二（一〇四五）年五月の水無瀬荘田堵秦重時以下が、「或称八幡宮寄人、或号殿下散所雑色、鎮致遁避者、同欲被令究済地子物」[22]云々の記事に見える「殿下散所雑色」が存在し、錯綜した支配形態を示しているが、朝廷の擁護を背景にした石清水八幡宮の宗教的権門および荘園領主としての発展に応じて、漸次「宮寺神人」「八幡宮寄人」を中心とする大山崎の神領化がなされていったものである。[23]

八幡宮（以下、石清水八幡宮を八幡宮と略称する）大山崎神人は、[24]八幡宮を紐帯とする宮座を構成し、例年四月三日の日使神事を第一の重役とする外、御綱引・鏡澄奉仕などを負担し、八幡宮内殿燈油を調進するといった雑役奉仕や手工業製品の上納を通じて、男山支配に結びついていた。この日使神事とは、前述した貞観元（八五九）年八月二三日の僧行教による八幡神の山崎遷座と山崎からの男山遷座という故事にのっとり、山崎から勅使少将代（神官）を中心に祭列を整え、淀川を越えて男山八幡宮に渡るもので、この祭列の頭人を勤めた神人を日長者と呼び、神人中資財豊富な者を選んで毎年差定したものだが、その祭礼は華美を尽くし、一世一代の大役だったという。[25]この日使神事（日使頭祭）の史料的初見は、藤原定家の『明月記』である。

（A）建永二（承元元年＝一二〇七）年四月三日の条

「今日山崎民家悉経営、有毎年祭礼云々、其路渡播磨大路参八幡云々、」

ところが、同じ『明月記』に四月八日および十日の「辻祭」の記載が見える。

（B）建仁二（一二〇二）年四月の条

「八日、（中略）此辺辻祭、二社被渡御前、其中一方頗副田楽等供奉、土民等毎年営此事云々、施種々風流、」

「十日（中略）辻祭如一昨日、」

(B)の祭礼については、後の戦国時代に盛行する大山崎の地主神としての天神八王子社の祭礼が、四月八日を例祭として営なまれているため、両者の間に相互連関性が想定されているが、これまで定説がない。結論から先に述べれば、私は(B)の辻祭が後の天神八王子社の祭礼の古い形態を示すものであり、さらに天神八王子社は山崎神および酒解神の中世的祭祀形態だと考えるものである。以下煩を厭わず、大山崎の産土神としての山崎神と酒解神の関係から検討してみたい。

(一) 承和六（八三九）年四月の条（続日本後紀）
奉授無位自玉手祭来酒解神従五位下云々
(二) 承和十（八四三）年四月の条（同右）
坐梅宮正五位下酒解神。従五位下大若子神。従五位下小若子神三前。並奉授従四位下。従五位下自玉手祭来酒解神一前正五位下。並預名神。
(三) 承和十年四月の条（同右）
山崎神預之名神。
(四) 承和十五（八四八）年三月の条（同右）
勅奉充山城国乙訓郡山崎明神御戸代田二町。
(五) 十世紀初期編纂の「延喜式」
自玉手祭来酒解神社名神大。月次新嘗。元名山崎社。

現在、天王山中腹に位置する酒解神社は、「自玉手祭来酒解神社」と呼ばれるが、右に見るとおり、この酒解神の神格については不明な点が多い。(五)では「自玉手祭来酒解神社」が元は「山崎社」だと記されているが、(一)(二)に見える自玉手祭来酒解神と(三)(四)に見える山崎神の関係については必ずしも明らかではなく、栗田寛の『神祇志料』および『神祇志料附考』で言及しているように、伴信友は山崎神と酒解神は各別神にて二座、山崎神社はもとよりありし社にて酒解神は後に祭り来れるものと解し、栗田寛は山崎神＝酒解神、すなわちこの神は梅宮（京都府葛野郡梅津）に坐す酒解神の子神なるをもって梅宮を崇奉るに付て位階を授奉ったものだが、承和十年にこの神をも梅宮に遷祭るにつき、自玉手祭来酒解神とて坐すは山崎神なることを公称したものだ、と解している。

私見によれば、栗田説のとおり自玉手祭来酒解神は酒解子神であるが[26]、ただちに山崎神＝酒解神とするのは不自然であり、伴信友説も山崎神と酒解神が各別神にて二座とするのはうなずけるが、もともと山崎神社が存在したかどうか確証のかぎりではなく、両説とも一長一短がある。酒解神は山崎の地にも由緒の深い嵯峨天皇の大后橘氏の信仰と関係深いといわれ[27]、それが山崎山を神聖な山として崇拝する山崎地方の人々の山神信仰と融合して山崎山上に祭られ[28]、九世紀以降山崎神が酒解神と解されるようになった、と考えられるのである。自玉手祭来酒解神が山崎神とは別神であることは、

（六）貞和四（一三四八）年の「離宮八幡宮別宮本紀或謂石清水[29]」

梅宮　酒解子命

貞観二年八月二十三日宦符改浅間社称梅宮給、当宮影向者神武天皇四年二月乙酉也

（七）文禄四（一五九五）年の「倉之内諸社鎮座本紀」

梅宮　奥ノ町有之

当社ハ酒解子神ノ御鎮座也、或者浅間社トモ云、古老曰、此神ハ八幡宮御遷座已前此地ニ御鎮座なりと云々、又社号梅宮ト申奉ル事、貞観年中以来往古ハ浅間社ト申セシ也、此社号深故是あり、

右の二つの縁起に、大山崎の倉内保鎮座の梅宮（酒解子命鎮座）が、元は浅間社だったとある点からも推論で

きよう。

さて上述した山崎神および酒解神は、じつはつぎに見るとおり、「八子神」「八子宮」と密接な関連を有するものである。貞和四（一三四八）年正月一二日の日付と、社司井尻播磨守紀則孝の花押を有する「離宮八幡宮別宮本紀或謂石清水」[30]によると、

八子宮

貞観十一年十二月二十九日本宮江宦幣日宦符入於宦社、同十五年二月八日己卯勅参議正四位下行左大弁兼勘解由長官近江権守大江朝臣音人本宮江奉大幣帛、改当社号奉授官号給、是去三月二十三日内外頻見恠異、故有御祈其報賽也、然天暦二年三月十五日小野道風詣本宮而自船路欲□□花洛而到河陽橋起異風不得乗船于時自童物狂誨曰、依之額書以懸之風為順而発船、故世人淀川帰行為守護神、当宮鎮座者養老元年六月六日祭所五男三女神相殿二座、或以有峯而謂上宮也

右の縁起を通じて、山崎山（後の天王山）に八子宮（上宮）が鎮座し、八子神を祭り、天神八王子とも呼ばれ、淀川往来の守護神として世人の崇拝をあつめていたことは、史実と見做して誤りないと考える。したがって、ここでいう八子宮とは後の天神八王子社のことであり、現在の天王山中腹に位置する自玉手祭来酒解神社の位置に、かつて天神八王子社が存在していたことは、種々の事実から証明されている。[31]要約すれば、山崎神（酒解神）の中世的祭祀形態が八子宮ないし天神八王子社であり、この天神八王子社は「牛頭天王社」[32]とも記されているように、祇園社の牛頭天王信仰と結びついている。天神八王子社とは、山神信仰に橘氏の氏族的信仰が加わり、さらに十世紀以降祇園社の御霊神的発展[33]に影響され、牛頭天王を本地とする天神八王子信仰を習合したものである。酒解神社のかたわらに鎌倉時代のものとして重要文化財に指定されている極めて珍しい建築様式の神輿庫が存在するが、この神輿庫は天神八王子社の時代の遺構として、非常に重要なものであると私は考えるのである。

『本朝世紀』によると、天慶八（九四五）年七月から八月にかけて、志多羅神・小藺笠神・八面神・文江自在天神とも呼ばれる土俗的神祇が西国より入京するという、いわゆる志多羅神の上洛騒ぎの折、摂津より志多羅神と号する神輿三基が山崎郷に移り、ここから山崎郷刀禰等が「貴賤老少」「郷々上下貴賤」からなる大群衆を率いて歌舞奉幣しながら神輿（六基）を石清水八幡宮に移座したのは、著名な事実である。[34] また、これより先の天慶二年九月二日の『扶桑略記』所収の記事に、近日都の左右両京大小の街頭では、木を刻んで一対の丈夫と女形神像をつくり向い合せて安置することが流行するという、洛中岐神の流行が記されている。岐神とは、ふなどのかみ、さへのかみと呼ばれる原始的土俗信仰と御霊信仰とが習合した形態である。[35]

ひるがえって、『明月記』記載の（B）の辻祭の記事を考えるならば、辻祭の名称自体は街の辻にある小祠、辻社の祭礼で道祖神的性格を指すものである。現実に定家は「播磨大路道祖神」[36] を記録している。私は十世紀中葉における洛中岐神流行の史実に触発され、加えて志多羅神の上洛騒ぎにみられる土俗的神祇の描写に、十三世紀初頭における辻祭の先駆的形態を認めうると考える。すでに、（A）の八幡宮を紐帯にして営まれる日使神事（日使頭祭）に対して、山崎神（酒解神）から天神八王子社に展開していく大山崎の産土神的・共同体的信仰の系統が存在したことを明らかにしたが、その観点からすれば、（B）の辻祭の位相はおのずから明らかであろう。すなわち、この辻祭こそ後の戦国時代に盛行する天神八王子社の「童使」を中心とする祭礼に発展していく、大山崎の土俗的・産土神的信仰の系統に位置する共同体的な祭礼なのである。

定家によると「二社被渡御前」とあり、祭礼も四月八日と十日にわたっているから、ただちにこれが天神八王子社の祭礼だとは断定できないとの異論が成り立つかもしれない。しかし戦国時代の天神八王子社の祭礼記録である「童使出銭日記」の「一　童使年中行事覚書」に

（四月）八日五位川・辻ノ御クウニ社ノ分ロンシニカ、セテ、一長者ノ所へ取寄セラレ候テ、コレヲハクル、

八王子ニテホウナウノ酒三ヒサケ也、四月九日ハケ物長者四人内不参ナレ共マイラセラレ候、五位川御コク平子三ノ内二ヲ此座（溝口座）へ取、清（白）酒也、辻保御コク平子三ノ内二ヲ此座へ取、清酒也

とある。のちに詳しく論じるように、戦国時代の天神八王子社の祭礼は、大山崎全体の大座を代表する祭祀主体として「五位川大政所座」と「溝口座」の両大政所座「長者座」が上位に位置し、祭礼に当っている。したがって右の記録に「五位川」の名称が頻繁に出るのは当然である。しかし「辻」「辻保」にはそのような必然性はない。また、この祭礼は四月八日と九日にわたっている。以上の事実から総合的に判断して、この辻祭が後の天神八王子社の祭礼に発展していく祭礼であることを、否定することはできないと考えるのである。

酒解神社の神官を代々勤めていた大山崎の河原崎家に、明治二八年に河原崎貞輝が描いた絵図「式内自玉手祭来酒解神社旧祭礼行列正式」が伝わっている。その冒頭部に

天王山坐自玉手祭来酒解神社之御鎮座者雖有太古、応仁頃社伝旧記悉焼亡ス、於茲創立之年代不詳、雖然人皇四十五代元正天皇御宇養老元丁巳年再建、人皇五十五代仁明天皇御宇承和六己未年自四月例年卯月八日為勅使正五位下少将参向雖在、治承四年依兵乱勅使社職難可山崎神官ヲシテ勅使為少将代大祭礼其正式可執行旨被宣下、

と記され、承和六（八三九）年四月より例年卯月八日（現在五月五日）を勅使正五位下少将参向の日とした、とある。これは前述した史料（一）で承和六年に無位自玉手祭来酒解神に従五位下を授けたとある『続日本後紀』の史実を受けたものであり、この「自玉手祭来酒解神社旧祭礼行列正式」こそが、戦国時代に盛行する天神八王子社の祭礼を伝える絵図であることが解る。

以上、『明月記』に記された二つの祭礼に拠りつつ、八幡宮を紐帯にして構成された大山崎神人の奉仕する四月三日の日使神事（日使頭祭）とは別に、山崎神（酒解神）から八子神へ展開する天神八王子社の祭礼（辻祭）が

存在したことを明らかにしてきた。従来の定説では、八幡宮を紐帯にして構成された大山崎神人の宮座（商業座）が大山崎の宮座とされ、四月三日の日使神事（日使頭祭）が大山崎の祭礼とされてきたが、以上の実証を通じて、これまで大山崎神人の座をめぐって提起されてきた先学諸氏の見解は全て再検討する必要が生じるであろう。私は大山崎の地主神である天神八王子社の四月八日の祭礼を大山崎の祭礼と考え、むしろ四月三日の日使神事の基底にあるものだと考える。後の八幡宮側の史料に四月三日の日使神事を「当宮来四月三日童村頭役」（宮寺見聞私記）と呼び、大山崎を「童村」としているのもその一つの証左であり、「石清水離宮八幡宮御旧記」（三五〇号）によると、四月三日の日使神事に関してつぎのように記している。

ことに鳩峯へ為勅使代四月三日執行於奉幣之儀式、是を号日頭大祭礼四ヶ三日云テ于今歴然タリ、頭人館には前斎とて去年より門内に神明を勧請し物忌をいたし、同霜月に八王子山の頂にて大山祇を祭り、種々の魚物を備、祓し第に銭を結い付、贖物となし茅の輪を貫侍る是ヲ号峰祓惣長者侍之、

八王子山は八子神の鎮座する天王山（山崎山）であり、八子神の前身である山崎神（酒解神）は大山祇神だといわれる。二つの祭礼の重層的存在形態を如実に示すものである。

第二節　商業座の展開と大山崎十一保の成立

八幡宮の大山崎神人に対する支配は、八幡宮を紐帯とする宮座を通じてなされており、その第一の重役が四月三日の日使神事であった。この日使神事は例年頭人を差定する形で施行され、それを日使頭役と呼び、そこから日使神事のことを日使頭祭とも呼ぶ。豊田武によれば、日使頭役とは宮座の一形態で、元来頭役とは宮座の原初的形態たる交替神主制度が専任神主制度に移った後、残りの座衆が臨時の祭礼にだけ神主となり、祭儀の費用を

調達する制度であり、ふつう「頭指」ともいわれ、祇園の綿座の安居頭役（祇園執行日記）や東大寺木工座の手掻会の頭役（東大寺文書）勤仕の例にみられるように、この形態は中世の座、とくに神社を中心とする座にかなり多く残っているという。[37]豊田武は大山崎の場合は、油商人の集団が宮座的なものから商業の座に変質したものであると論じている。一方、脇田晴子は座の本来もつ領主に対する奉仕の側面、「神人の座」という宮座的性格と商業行為における連帯組織としての側面、「商売の座」という商業的性格の両要素から座の性格変化に迫るという観点に立っている。[38]いずれの説も八幡宮に組織された大山崎神人の座を対象にして成り立つ見解であり、その基底には山崎神を紐帯とする祭礼が存在していた。天慶八（九四五）年の志多羅神の上洛騒ぎの折、下級役人たる山崎郷刀禰等が郷内の群衆を統率する姿が見られたことは前述した。私は大山崎における神官である「天神八王子大政所長者」[39]八人の起源を、このような山崎郷刀禰の姿に求めたいのである。したがって山崎神の祭礼はけっして当時の支配関係から無縁のものではなく、八幡宮の宮座と祭礼に密接な関連性を有するものであり、両者は重層的存在形態を示すと考えるのであるが、両者の系統の違いは明確にしておかねばならない。

大山崎神人は日使頭役を第一の重役とするほか、賦役的労働（御綱引・鏡澄奉仕）や手工業製品の貢納（八幡宮内殿燈油備進）を課されていた。とくに内殿燈油備進の役務は、油神人としての商業活動のよりどころとなったという意味で重要である。すなわち大山崎神人は、八幡宮内殿燈油備進のために荏胡麻を諸国から買い集め、製油を行うという奉仕のかたわら、京都や各地への製油販売の特権を獲得したものである。鎌倉時代中末期に神人等の商業的活動は、すでに美濃・尾張・阿波・丹波・播磨など畿内近国の範囲に及び、[40]応長元（一三一一）年には、「淀・河尻・神崎・渡辺・兵庫以下諸国津料」を朝廷・幕府から免除されるという特権を得ている（三〜五号）。このように大山崎油神人の商人としての成長には、八幡宮によって体現される朝廷・幕府の公権力からの特権保護が重要な前提となっている。しかしながら、荏胡麻は禁裡権門寺社の内殿燈油に使用されるばかりでなく、一般の燈油や雨具の塗油、食用としての広範な需要を伴うものであり、とくに京都という一大消費地を間近に控えて、山崎から京都への行商が早くから盛んであった有様は、「七十一番職人歌合」の山崎油売の図を通じて知ることができる。[41]すでに平安後期の作といわれる「信貴山縁起」飛倉の巻には、巨富を蓄えた油商人としての山崎長者の姿が描かれ、また、『明月記』正治二（一二〇〇）年の項に、水無瀬殿に伺候した定家が播磨大路に近い「山崎油売小屋」に宿泊した記事が見える。八幡宮大山崎神人としての特権をよりどころに、油商人として成長していく姿を伺わせるに足る史料である。

とくに鎌倉時代後期から畿内近国を中心に、商品経済・流通経済の発展が顕著になってくるが、大山崎油神人も同じ頃から一般向けの生産・販売活動を広汎に展開し、油商人としての姿を出現させていった。このような傾向は、神人・寄人・供御人などと呼称された座を通じて諸官衙・権門と奉仕の関係をもつ当時の商工業者に一般的であり、彼らの構成した座について、座の本来有する宮座的性格と商業座的性格のうち、商業座的性格が前面に出てくると論じられているところである。[42]この時期の大山崎神人と本所八幡宮および公権力との間には、訴訟事件や示威的自殺事件、嗷訴や殺傷事件などが絶えず、著しい緊張と対立の関係が持続していた。私はこれらの事件を、本所八幡宮による従来の宮座的支配と油神人の商人化との間に介在する矛盾・対立関係の現われととらえ、大山崎油神人の商人化の過程に必然的であったと考えるので、従来論じられることの少なかったこれらの事件の概要を検討し、具体的に考察してみたい。

〔I〕弘安二（一二七九）年大山崎神人の入京嗷訴事件

塩小路油小路に住む大山崎の油商人美濃太郎重能の妻が、隣家に住む日吉神社の末たる赤山神人から窃盗の容疑を受け、検非違使による拷問中死亡した事件[43]が発端であり、被害者側からの訴訟に対し日吉社（延暦寺）との対立となり、三年を経過した。そのため大山崎神人等は八幡宮の神輿一基を盗み出し、「在京篝屋之武士如雲霞馳向大渡橋辺、依奉防神人等蒙疵云々、雖然猶入洛」（東寺雑抄）と雲霞の如き警備の武士をふりきって入洛したのであり、石清水の神輿入洛は前代未聞であった。元寇（文永の役）の数年後でもあり、石清水の神威の強大化著しく、朝廷は加害者の流刑、検非違使の罷免という裁断を下した。

〔Ⅱ〕正応五（一二九二）年三月二七日の大山崎神人訴訟閉籠事件

「自八幡使者馳参、顕世不祗候之間、以仲親且問答、依大山崎神人訴訟、数輩閉籠社頭、剰顕奉餝神輿云々、遣武士可被警固之由、仰武家了、召顕世朝臣、令書綸旨了、」（伏見院宸記）とある。この際の訴訟事件の内容は不明であるが、神人等の要求は「尭順可被処流刑之由」であった。同三月三〇日「八幡神人今日退散云々、昨日綸旨返上之」と神人等の嗷訴は不発に終ったが、一時はいつ八幡神輿を以て嗷訴に及ぶか知れないと、朝廷・八幡宮側は武士を警固させ、綸旨を準備して戦々兢々としている。

〔Ⅲ〕嘉元二（一三〇四）年九月一三日の大山崎神人五人の八幡宮社頭における自殺事件

後深草法皇の崩御で放生会が延引されていた折、助二郎宗永以下十三名の神人が閉籠を開始、この閉籠は三週間にわたった。いよいよあと二日で放生会施行となり、八幡宮社務が彼らを捕縛しようとした時、うち五名は神前で集団自殺した（続史愚抄）。「八幡宮寺縁事抄」によると、一行十三名の交名はつぎのとおりである。

社頭同（閉）籠神人悪党召捕交名
平三　中三　左衛門太郎　以上三人、雖参内殿、不及自害投刀走出候間、召捕了、
九郎　源三　源三郎　得一法師　以上四人、無別子細召捕了、
助二郎　宗永　於後戸切腹之間、即取退候処、於山下宿谷辺殞命畢、
清三郎　宗吉　於外殿西御前御大床切腹、取出候後、於西鳥居外櫟木下殞命了、

紀内　於内所切腹、取出候後、於谷口坊前殞命、
紀八　於瑞籬西端切腹、于今現存、
禅知法師　於外殿西御前大床下切腹候間、取出候、
　以上五人
翁三弓及脱於外殿東狐戸内、無子細搦取之、
　嘉元二年九月　日

自殺した五名の内、助二郎宗永は「山路（崎カ）神人京都住人」であり、この閉籠自殺事件は大山崎在京神人の商業特権なり身分なりに関するものであったと思われる。

〔Ⅳ〕嘉暦二（一三二七）年の大山崎神人等の訴訟事件
このときも大山崎神人等は訴訟事件を起こし、神輿三基で入京嗷訴し、「七条辺合戦」を起している（東寺年代記）。

〔Ⅴ〕貞治二（一三六三）年の強訴入京事件
「祇園社当年馬上役差符目代、依追捕狼藉之罪科」（二一八号）とあるように、祇園社の馬上役をめぐる争いから、大山崎神人等は、八幡宮神輿で嗷訴入京し、幕府は祇園社目代の越中国流刑の裁断を下した。これは祇園会費用としての馬上役、馬上銭が祇園社所属のみならず山門支配下の土倉等富裕の商人に対して賦課されたものであった事から見て、おそらく京都の既存の土倉商人等と新興の八幡宮神人等の対立を背景にするものであったと思われる。

〔Ⅵ〕永徳三（一三八三）年の八幡宮淀魚市神人等の八幡宮放生会違乱および閉籠事件（疋田家本離宮八幡宮文書一三・一四・一五号、離宮八幡宮文書五〇号）。

これは大山崎神人等の「塩商売新市」開設に関し、石清水淀魚市神人が反対したものであり、(44)この時大山崎神人等に告文・請文を捧ぐべきことが幕府から命じられている。この事件は新興の大山崎神人と既存の特権を保持せんとする淀魚市神人との矛盾・対立を露呈したものであった。

〔Ⅶ〕応永二（一三九五）年の日使頭祭における殺傷事件

「四月三日、山崎日使渡之、壇殿御中間切、仍橋本マテ追懸テ山崎之者少々殺害」（宮寺見聞私記）とある。山崎日使は四月三日の日使神事（日使頭祭）であり、本来大山崎神人の本所八幡宮に対する奉仕のうち第一の重役を占めるものであった。ところがここではその祭列をめぐって殺傷事件が生じている。後述するとおり、当時日使頭役はしばしば懈怠する者多く、八幡宮の宮座の祭礼としての本来の性格が薄れてきており、八幡宮からする宗教的紐帯が脆弱化しつつある傾向を示すに足る一傍証である。

右に見たように鎌倉時代の末から南北朝時代を通じて、農業生産力の発展や社会的分業の確立等を要因とする社会経済的変動と商品経済・流通経済の発展を背景に、大山崎神人は八幡宮に対する人身的・賦役的奉仕関係を本質とする宮座的形態を脱し、職種的にも地域的にもより広範囲にわたる商業活動を展開していく。この商業活動の基礎には朝廷・幕府の擁護を背景にした本所八幡宮を通じて容認された諸関津料免除の特権が多大の役割を果たしていたが、神人等は単に座してその特権を享受したのではなく、本所八幡宮に対する嗷訴閉籠事件、示威的自殺事件、殺傷事件などが続出し、〔Ⅰ〕の日吉社（延暦寺）と検非違使庁との訴訟争論や〔Ⅴ〕の祇園社目代との訴訟事件が示すように、既存の支配秩序を根底から動揺させる特権獲得のための身命を賭した政治的経済的要求からなる運動を槓桿として、商業活動を展開していったものである。そのような神人等は支配者からは「神人悪党」（例Ⅲ）と呼称され、武家に劣らぬ武力を擁していた。〔Ⅰ〕〔Ⅱ〕〔Ⅳ〕の例からも彼らの武力の程度は推量できるが、後の例でも応永二九（一四二二）年に「八幡鳥居足代材木」負担のことで男山検校田中融清の坊舎を襲撃し、双方に多数の死傷者を出した上、神人等は薬師堂に閉籠し検校融清の罷免を要求した。一時は幕府の派兵を招くという大事件に発展したが、結局検校の更迭に成功している。(45) また、永正五（一五〇八）年には水無瀬英兼の水無瀬領管掌をめぐって閉籠事件を起し、翌年には水無瀬宮に侵入し門前に放火する挙に出ているが、前内大臣三条西実隆は「山崎強敵之間」(46)と概嘆しているほどであった。

これら大山崎神人等の政治的経済的要求を背後から支えたのは、本拠大山崎における強固な共同体的結合であった。すでに前節で述べたように、十三世紀の初頭には地主神を紐帯とする祭礼が例年施行され、宮座の組織が存在していたが、この時期における大山崎には、農業的村落共同体の惣村結合と軌を一にする惣町結合が形成されていた。すなわちそれは、大山崎上下十一保の成立である。大山崎の保については、建武三（一三三六）年の「阿蘇宮令旨」（西明寺文書）における「大山崎上下保神人」が初見であるとされていたが、元徳二（一三三〇）年の「照舜畠地売券」（宝積寺文書）に「山崎船橋保比丘尼善阿弥陀仏」とみえ、保の成立は鎌倉時代までさかのぼると思われる。永和二（一三七六）の「大山崎住京新加神人等被放札注文」に、蔵内保二名・関戸保五名・藤井保六名・井尻保五名・辻保一四名・船橋保二三名・中村保四名・鷹保一名・岩神保三名・溝口保一名の計六四名が記されている（三九号）。本来は五位川保を加えて上下十一保であり、近世の例では西国街道に沿って大山崎地域を上六保と下五保に区分した一種の地域区画である。(47) この大山崎十一保は近代にいたるまで行政区画として存続していたため、その区域を知りうるのであるが、その起源については必ずしも明らかではない。

かつて清水三男は、大山崎の保について「神社の保」として論じ、これらの保が座を代行していたのではないかという重要な指摘をしている。(48) 私は第一節で八幡宮を紐帯とする宮座（商業座）の基底に、山崎神を紐帯とする宮座と祭礼が存在したことを明らかにした。したがって、八幡宮の宮座の四月三日の日使頭祭が大山崎の村の祭であるとする観点から座と保を結びつけて考える清水三男説は、改められねばならないと考える。私は地主神を紐帯とする座組織が存在し、当時における大山崎油商業の繁栄に伴って一層地縁的結合を強化発展させていったものと考える。このような動向が保という形態で出現したものであり、石清水八幡宮からも保という地域区画として把握されたものである。

具体的に実例をあげれば、たとえば蔵内保成立の過程にはつぎのような事情が考えられる。文禄四（一五九五）年五月二五日付の紀則勝筆による「倉之内諸社鎮座本紀」は、文中の記載によって、延元元（一三三六）年春正月に消失した記録が正文であり、正文が焼失したため、文和二（一三五三）年霜月一九日に（倉内）保中社中が旧記・棟札をもって記したものの写であるという由来が明らかである。これを見ると、「抑当町を倉之内ト号来ル事調御倉御神鎮座ならせ給ふニよって也」と冒頭に書かれ、この御倉御神は稲荷大明神社に相当するとされている。

稲荷大明神社

当社ハ倉稲魂ノ御鎮座なり、亦御名保食神、古老曰、宝亀弐年二月五日村民ニ託テ云、我社ヲ立て祭ハ五穀成就なさしめんとの御故ニ依テ当山ニ社ヲ立テ御倉神ト号セシ也、然ルヲ貞観年中社号ヲ改メ、稲荷大明神ト申事深キ故あり、顕露ニ書写セル事神慮恐しき故ニ爰ニ略す、或ハ謂、御倉御神トモ申セシ也、

縁起であるから、右の記事内容をそのままの史実とする訳にはいかないが、貞観年中はともかく元の御倉御神が稲荷大明神（社）へ貞観以後改称されたものであり、御倉御神の神号が倉内保の由来であることは、承認できる。さて永徳二（一三八二）年の「御倉まちのやしき売券」（井尻家文書）によると、彦六相伝のやしき一所が現銭三貫五百文で妙同菴主に売却され、この文書の端裏に「ミくらまちの文書」と記されている。村井康彦の研究によると御倉町とは倉のある町の意であるが、典型的には倉庫・納殿であるとともに、宿所・厨・諸種職人の細

工所などの性格を兼ねるとされている。(49)上述したように、山崎の場合にも関白家の山崎納殿が存在していたから、おそらく元の山崎納殿に由来する倉庫などのある地域が次第に御倉町としての地域的まとまりを見せ、それが石清水八幡宮側から倉内保という支配地域として把握されたものであろう。

「倉之内諸社鎮座本紀」によると、文和二（一三五三）年に倉内保中社中が縁起の正文の焼失に対応して新しい縁起を作成しているが、ここにみられる「保中社中」の語に、保を単位とした地縁的結合が保内の社の祭祀主体となっている事実を確認できよう。十世紀初頭には大山崎に土俗的神祇の祭礼がみられ、十三世紀初頭には大山崎の地主神を紐帯とする宮座と祭礼が確認され、八幡宮を紐帯とする宮座と祭礼の基底となっていたが、鎌倉後期から南北朝時代にいたると、大山崎上下十一保が地縁的結合をなし、祭祀の地域的単位ともなっているのである。

このような地域区画であり、地縁的結合の単位でもあり、支配者側から見れば、行政区画でもある保は、しばしば町と称される実例からも解るように町の同義であり、保を単位とする地縁的結合体を惣町共同体と規定することができる。

第三節　「離宮八幡明験図」の成立

これまで大山崎の地主神の祭礼を中心に大山崎惣町共同体の発展を論じてきたが、ここでは目を石清水八幡宮に転じて、地主神の祭礼を基底にして重層的に存在する石清水八幡宮の宮座と祭礼について言及したい。すでに触れた如く四月三日の日使神事（日使頭祭）の初見は、十三世紀初頭における『明月記』の記載であった。八幡宮側の記録としては、寛元二（一二四四）年に別当法印耀清注進による「石清水八幡宮護国寺并極楽寺恒例仏神事惣次第」（石清水文書）における四月三日の条がある。

所々村細男、於南楼前、尽舞曲、賜禄物山上堂達取之馬上等惣官并祠官已下所司等勤之渡之後、祭使参宝前、次差定明年使次退出

社務惣官已下三綱所司等宿院高坊着座、居供食、所々村并祭使渡之後、各退出、但惣官無出仕之時者所司等着極楽寺礼堂行之、

この日八幡宮に参向したのは大山崎だけでなく「所々村」であり、日使は「祭使」と呼ばれている。この「所々村」とは、大山崎側の記録「当宮四月三日御□職掌之次第頭人交名」（井尻家文書）によると、関戸院・芹売・瓦屋・木津・橋本・水落・淀などであった。このように四月三日の神事は大山崎だけの課役ではなかったが、油座興隆を通じた大山崎神人の繁栄に伴って、漸次大山崎を中心とした神事に統合されていったものであり、祭使たる日使は大山崎から差定されるものであった。八幡宮側の記録では、たとえば応永二（一三九五）年の「山崎日使渡之」（石清水文書）によって、それは明らかである。

さてこの日使神事は、応永一四（一四〇七）年の「宮寺見聞私記」（石清水文書）によると、「当宮来四月三日童村頭役事、注進状披見畢」と記され、「童村頭役」とも呼ばれている。これは大山崎の地主神たる天神八王子社の祭礼が「童使」「天童」を祭使とすることから生じた大山崎の異名と考えられ、大山崎神人等が天神八王子社を紐帯として宮座を構成し地縁的結合を営む事実は、当然ながら本所八幡宮から把握されるところであったと思われる。前述したように、すでに鎌倉後期から南北朝時代にかけて、上下十一保を基点にした地縁的結合が成立し、大山崎惣町共同体が形成されていた。このような動向は大山崎神人と八幡宮との支配被支配関係に大きな変化を及ぼすものであったが、ここではとくに大山崎神人の八幡宮に対する宗教意識的側面を中心に問題を考えてみたい。私は従来ほとんど知られていない一幅の絵画に、当時の大山崎神人の意識形態が示されていると思う

のである。

現在、東京の徳川黎明会に「大山崎利生図」と題する絵画[50]（絹本着色　一一五・〇×四〇・〇㎝）が伝わっている。この図は京都国立博物館の考証では「離宮八幡明験図」[補註(1)]と題され、大山崎離宮八幡宮の利生図らしいとされている。[51]鎌倉時代（一四世紀）の作との鑑定である。つぎに離宮八幡宮に伝えられた縁起二点を引用し、「離宮八幡明験図」に描かれた内容を考えてみたい。（A）は貞和四（一三四八）年二月四日の社司井尻播磨守紀則孝の筆になるという「離宮八幡宮御遷座本紀或謂石清水」（三四九号）であり、（B）は「石清水離宮八幡宮御旧記」（三五〇号）である。[52]

（A）清和天皇御宇天安三己卯、此年改貞観、二月二十二日夜　帝御夢に日輪天降り神体と現じ、吾は是れ百王万代の守護神八幡麻呂也、早く南都大安寺の住僧行教於吾宮に遣し給と、帝感霊夢、則勅行教和尚と山城守紀御豊朝臣、故三月五日発豊前国宇佐宮、四月十五日着船、行教・御豊住彼宮事一夏九旬、当七月十五日夜半誨宣、吾国遠して幣使参向の苦みを労る、須く今近都に移り国家を守幸給との感瑞夢、貞観元年七月二十三日発宇佐宮、随誨神体移于御船、纜解艫綱解放過西海、八月二十三日着山城国大山崎、此夜有光山崎照山頭、行教・御豊奇異成思、招老者秦助久・藤原宗貞・伴兼正・神戸貞房等問曰、可遷居於神体有地哉、皆曰、爰謂神降山御山辺嵯峨天皇有離宮清地、此所奉遷於神体給云、依之行教大路汲取井水、是謂藤井、手滌、至彼地欲現奇瑞以独鈷穿地、清冷水涌出石間、号石清水是也

（B）八月廿三日着于山背国山崎、此夜両道に光あり、教山崎之村老秦助久・清原宗貞・源兼神戸貞房に向ひて曰、御神体を可奉遷所を問ふ、翁共対曰、去し七月十五日之夜此山に奇瑞之光在り、此山を号神内山と、前に清冷水谷間に涌出し、此所を号石清水と、異香芬馥す、此地可然哉と申、教も此所にやとりし夜、怪光見えけるを認て行に離宮の山の上大きなる榊の枝より光を放ちければ、奇異の思ひをなし侍る、村老重曰爰

に嵯峨天皇之離宮とてつき地あり、先此所へ御神体を遷奉り給へかしと申、和尚者おしへのままにして其身は法華寺に住給ふ、此寺は嵯峨帝建立給離宮の側に在り、其已後教神主両人右の奇瑞を奏し奉る、奏聞経たる前に、天皇を始皇后股肱の臣も、同き夜王城の南山に紫雲黄気立登国土を覆と夢見侍ると詔あり、かかる所に神主教申旨一々以て叡信を催し、天気殊快然たり、依之、九月十九日木工寮権助橘良基為勅使実検点定地形を改、石清水の辺に宮造し玉垣光輝く、則清水を神体と崇め、三所を安置し、丁寧に神前をとりおこなふ、日使大祭礼の時兼内より物忌をし当頭人別当夜更に此清水汲御酒を社内に造籠奉献于当日、又号山崎於離宮者、離於宇佐宮創宮于山崎、是より号離宮八幡者也

前節で述べたように、八幡神の男山勧請を記した八幡宮側の縁起「宮寺縁事抄」では、貞観元年八月二三日に僧行教によって八幡神が山崎離宮辺に到来し、同二五日に宣旨を受け、その後男山の峰に移座したと記されている。これに対して離宮八幡宮側の縁起（A）によると、行教（と山城守紀御豊朝臣）が山崎に到着した八月二三日夜に怪光出現という奇瑞があり、離宮の山頭を照らしたという。そこで山崎の村老秦助久・藤原宗貞・伴兼正・神戸貞房等にたずね、彼らの案内で山崎離宮に八幡神を遷座したと記されている。（B）では行教等が山崎に到着する以前の七月一五日夜にも山崎の神内山に奇瑞の光があり、前に清冷水が谷間に湧出し異香芬馥すとの奇瑞があったと記されている。このような八幡宮の縁起と離宮八幡宮との相違は、何に由来するものであろうか。

貞観元年の大安寺僧行教による八幡神の中央勧請を招いた直接の政治的背景は、村山修一によればつぎのようなものだった。当時の政界の実力者は太政大臣藤原良房であるが、良房は女明子の生んだ惟仁親王（文徳天皇第四皇子）を、年長の紀氏出身の惟喬親王以下の三皇子をさしおいて即位させるに当り、奈良朝より皇位継承に権威ある託宣を行ってきた八幡神をたのみ、世の非難や不平不満をそらそうとする意図があった。また、紀氏一族の行教からすれば、政争に敗れて凋落しつつあった紀氏一族を救うため、紀氏と深い因縁をもつ石清水男山の峰に

遷座地を定めたもので、貞観元年七月一五日における瑞夢の背景には、良房と行教との事前の打合わせがあったと想定されるという。(53)

この説に対して(A)(B)では七月一五日と八月二三日に大山崎に奇瑞があったとされ、山崎離宮遷座があらかじめ僧行教と良房とによる男山遷座を前提とした便宜的処置に過ぎないとする観点は全く出てこないといってよい。ここでは山崎離宮への八幡神遷座がそれ自体宗教的必然性をもち、貞観元年が離宮八幡鎮座の年なのだという、大山崎神人の八幡神への強固な帰属意識と、大山崎が石清水だという石清水八幡宮に対する強烈な主張が明確に認められる。

さらに(A)の後半をみると、そこには日輪についての記載がある。

同十八年正月十五日夜、行教・御豊前両人夢に日輪二つ現じ神童有て誨覚て曰はく、吾此所に跡於垂る事十八年、然に今一体分身の形於以て一つは男山に移り、亦の一つは此宮に鎮り永ふるに天地と斉徳して天下お守護との蒙瑞夢、則奏聞朝廷、故四月三日勅右近衛少将兼備前守藤原朝臣山蔭、男山奉勧請、然間例歳先離宮八幡宮差下勅使、給官幣、終後男山参向是旧例也

すなわち、貞観一八(八七六)年正月一五日夜、僧行教と紀御豊両人の夢に日輪二つが出現し、神童として誨があり、吾は此所に鎮座して一八年を経たが、今一体分身の形で一つは男山に移り、亦の一つは此宮(河陽離宮)に鎮まり天下を守護せんとの瑞夢によって、朝廷に奏聞し、四月三日に藤原山蔭に勅し、八幡神を男山に勧請した。そこで例年先に離宮八幡宮に勅使を差下し、官幣の後、男山に参向するのが旧例である、というのである。ここに示された内容によると、宇佐から勧請された八幡神は貞観元年八月二三日に河陽離宮(山崎離宮)に遷座した後、貞観一八年まで大山崎に鎮座し、この年大山崎から分身の形で男山へ四月三日に勧請されたものであり、それが日使神事の由来であることになる。しかし、貞観一八年における八幡神の男山勧請が歴史的事実で

ないことは言うまでもない。

このような離宮八幡宮の縁起を考慮しながら、前述した「離宮八幡明験図」[補註2]を見てみよう。画面上部には日輪のもと男山と石清水八幡宮の社殿が望見され、山崎橋を隔てて廻廊に囲まれた正面向き横長の客殿が描かれている。この河陽離宮（山崎離宮）と思われる建物[54]の内部には、僧形や衣冠束帯の人々が威儀を正してものものしい有様であるが、勅使を迎える場面であろう。画面下半分は上部とは異なって、谷川・それに架かる橋・疾走する牛馬・鳥居などが描かれ、橋を渡る僧形の人物が描かれている。この人物は大安寺僧行教であり、画面下半分の描写は、貞観元年における八幡神の山崎遷座の縁起を描写したものになっている。とくに画面下部にも日輪を配す点が重要である。

当時すでに大山崎神人の一部には、自らの政治的経済的要求を貫徹するために、八幡宮（や朝廷・幕府）に神前閉籠や嗷訴や直接的武力行動も辞さない「神人悪党」的輩が出現してきていた。時代は少し下るが、応永二九

離宮八幡明験図(徳川美術館蔵)

(一四二二)年に「八幡宮鳥居足代材木」負担のことをめぐり男山薬師堂に閉籠した神人等は、薬師堂の本尊以下仏像を取出し、堂の柱に逆に縛り、堂に放火する気配を示して幕府の派遣した武士に対決したが[55]、そこでは八幡宮の宗教的権威そのものの否定的行為が認められる。

これに対して「離宮八幡明験図」では本所八幡宮の宗教的権威自体は、いささかでも疑念をさしはさむ余地のない確固としたものである。前述の縁起(A)(B)では、大山崎こそが石清水であり、離宮八幡宮鎮座の八幡神の分身が男山八幡宮に勧請されたものであろうという主張が認められた。明験図を見ると、画面上部に日輪を配し男山八幡宮が望見され、画面下部にも日輪を配し、画面下半分には僧行教を中心とした離宮八幡宮の縁起が描写されている。察するに男山八幡宮と離宮八幡宮とを画面の上下という位相的相違によって区別しながら、同じ日輪二つで表象することを通じて、離宮八幡宮への帰属意識として結集させたものである。私はこの時期に明確化する大山崎惣町共同体の発展を背景とする地縁的結合意識の高揚が、貞観元年における離宮遷座に由来する八幡神への帰属意識として結集した信仰対象を、男山八幡神と区別して離宮八幡神と呼ぶことにしたい。明験図では男山八幡神を表象する日輪を上位に配し、離宮八幡神を表象する日輪を下位に配し、本所八幡宮に対する大山崎神人の位相には破綻を見せていない。しかしながら大山崎神人等の地縁的結合意識が八幡信仰へ上昇した形象としての離宮八幡神信仰がここまで明確化すれば、大山崎側から見て男山八幡神=離宮八幡神から、離宮八幡神=男山八幡神への位相的逆転は不可能なものではなく、それは漸次本所八幡宮からする宗教的統制からの大山崎神人の離脱、独立過程へと導いていく。十五世紀には本所八幡宮の宗教的権威の否定的行為がみられたことは上述した。十四世紀を画期として成立する離宮八幡神信仰から長い過程を経て、元禄八(一六九五)年以降、〈石清水〉という社号をめぐって男山と大山崎との間で争われた石清水神号訴訟事件[56]という近世的帰結を迎えるのであるが、大山崎こそが石清水だという〈石清水離宮八幡宮〉伝承とでも名付けるべき神験伝承は、すでにこの時期に兆していたのであった。

第四節　日使頭祭の再構成と大山崎神人

鎌倉時代後期から南北朝内乱期を通じて、農業生産力の発展や社会的分業の確立などを要因とする社会経済的変動と商品経済・流通経済の発展が、畿内特権的座商人としての大山崎神人にどのような変化を及ぼしたかについては、第二節・第三節で論述したところである。このような社会経済的変動と商品経済・流通経済の発展は、(57)同時に、従来都市的特権的座商人に原材料（ここでは荏胡麻）を提供してきた地方にも荘園市場や国衙市を基盤に地方商人の成長を促し、彼ら地方商人と中央商人との間に新しい矛盾対立関係を生じるものであった。大山崎の製油商業の場合、荏胡麻から油を搾る技術が高度の専門技術を必要とするものではない点に、地方新儀商業に対する技術的独占支配が貫徹しがたい側面があった。ここに室町時代に至って大山崎油商人が幕府権力への癒着化を深めてくる理由が存在する。公権力からする既得の特権保護を通じて、彼らは地方新儀商人に対する荏胡麻購入などの優先権(58)を確保しようとした。

すでに南北朝内乱時代に、高師直が内殿燈油料荏胡麻等諸関所津料停止を幕府として下知し（二一〇号）、楠木正儀が南朝後村上天皇の綸旨を奉じて諸関所違乱の停止を命じ（二一二号）、また将軍義詮から摂津国兵庫嶋并神崎・渡辺・禁野・鵜殿・楠葉・大津・坂本等関務輩の違乱停止の御判御教書（二一三号）を受けるなど、南朝北朝の両統から先例どおり諸関所津料勘過の特権を保護されている事実は、内乱の間隙を縫って各地方との荏胡麻商業を続行するために、両勢力の強権と結びついて流通路を保護されたものであり、両勢力も京都西方の軍事的要衝地点を占め、強大な武力を擁し、経済的にも富裕な大山崎神人に支持を与えたのであった。

このような公権力への癒着化傾向は、南北朝合一後も足利将軍家が石清水八幡宮を源家の氏神として尊崇するため一層著しく、とくに将軍義満が石清水八幡宮の祠官善法寺通清の女紀良子を母とするという事情もあり、明徳三（一三九二）年に「八幡宮大山崎内、東限円明寺、西限水無瀬河、依為日使大神事等重役神人在所、自往古以来、惣所不勤公方課役也、爰以関戸院、号摂州内、成違乱云々、太不可然、早任先例、於山崎者雖為向後諸事、可停止守護綺者也、」（五九号）とあるように、大山崎領内では公方課役免除の先例を守り、守護の綺を停止すべきことを命じ、守護不入の地とするに及んで頂点に達した。これより代々将軍の御判御教書によってこの特権は確認され、将軍義満より応仁の乱にいたる約百年間は、地方新儀商人との潜在的な矛盾対立関係にもかかわらず、公権力からする特権保護を通じて大山崎の利権が守られた時代であり、大山崎油商業の最大の繁栄期である。

たとえば、応永一四（一四〇七）年近江国の例では、新儀商人等が「石清水八幡宮大山崎方近江国神人等」と自称し、「荏胡麻商売事、自本所御下向間、美濃尾張下、不可致商売之候、以国中之惣儀請文仕候、」（六九号）と、本所（石清水八幡宮大山崎方）下向による荏胡麻商売の特権を承認し、美濃尾張下では商売しないことを国中の惣儀によって取り決めている。当時近江の油商人は荏胡麻買付けのため、美濃尾張下まで赴いていたことが解るが、大山崎油商人は彼らを地方新加神人として、大山崎の本座に対する新座の構成員として組織することを通じて、本座による商売の優先権を貫徹しようとしたのであり、ここではそれが成功している。ここに室町時代に至って、八幡宮を宮座の紐帯として営まれる日使神事が、新たな重要性を帯びて再構成されてくる理由が見出される。

鎌倉時代の日使神事が、八幡宮と大山崎をはじめとする八幡宮支配下の村々との間の、課役奉仕的性格であったのに対して、室町時代の日使頭祭は、大山崎神人を本座とし地方新加油神人を新座とし、本座新座のなかから例年日使頭役を差定して施行されるものであった。応永二二（一四一五）年から延徳四（一四九二）年にいたる

「日頭衆中度々令勤仕分」の記録（内閣文庫所蔵、蜷川家古文書）には、日使頭役を勤めた神人の交名が一覧されるが、大山崎本所神人・住京神人以外に、兵庫（摂津）・丹後・和泉・美濃・播磨・備中・備前・伊予の商人それぞれが頭人を勤めている。この時期に、日使頭祭は男山と大山崎を中核とする所々村々との地縁的枠組みを越えた、畿内近国に及ぶ広域的商業圏を統轄する宮座（商業座）の祭礼として再構成されてくるのである。祭礼の宗教的意味は前代と同様に、八幡宮内殿燈油備進を奉仕することを通じて油商売の特権を承認されるという八幡宮の宗教的権威に依拠していたが、すでに応永一四（一四〇七）年に室町幕府は播磨国坂越荘掃部男の日使頭役が欠怠しているという大山崎神人の訴えに対して、守護赤松義則に掃部男を糾明し頭役を勤仕させることを命じている（七〇・七一号）など、地方新加神人に多く日使頭役難渋の例がみられるのは、頭役負担が相当巨額の負担だったことを意味している。

すでに大山崎からは住京神人が京都の油商売分掌のために別組織を生じ、住京神人等は大山崎神人と「雌雄左右如両輪」[59]といわれる位相にあったが、彼らは錦小路西洞院に新八幡を勧請し座人の紐帯としていた。また播磨国の場合は、松原八幡宮が新加神人の紐帯となっていた。この松原八幡宮は松原荘（現姫路市）に位置し、貞観元年における八幡神の宇佐よりの遷座の際、行教が暫く滞留した所であるという。「此所より御供米御神楽料毎年山崎運越す、秦助久之家此職を奉行す、証文数通在り、」（三五〇号）と離宮八幡宮の縁起に見えるのはおそらく史実であり、後述するとおり、井尻氏（秦氏を称する）が石清水八幡宮領松原荘の預所職を有するという形で、本所八幡宮大山崎方と結びついている。このような各地に普及した別宮八幡宮と八幡宮所領の存在を背景に、大山崎油商人はそれらを拠点として商業活動を展開していった。

このような室町期における日使頭祭の再構成をもたらした主体は、八幡宮からする宗教的統制を離脱しつつあった大山崎神人であった。彼らは八幡宮を背景にした本所油座の神人として本座の位置を占め、地方新加神人を新座として統轄し、新座の構成員から座役銭などの課役を徴収した。鎌倉時代末期（十四世紀）に大山崎神人等が石清水八幡神とほぼ同等の神格を占める離宮八幡神信仰を形成したことは前述したが、このような本所の男山八幡神に劣らぬ神格を有する離宮八幡神を紐帯とする大山崎神人の位相が、本座神人としての地位を支えていたのであり、そのため地方新加神人から本所（石清水八幡宮大山崎方）と見做されたのであった。たとえば、永正一六（一五一九）年五月一六日、幕府は大山崎惣荘中に八幡宮造営料の納入を命じている（石清水文書）。これは大山崎日頭役両頭用途を八幡宮造営料に宛てたものであり、五百貫文の巨額であったが、八幡宮はいまや本座大山崎神人を通じて八幡宮造営料などを徴収するに過ぎなかった。

以上を要約すれば、大山崎神人の特権は朝廷・八幡宮と室町幕府との権威・権力に依存するという当時の国家権力機構への密接な癒着性に基づいていた。とくに大山崎油商人が地方において荏胡麻購入の優先権などを行使する際には、幕府守護権力が必ず介入していたといっても過言ではない。たとえば貞治五（一三六六）年尾張国では、中野木疎住人孫七左衛門尉并熱田宮田中住人孫七右衛門次郎入道宇阿弥以下輩の荏胡麻売買について、大山崎神人等の訴えを受け、守護代土岐直氏が事情究明を命じている（三一号）のをはじめ、摂津国堺荘（四〇・四一・四二号）・久岐荘内道祖小路・天王寺・木村・住吉・遠里小野ならびに近江国小秋（六三号）や近江国（六五・六六・六九号）で、畿内一円に大山崎油商売の特権を脅かす「新儀油交易」の例がみられた際、大山崎油神人が幕府に訴え、幕府守護権力が地方新儀商人に対して新儀の油交易を禁止したり、油木破却の沙汰を下している。これらはいずれも新儀地方商人等が大山崎油商業の特権を違乱した時の例であるが、平常時にあっても、地方における荏胡麻買付けや流通路の安全を保証するためには、幕府守護権力の介入が前提とされたと思われる。前述した地方新加神人が日使頭役を難渋した際、これをして頭役勤仕させたのも、同様に幕府の命を受けた守護権力であったことを想起すべきである。

そのため、幕府権力が安定している間は、大山崎油商人の特権も保証されたのであるが、一旦公権力が動揺し、中央地方にいたる権力機構への将軍家の威令が行われなくなれば、大山崎の座商業もその特権の基盤を失うという脆弱性を反面あわせもつものであった。

右に述べたような室町期における大山崎油神人の公権力への癒着性を前提にして、当時の大山崎神人井尻氏を例に神人の存在形態を考察し、戦国時代への展望をひらいておきたいと考える。以下、「井尻家文書」を中心に述べたい。

応長元（一三一一）年に、秦（井尻）助長は大山崎相応寺惣追捕使職三分一を補任されている。(60) 相応寺は権僧正壱演が貞観八（八六六）年の勅令によって開基したもので、その四至は「東至橋道、南至河崖、西至作山、北至大路」(61) となっている。相応寺の置かれた地は、「此地。累代商賈之廛。遂魚塩利之処也」(62) と記され、淀川辺に近い商家の密集した地域であった。木工寮が建築に当ったという相応寺の堂舎は、平安時代末期まではその姿を留めていたものらしいが、(63) その後は衰微の一途をたどった。井尻氏は代々相応寺惣追捕使職を相続していたので(64)あり、康応二（一三九〇）年に「上畠壱所」「柳原」「出嶋畠」が「任本所御下知并檀方寄進之旨」(65) とあるように、八幡宮方から寄進されて相応寺領となった文書が井尻家文書中に見えるから、井尻氏が相応寺領内については領掌していたものである。寺領領掌の内容は、「辻保定阿弥屋敷壱丈伍尺事、先年ハ弐貫文事候、雖然只今ハ一丈五尺之間一貫五百文之由被申候也、但毎年陸升御年貢御免候者、二貫五百文可致沙汰之由被申候間」(66) とか「相応寺御領之内孫太郎屋敷事、既自領家被補候上者沙汰人不可有子細者也、」(67) とあるように、領内の畠地ばかりか屋敷の領掌にも及んだ。このように井尻氏は大山崎内では支配的身分を占めていた。

つぎに八幡宮との関係から見れば、井尻氏は社家の預所・雑掌の地位を占めるものであった。文和二（一三五三）年に井尻助吉は八幡宮領播磨国松原荘預所職を補任されている。この松原荘の初見は治安三（一〇二三）

年で、以来石清水八幡宮宿院極楽寺領であった。[68]文和二年に井尻助吉・法眼道義・沙弥円浄の三人が松原荘預所得分を契約している。[69]それによると、松原荘は元弘以来公文任耀の跡と称して、故なく後藤筑後入道が押妨し、神用が欠怠していたのを、彼ら三人が種々秘計を廻らし、公方へ訴え出て、後藤筑後入道の押妨を排除したものである。この八幡宮に対する忠節によって預所職を相伝することになったものだが、その内容は毎年二十貫文の得分であった。

この訴訟事件についての関連史料は、離宮八幡宮文書に四点（二四・二五・二六・二七号）、井尻家に五点、石清水菊大路家文書に六点残っているため、詳しくその間の事情を知ることができる。公文任耀は下水大哉房任耀ともいわれ、後藤筑後入道は重誉・貞誉・重阿ともいわれる。この後藤筑後入道はその主張によれば、元弘以来勲功の賞として幕府より公文任耀の跡分を拝領し、数年知行のところ、社家雑掌が入部し双方の争論になったという。一方、社家方の主張では、後藤筑後入道に公文跡を宛行ったところ、惣荘を押領したという。この後藤筑後入道は、播磨国守護使藤原頼重を訴訟の代人にしているから、守護赤松則祐方の被官人であった。当時このような社寺領荘園をめぐる荘園領主側と守護側との争論は一般的であり、その意味ではこの訴訟事件は珍しいものではない。注目されるのは、大山崎内井尻保[70]に本拠を有する神人井尻弥四郎助吉が、幕府に訴え出る外、後藤筑後入道側から「致非分競望及嗷訴、打入当荘」[71]と非難されているように、嗷訴や武力も辞せず八幡宮に閉籠するなどの極めて積極的な行動を通じて、預所職を獲得している事実である。

井尻氏の積極的働きかけが功を奏し、公文職は八幡宮善法寺方に百座仁王経料所として寄進され、役夫工米・熊野山新宮造営棟別等を免除され、守護不入の地として八幡宮の一円所領となり、社家雑掌の手に帰したものである。預所職の役務は、延文五（一三六〇）年の例では「御神楽御供米」十一石三斗の外、「惣御年貢」百二十石を橋本津に沙汰することであり、[72]井尻助吉の子孫の相伝となっている。永徳元（一三八一）年にも井尻五郎四郎助尚が松原荘領家方預所職（年貢以下公事物等）を沙汰し、年貢内四分一を給分として宛てられているから、[73]代々井尻氏の相伝になったと考えられる。この播磨国松原荘は貞観元年の八幡神の男山遷座の際、行教が暫く滞留した所であり、離宮八幡宮の縁起に「此所より御供米御神楽料毎年山崎運越す、秦助久之家此職を奉行す、証文数通在り」（三五〇号）とある。この縁起自体はのちに作成されたものであるが、井尻氏の文和二（一三五三）年以前の松原荘における荘官的機能は推論されてよい。

右は、八幡宮社家雑掌としての井尻氏の役務であるが、井尻氏の地方荘園からの収入はこれにとどまらない。建武五（一三三八）年に三津寺四郎左衛門入道円浄は、「播磨国五箇荘内野口村給主職」を宛行われ、下地は百石分だった。[74]この円浄は前述の沙弥円浄と同一人だから、井尻氏一族と思われる八幡宮神人だった。また、正長二（一四二九）年に井尻孫左衛門尉は、伊豆守赤松貞村より「鳥養牧年貢米之内弐拾石下地」を給恩として宛行われ、[75]永享五（一四三三）年にも赤松貞村より「鳥養牧中井名内西仏名有永名両名」を宛行われている。[76]一方嘉吉三（一四四三）年の「播磨国伊河荘内検帳」（年貢米散用状、嘉吉二年分）が井尻家文書にあり、この年井尻氏は秋貞名年貢のうち、八石一斗六升（代銭一四貫二〇〇文）を手にしている。他にも、文安四（一四四七）年に井尻孫左衛門尉は、赤松教貞から豊国荘内十石下地を給恩として宛行われ、[77]長禄三（一四五九）年にも刑部少輔（赤松貞祐か）から十石下地を安堵されている。[78]延徳二（一四九〇）年には赤松元祐から「亡父孫左衛門尉跡伊河豊国両荘給所等之事」を井尻弥次が相続しているから、[79]井尻氏は摂津国鳥養牧や伊河・豊国・五箇荘内の給人だった事実が明らかである。

さて井尻氏が給所をあたえられた播磨国五箇荘（現在の加古川市・高砂市・明石市・加古郡播磨町・加古郡稲美町にわたる地域）・野口村（現加古川市）や伊河荘（現神戸市西区）は、つぎに見るように赤松庶流春日部流の本領安堵状に名が見えている。[80]

「足利義持袖判御教書[81]」

（前欠、義持ノ袖判アルベシ）

丹波国春日部荘黒井村・播磨国佐用荘上津古土万郷菅野村赤松郷内屋敷同包沢西山・同国竹万荘・同国五ヶ荘野口保福原河原・付同国鯖西余部郷半分・神戸荘等地頭職・同国伊川荘埴岡北条上下、付多加荘等事、任亡父頼則今年二月廿九日譲状之旨、赤松次郎満則領掌不可有相違之状、如件

応永十六年九月四日

また、同じく摂津国鳥養牧は「赤松家文書[82]」によって、貞治六（一三六七）年および永和二（一三七六）年、赤松筑前入道貞範の代に将軍家から地頭としての知行を宛行われ、安堵されており、井尻家文書にも赤松教貞の代（十五世紀中葉）に、赤松貞範（筑前入道世貞）が狼藉の輩を追罰した忠節により鳥養牧地頭職を補任され知行した事実を示す「赤松教貞代支言上状案」が見える。

すでに赤松惣領家の守護赤松則村円心の時代から、八幡宮と赤松家は密接な間柄であった。たとえば、元弘三（一三三三）年に播磨住人赤松則村が男山に城郭を構え、兵を入れた記事が見える（石清水文書）。大山崎神人も播磨国内の荏胡麻商売について、円心から積極的に便宜を与えられている（二一号、赤松円心書状）。しかし、井尻氏と赤松春日部流との関係は、これに留まらぬ武家の給人・家臣としての間柄であった。

この赤松春日部流は、丹波国春日部荘（現兵庫県氷上郡春日町）を本領とする赤松筑前守貞範の系統を引く赤松氏の庶流であるが、貞範の孫持貞（弥五郎越後守）の時代に、持貞が将軍義持の近習衆として甚しい寵愛を受け、逆に惣領家の赤松満祐が将軍義持からうとんぜられ、赤松庶流家との軋轢が生じた。応永三四（一四二七）年将軍義持は赤松義則の死去に伴う満祐の遺跡相続に際し、播磨国は御領国としての代官職を赤松持貞に預け置く旨の内書を発し、将軍家と赤松惣領家とは一触即発の危機を迎えた。この時は持貞の将軍に対する不忠が露顕

し事なきをえたが、この軋轢は後の嘉吉の乱にいたる遠因をなす幕府守護体制の動揺の一表徴である。春日部流は赤松庶流とはいえ、当時の幕府による庶流家の重用政策もあり、一時は幕府の枢要に無視しえぬ影響を及ぼしたのであった。井尻氏の赤松庶流家との給恩関係は、それゆえに大山崎油商人の幕政への積極的な働きかけによる接近傾向を示すものと考えられる。

井尻氏の存在形態を要約すれば、井尻氏は大山崎内井尻保の住人であり、相応寺惣追捕使職を相続し、相応寺領内を領掌していた。また一方では八幡宮領松原荘預所として社家雑掌を勤め、他方赤松庶流の給主・給人として武家方の給地を宛行われていた。すなわち、神人・社家雑掌（荘官）であると共に、武家給人（武士）という性格をあわせもつものであり、十五世紀以降は武家給人としての側面が明確になっていった。このような井尻氏の存在形態は大山崎神人の一例ではあるが、決して特殊例ではないことは、応仁文明の乱以降、「山崎諸侍中」が「大山崎神人中」の別称となる事実が如実に示している。

従来、大山崎神人の室町期における多彩な商業活動を保証したものは、古代以来の朝廷を背景にした八幡宮の神威であり、鎌倉時代以降は源家の守護神としての八幡神が、幕府に崇敬された大山崎神人に特権が与えられたものであると抽象的に論じられる傾向が強かった。しかし南北朝内乱期以降明確化する神人井尻氏の武士化の事実を考えるならば、この問題は幕府守護権力への大山崎座商業の癒着性を前提とする大山崎神人の一般的問題として、すなわち特権的座商業を守るための公権力への寄生過程に介在する問題として、より詳細に論じられるべき重要性をもっていると考える。

上述したように、室町期の大山崎座商業は、幕府守護権力による特権保護に基づいて、大山崎神人が本座として地方新加神人を新座の構成員として統轄し、新座に対する本座の油商売の優先権を行使することを通じて展開していった。ここに日使頭祭が畿内近国にわたる広域的商業圏を統轄する八幡宮大山崎方を紐帯とする宮座（商業座）の祭礼として、再構成されてくる意味がある。室町期に最大の繁栄期を迎えた大山崎座商業も、公権力への癒着性のため、一旦公権力が動揺すれば、その特権の基盤を喪失するという脆弱性を反面に有するものであった。応仁文明の乱までは、地方新儀ないし散在商人の違乱や地方商人の日使頭役難渋という、地方商人と大山崎商人との潜在的な矛盾対立関係にもかかわらず、大山崎商人の利権が守られたと私は考える。しかし戦国時代に至れば、地方農村はもとより中央都市も戦乱の巷となり、「天下大乱故山崎油売逐電之間不叶売買」（大乗院寺社雑事記）とあるように、油商業の存立自体が危機に直面する。寛正五（一四六四）年に八幡宮日使役近年難渋輩のため、大山崎神人等が八幡宮社頭に閉籠し、朝廷・幕府からそれぞれ院宣と将軍家御教書（一一八・一二〇号）を下され、応仁文明の乱の渦中、東軍の将細川勝元は山名是豊あての書状で、「就八幡宮日使頭役之事、度々示給候、所詮来八月十六日巳前、於離宮神前以湯起請可令落居旨、堅申付田村候、若過日限候者、可処罪科候、此段神方江可被仰遣候、」と述べ、湯起請を用いて日使頭役の負担者を決定し、頭役が期限までに負担されない場合は処罰することを命じている（一三九号）。同じ頃から日使頭役懈怠の傾向が強くなり、本座新座の体制に基づいた日使頭祭施行の体制が崩れてくる。

大山崎商人の生き残る道は、十四世紀以降顕著になってきた有力武将との給恩関係を通じて戦乱から座商業を守り、その基盤として大山崎惣町共同体を強化する方向にしかなかった。応仁文明の乱に大山崎地下人等が東軍の将細川勝元に臣従したのをはじめ、幕府滅亡にいたる戦国の内乱期を、おびただしい有力武将との密接な関係を通じて戦乱から大山崎を守り、一方惣中結合を通じて大山崎地主神の天神八王子社の祭礼が盛行していくのは、以上から見て必然的な成りゆきであった。

第五節　惣中結合と天神八王子社の祭礼

中世の大山崎では、産土神たる山崎神（酒解神）の中世的祭祀形態たる八子神を紐帯とする天神八王子社の共同体的祭礼と、この祭礼を基底にして展開する石清水八幡宮を紐帯とする宮座（商業座）の祭礼たる日使神事（日使頭祭）とが重層的に存在していた。後者は大山崎を含めた八幡宮支配下の所々村々に賦課された神事であり、油座商業の興隆を背景とする大山崎の繁栄につれて、漸次大山崎を中心とする神事に統合されていったものであった。とくに室町期に至って、将軍家の強力な擁護を背景に、日使頭祭は八幡宮と大山崎および所々村々との地縁的枠組を越え、畿内近国に及ぶ広域的商業圏を本座大山崎神人が統轄する宮座（商業座）の祭礼として再構成され、段階を画したことは前節で論じた。その前段階として、鎌倉後期から南北朝時代にかけて、当時の商品経済・流通経済の発展に応じて大山崎油神人の宮座が商業座的展開期を迎え、十一保を基点とする地縁的結集、大山崎惣町共同体の発展を促し、地主神を紐帯とする共同体的結合を基底に、地縁的結集意識の高揚が八幡信仰へ上昇した形象としての離宮八幡神信仰を成立させたことは、「離宮八幡明験図」に言及して論じたところである。

このような大山崎の座商業にとって重要な意味をもつ日使頭祭も、応仁文明の乱を画期として次第に衰亡していき、本座大山崎神人が新座（地方新加神人）を統轄する体制が崩れていった。貞享五（一六八八）年における「山城国乙訓郡大山崎石清水八幡宮神事次第」によると、「四月三日第一之御神事勅使少将代日使大祭礼御座候処、近年雖中絶仕候、神前之儀式于今不相替奉勤候[83]」と、近世に至れば日使頭祭は中絶し、神前の儀式だけが勤仕されていたに過ぎなかった。このような日使頭祭の衰亡については、天下大乱に基づく座商業の不振によって大山崎油商人の経済力が衰亡しつつあり、日使頭役勤仕が困難になったからである、と説かれるのが一般的である。しかし、これまで日使頭祭の基底にあり、中世を通じて日使頭祭と重層的な存在形態を示しながら展開してきた天神八王子社の祭礼は、これとは対照的にむしろ戦国期に至って盛行していくのであるから、油商人の経済力衰亡説はあまりに単純であり、説得的でない。前節で私が考察したように、広域的商業圏を本座大山崎神人が統轄する宮座（商業座）の神事としての日使頭祭の役割が次第に有名無実化するという、特権的座商業の構造的変化に問題の本質がある。

現在、島本町山崎の藤井家に、「童使（子）出銭日記」と題する七冊の帳面が伝えられている。その記載内容は、天神八王子社を紐帯とする宮座の四月八日の例祭を中心とする祭礼費用を記録したもので、時期的には文明一七（一四八五）年から寛文二（一六六二）年にいたる約二〇〇年間に及んでいる。主として詳細なのは文明一七年以降の戦国時代であり、それはこの祭礼の最盛期を示すものである。天神八王子社の祭礼の中心である「童使」とは、『離宮八幡宮史』によれば、神職の家の二、三歳ばかりの小児を多くの婢女が抱いて、傘に筒守をかけて、指をかけて行列をする古い様式をもった祭儀で、その小児を指すものであるという。参考資料として、代々酒解神社の神官を勤めた大山崎の河原崎家に現存する河原崎貞輝筆（明治二八年作）「式内自玉手祭来酒解神社旧祭礼行列正式」の絵図に拠って、この祭列の概要を表示すれば第一表のようである。役名は二〇にわたり、神子（巫女）役女性二名・「天童」役男児三名などを交えた祭礼人員は、総数一三五人にのぼる大規模なものである。中世末葉の大山崎の人口は、文明一四年五月小朔日の「廿八日山崎陣所・在所・在家数百間焼失了」（大乗院寺社雑事記）という記事から推算して、一五〇〇人ないし二〇〇〇人以上といわれる。(84) 大山崎惣町の規模からみても、例年四月八日の祭礼は壮大で、絵図から推測して華麗なものであった。

つぎに「童使出銭日記」の内容を分析して、大山崎における地主神の宮座の構成を考えてみたい。

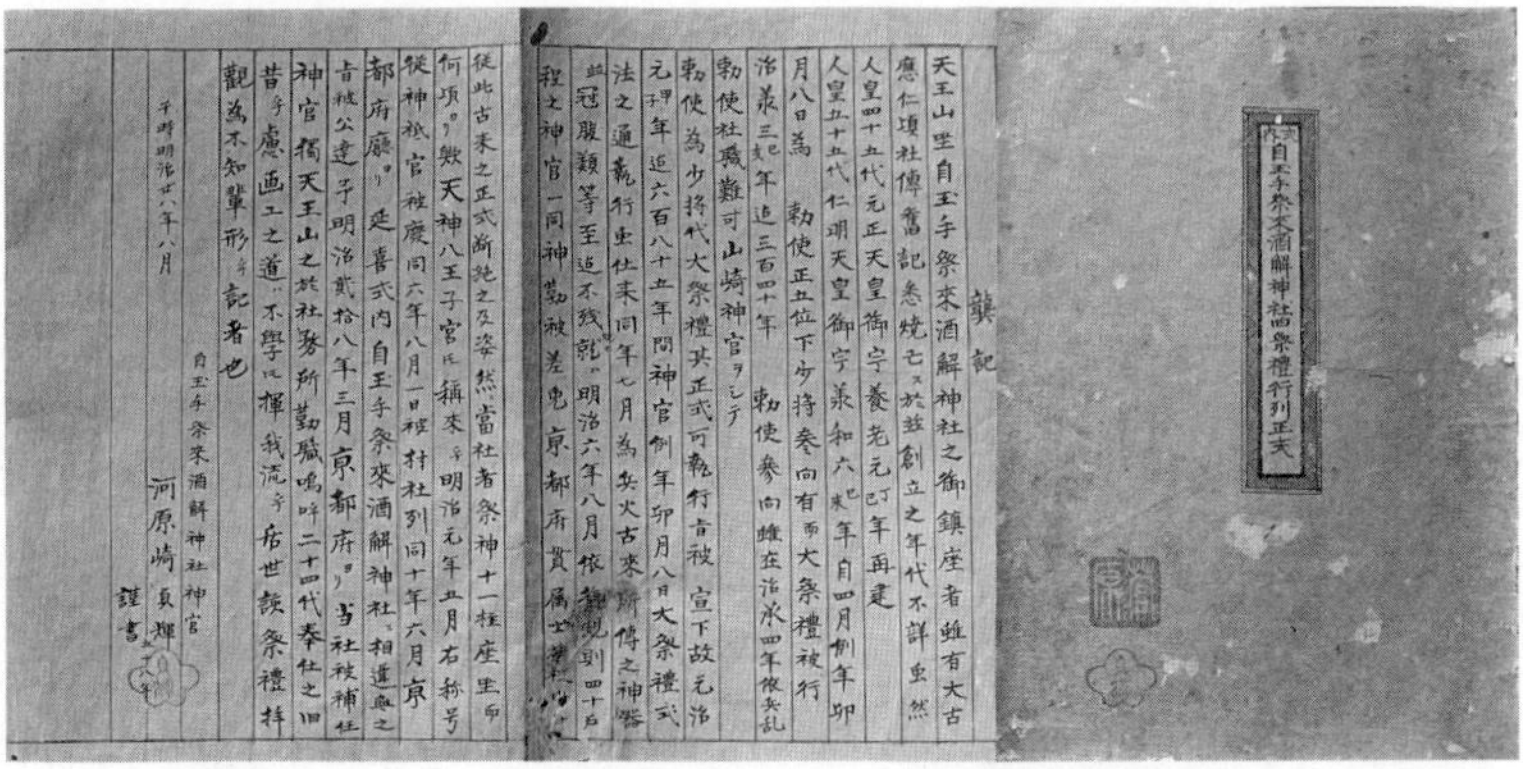
自王手祭来酒解神社旧祭禮行列正式

謹記
天王山坐自玉手祭来酒解神社之御鎮座者雖有大古
應仁頃社傳舊記悉焼亡ス於茲創立之年代不詳也然
人皇四十五代元正天皇御宇養老元丁巳年再建
人皇五十五代仁明天皇御宇嘉和六己未年自四月卯
月八日為　勅使正五位下少将参向有而大祭禮被行
治承三己亥年迄三百四十年　勅使参向雖在治承四年依兵乱
勅使社職難可山崎神官ヲシテ
勅使為少将代大祭禮共正式可執行旨被　宣下故元治
元甲子年迄六百八十五年間神官例年卯月八日大祭禮式
法之通義行来仕来同年七月為兵火古来所傳之神器
幷冠服類等至迄不残就焼明治六年八月依御規則四十戸
程之神官一同神勤被差免京都府貫属士族
従此古来之正式断絶之及姿然當社者祭神十一柱座也而
何項ヨリ歟天神八王子宮ト称来ヲ明治元年五月右称号
従神祇官被廃同六年八月一日被村社列同十年六月京
都府廳ヨリ延喜式内自玉手祭来酒解神社ト相道與之
旨被公達ヲ明治貮拾八年三月京都府ヨリ当社被補任
神官獨天王山之於社務所勤職嗚呼二十四代奉仕之旧
昔ヲ慮画工之道ハ不學ニ揮我流ヲ后世談祭禮抖
覩為不知筆形ヲ記者也
于時明治廿八年八月
自玉手祭来酒解神社神官
河原崎貞輝　謹書

式内自玉手祭来酒解神社旧祭礼行列正式（河原崎貞輝筆、河原崎家蔵）

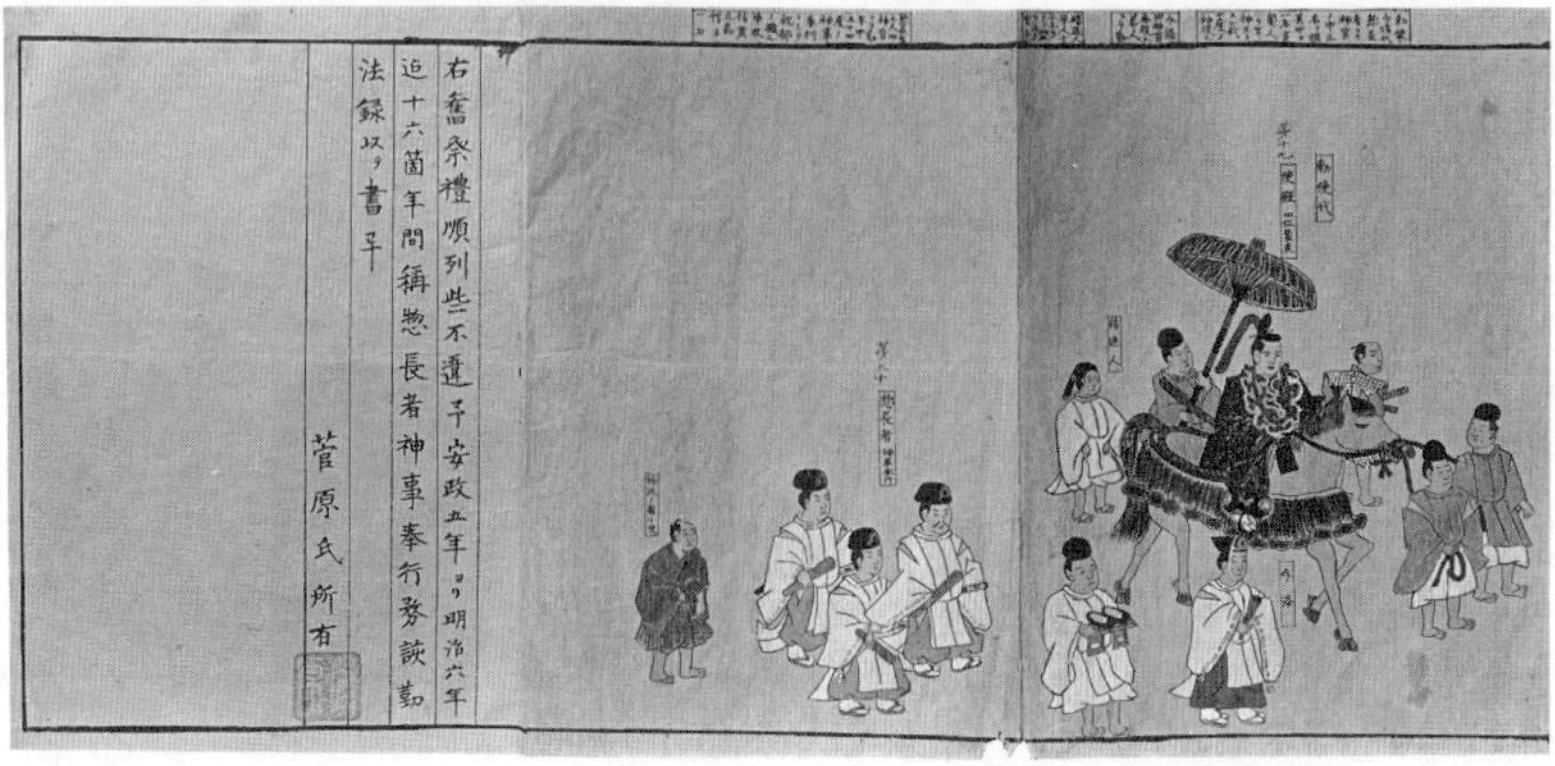
右舊祭禮順列些不遺予安政五年ヨリ明治六年
迄十六箇年間稱惣長者神事奉行務該勤
法録以テ書予
菅原氏所有

第一表　自玉手祭来酒解神社旧祭礼行列正式（総数一三五人）

列順次	役名	装束	人数
第一	太鼓持	黄衣	2
第二	金棒引	麻上下	2
第三	御合羽持	黄衣	2
第四	猿田彦		2
第五	榊持	黄衣	3
第六	鉾持	黄衣	3
第七	本御子		1
	欠神児		1
	中座（神子ノ拍子方）	浄衣指子風折烏帽子	3
第八	神馬　口付役		3
	口取	黄衣	3
第九	天童		3
	抱男	麻上下帯刀	3
	傘持	黄衣	3
第十	楽人　壱鼓	狩衣	1
	横笛	〃	2
	篳篥	〃	2
	笙	〃	2
	太鼓	〃	1
	鉦鼓	〃	1
	太鼓持鉦鼓持	黄衣	4
第十一	御神輿二		
	駕輿丁		24
	他		10
第十二	大政所　上ノ座	浄衣　立烏帽子	2
	下ノ座	〃	2
	沙汰ノ者		2
第十三	当職	大紋　帯刀	6
	若党	麻上下帯刀	6
	上太夫	素袍帯刀	2
	下太夫	〃	2
第十四	御師（社僧）		1
	輿舁		3
	若党		4
第十五	荷籠		1
第十六	大幣		1
第十七	野太刀		1
第十八	大役者　随身		1
	瀧口		1
	伴衛		1
	若党床机持		6
第十九	勅使代　使殿	四位装束	1
	精進人		1
	介添		1
	傘持等		5
第二十	惣長者	浄衣指貫立烏帽子	3
	沙汰ノ者		1

文明十八年二月三日　蔵内まこ三郎左近
往来壱貫三百五十文
きやうれう（饗料）十八ニ壱貫弐百文也
已上弐貫六百四十文　人数廿二人　沙汰物マテ
文明十八年丙午蔵内保孫三郎左近欠頭正月十五日
差定自則起請ト申ス、四月七日資財ヲ入起請書ク、四月六日之拍子合喰捨饗料ナシ、

右に例としてあげたように、「日記」（以下「童使出銭日記」を「日記」と略称する）の書式は、つぎのような様式となっている。

――年二月三日――保――
往来――貫――文
饗料――貫――文
已上――貫――文

例にあげた蔵内保孫三郎左近は、正月一五日に差定され、四月七日に資財を入れ起請を書く、とあることから明らかなとおり、文明一八年四月八日の神事の頭人（費用負担者）であり、頭人は例年差定されるものだった。この頭人には必ず保が付記されているのが特徴である。費用の項目としては、二月三日の「往来」「饗料」と、四月二日の「拍子合」の際の「往来」「饗料」とがあり、この「拍子合」の際「棚拂――殿」の記載が見られる。この棚拂役は長者四人が毎年交替で勤仕しており、[85] この長者は天神八王子社の神官であるから、各保の頭人（祭礼費用負担者）とは区別して考えねばならない。「日記」では、頭人に差定された座の構成員に課された費用を、「伍位川大政所座」と「溝口（大政所）座」の大政所両座へ分割している。この「日記」で解るのは、大政所両

座のうち、溝口座に分割された費用の使途であり、(86) それを長者四人・奉行・懸番・惣之末などの神事役にそれぞれ分与している。それが「往来わけ様之事」という項目に当る。

以上を要約すれば、大山崎全体の祭祀主体としての「大座」は、「天神八王子大政所長者」八人によって統轄され、この大政所長者は「伍位河大政所座」と「此座」すなわち「溝口座」の大政所両座から構成されていたのである。しかし「日記」は大政所両座のうち溝口座に関連する部分を記録したものに過ぎず、天神八王子大政所長者八人のうち長者四人の名前を明らかにしてくれるに過ぎない。大山崎の長者が八人だったことは、「日記」のうち「慶長弐年卯月三日　長者八人連判」の記載によっても明らかであるが、「井尻家文書」につぎの文書一通が残されている。

請取笠役銭

　疋田三郎左衛門尉息女新座一殿ヤク

　合六百文

右当日路次笠大政所而して免除状如件

天文十七年四月廿一日

　　井尻太郎右衛門則良（花押）

　　関戸掃部貞則（花押）

　　松田四郎左衛門宗成（花押）

　　関戸山城則長（花押）

　　松田左近大夫宗則（花押）

　　井上豊前宗慶（花押）

井上藤右衛門宗恩（花押）
嶋抜佐渡兼正（花押）

右の「笠役銭請取状」は、「日記」の第一冊「一　童使年中行事覚書」のうち、つぎの「神子殿方書出文言」に関連する。

八王子座役事
四百文　座入
五百文　二成
六百文　笠銭
右補任状如件
年号　日付　人数之実名在判

前述した「酒解神社旧祭礼行列正式」の第七に御子（神子）役の女性が含まれているが、この神子役は「神子座」の座役であると考えられる。右にみるように、八王子座役には三種類があった。「笠役銭請取状」は三種の座役銭のうち、「六百文　笠銭」を実際に天神八王子大政所長者八人が徴収したその請取状である。「井尻家文書」にこのような座役銭の請取状がたまたま残されていたために、長者八人の名前が明らかになったものであって、「日記」における棚拂役の記載を通じては、天文一一年から天正頃にかけての溝口座関係の長者四人が、関戸掃部殿・嶋抜佐渡守殿・井上五郎左衛門殿・関戸山城守殿であることを検証できるに過ぎないのである。当然ながら、この長者四人は前述した「笠役銭請取状」の長者八人内の四人に一致する。「山崎長者座(87)」という呼称は、この両大政所座を大座の統轄主体とする天神八王子社の氏子集団を意味すると思われ、頭人に必ず各保が付記されている点で地縁的原理を包括していた。「日記」にもしばしば「惣中ヨリ取立ニテ」「惣中出シナリ」などと惣中に関する記載がみえる。つぎに惣中結合について論及したい。

すでに大山崎上下十一保の成立について論じたように、鎌倉後期から南北朝時代にかけて、保を基点とする地縁的結合体が成立していた。この場合、保は一種の地域区画であり、しばしば町とも呼ばれた例が示すように、町の同義であった。このような地縁的結合の総体を大山崎惣町共同体と規定したが、ここでは具体的に惣中結合の構成者を例にあげて考察する。第二表は、後の永禄一一（一五六八）年一二月における「大山崎惣中連署状」（二六五号）に基づいて、大山崎惣中の構成者の氏名・人数・居住した保を一覧したものである。惣中の総人数は一七四名（一七五名ともされるが、「中貞（兼カ）左衛門」の次の「同」は省いた）であり、二五氏から成る。保名は多くは「日記」に記載された童使頭役を負担する頭人に付記された保から判断した。(88)惣中結合の概要を知ることができるであろう。

大山崎十一保を基点とする惣中結合は、「万記録」（二九六号）によれば、「惣中印判御座敷宿老」と呼ばれる宿老衆によって代表され、宿老衆のなかから例年順番に「上宿老」「下宿老」各一名が決められた。年臈順であったらしい。宿老衆に対して「若衆」があり、ここにも年臈的組織原理が認められる。惣中結合を構成する一七四名（二五氏）は、大山崎神人の系譜につらなる階層であると思われ、常に氏名に「殿」を付して呼ばれている。このなかで井尻氏（秦氏を称し、井尻保に居住する）については、すでに大山崎神人であったことを実証した。

つぎに惣中結合と天神八王子社の宮座との関連であるが、結論から先にいえば、構成者からみて、ほぼ同じものと考えられる。すなわち、惣中結合の構成者が同時に天神八王子社の宮座の構成者である事実は、両者の姓氏がほぼ一致することによって確かめることができる。

このような大山崎内における保を基点とした惣中結合が、同時に祭儀の主体でもあったことは、「井尻家文書」中、元禄五（一六九二）年の「大山崎神社仏閣改帳」を通じて知ることができる。次はその抜き書きである。

第二表　永禄十一年、惣中構成者一覧表

人数	姓氏	名	保名
5	疋田	豊後守・次郎左衛門・吉六・三郎左衛門・弥六	岩上保
8	関戸	清音・備前守・六郎右衛門尉・与三郎兵衛・弥介・市右衛門・喜大郎・与八郎	鷹・岩上・溝口・関戸保
39	松田	備後守・対馬守・松隠・道薫・新右衛門尉・松屋・和泉守・隼人・大郎左衛門・左介・帯刀・二郎左衛門・弥左衛門・甚左衛門・内蔵助・与三左衛門・左兵衛・孫七郎・与一・助兵衛・市兵衛・左京亮・六郎二郎・甚三郎・新二郎・弥二郎・甚六・十右衛門・与六・甚二郎・弥二・与三郎・弥三・弥右衛門・六介・市左衛門・与三・孫左衛門・与次郎	船橋・中村・鷹・岩上・溝口保（五位川保）
3	神戸	浄貞・弥三衛門・弥二郎	関戸保
4	中田	源左衛門尉・三郎左衛門・弥三・弥二郎	（中村・鷹保）
18	津田	玄理・宗永・大炊助・甚左衛門・藤右衛門・源介・弥三・与三次郎・惣二郎・善四郎・与七郎・四郎次郎・源四郎・使弥兵衛・孫右衛門・源右衛門・孫四郎・孫三郎	船橋・中村・鷹保　岩上保
8	中	筑後守・宗淑・三郎右衛門・与三郎・弥六・甚五郎・平三郎・貞（兼カ）左衛門	船橋保
2	溝口	越前守・孫左衛門	（溝口保）
23	井尻	純叟・越後守・三郎右衛門尉・宗傾（カ）・石見守・六郎左衛門尉・久兵衛尉・重兵衛尉・六郎兵衛・左衛門尉・九郎左衛門・六左衛門・源左衛門・大郎衛門・甚六・弥八郎・平五郎・弥十郎・右京亮・新介・五郎・大郎左衛門・使又二郎	倉内・井尻・辻保　船橋保
3	藪	宗茂・四郎左衛門・四郎右衛門	
10	大西	周貞・建松・弥右衛門・平右衛門・弥三・弥七・二郎三郎・与三・与三郎・新右衛門	中村保
3	谷	三郎右衛門尉・孫右衛門・弥六	岩上保
3	中村	六郎左衛門・弥六・弥七郎	（中村保）
4	柴垣	信濃守・左衛門尉・平三・市（カ）介	溝口保
2	中西	右馬尉・与三郎	
11	関	与兵衛尉・右衛門尉・平左衛門・久右衛門・六右衛門・甚三郎・藤九郎・又右衛門・源二・善右衛門・藤五郎	倉内・辻保　五位川保
6	井上	喜兵衛尉・式部・三郎右衛門尉・五郎左衛門・弥二郎・与八郎	
2	堀	甚右衛門・与三郎	
3	三谷	八郎左衛門・孫六・与二郎	
3	嶋抜	左馬尉・与右衛門・与次郎	辻保
5	寺尾	源介・善兵衛・源五郎・与三衛門・甚八郎	中村保
4	河原崎	将監・源左衛門・弥三兵衛・五郎三郎	溝口・井尻保
2	河北	源二郎・弥二	中村保
1	石上	与一郎	関戸保
2	藤井	満介・弥六	（船橋保）
174			

地蔵寺末寺円通庵――応永三年松田一族建立、信受忠公座元開基

岩上地蔵堂――松田一族支配、応永三十四年九月廿四日菩薩戒第子道詮開基

三保地蔵堂――三町社家支配、来暦不知

千光寺観音堂――六保中支配、平重衡為ニ千手前建立之由申伝候、其後応仁年中ニ六保之社家ヨリ取立相続

仕リ至元禄五年

同薬師堂――同断（同右）

霊泉庵観音堂――船橋保支配、建立年数不知、永正二年ヨリ相続

右によると、大山崎内の寺庵や地蔵堂・薬師堂・観音堂のなかには、室町期に至ってなお有力社家（松田一族）の手で建立され、支配されるものがある一方、三保地蔵堂のように三町社家支配の形態を示すもの、また千光寺観音堂・同薬師堂・霊泉庵観音堂のように、上六保中（船橋・中村・鷹・岩神・溝口・伍位川の各保）や船橋保支配の形態がみられる。たとえば、千光寺観音堂は平安末期に建立され、応仁年間に六保の社家より取立て、六保中が相続し支配したという。したがって、祭儀主体の展開過程として、〈社家支配の形態〉→〈各保社家中支配の形態〉→〈各保中支配の形態〉が考えられ、社家とは八幡宮大山崎神人の系譜につらなる家格である。つぎに各保内の社家中支配の形態となり、それが各保内の地縁的結集に発展して、各保中支配の形態にいたる。惣中結合は厳密には各保中を実体とするものであるが、多くは惣中結合において指導力を有した社家層を以て代表させたようである。前述した永禄一一年の「大山崎惣中連署状」（二一六五号）が〈大山崎社家中連署状〉でしかないのは、そのような事情からである。以上は地蔵堂・薬師堂・観音堂などの祭儀主体や支配形態をみたものに過ぎないが、「童使出銭日記」中に、「観音堂ノヲコナイノ事」や「観音堂ヤネフキ銭百文」等とあり、宮座の構成主体もほぼ同じものであったと考えられる。

再び「童使出銭日記」にもどって、頭人を調べてみると、頭役負担者の大半は「殿」を付した社家格であるが、それ以外につぎのようなものが含まれている。

蔵内保——孫三郎左近・くわやね二男才聟
辻保——又三郎衛門・くほ左近三郎子三郎二郎・くほの与太郎・かいや(買屋)与太郎・源衛門・くそのはた三郎太郎・みそのはた与三郎・左衛門子亀夜叉・源右衛門子弥太郎・三郎次郎子聟丸・みそのはた千夜叉
関戸保——下蔵子才鶴丸

また、天文七（一五三八）年に溝口保内のかち二郎衛門子弥三郎・かうしん二郎三郎子千代松・こうや弥二郎子こま安の三人は、天神八王子政所長者八人から座役を免除されている。

天文七年三月二六日
　壱貫文出　溝口保かち二郎衛門子弥三郎免状出之
天文七年四月三日
　壱貫文出　溝口保かうしん二郎三郎子千代松免状出之
天文七年四月三日
　壱貫文出　溝口保こうや弥二郎子こま安免状出之

右にあげた者が、社家格ではないところの惣中構成者の実例であり、その実数は現実には遥かに多かったはずである。

おわりに

本稿の課題は、最初にも述べたように、「童使出銭日記」を重要な手がかりにして、大山崎における座と保と惣の起源や相互関係をめぐって、実態的分析を行うことにあった。分析の過程で、従来八幡宮大山崎神人の宮座の神事として著名な日使神事（日使頭祭）の基底に、大山崎の地主神を紐帯とする共同体的祭礼が重層的に存在したことを初めて明らかにし、両者の相互関係の変遷を追って中世史を通覧することになった。そのため、ここでは戦国時代における惣中結合の構成、および天神八王子社を紐帯とする宮座の構成の概要を検討しただけで、筆を措かねばならない。とくに戦国時代の大山崎惣町共同体の内部構造の問題や周辺農村との関係など、残された問題はあまりに大きいが、つぎの機会に改めて論じることにしたい。

（付記）

一九七六年に私は、徳川黎明会より「離宮八幡明験図」の特別観覧を許可され、名古屋の徳川美術館において詳しくこの絵図を調査検討する機会をもつことができた。以下は、そのときの調査結果の概要である。

この絵図を収めた箱蓋の表には「大山崎離宮八幡利益之図」と墨書され、絵図には寛政八（一七九六）年五月に住吉内記広行が巨勢金岡末孫巨勢有家（「後醍醐帝元応正中之頃之人」とある）の真跡に疑いなしと鑑定した文書二通が添えられているのは、一応の目安になるだろう。

この絵図が作られた年代は、徳川美術館発行の『名品図録』や京都国立博物館発行の『神々の美術』において十四世紀と鑑定されているが、私も今回の調査を通じて改めてそれを確認することができた。但し、絵図の内容については、美術史においても従来ほとんど検討されたことがない模様である。そのためか、徳川美術館および京都国立博物館による解説では、「画面の上下両端に日月を配し」とあるが、これは私が論じたように「画面の上下両端に日輪を配し」と訂正されねばならないと考える。この事実は離宮八幡宮の縁起を検討すれば明瞭であり、疑いを容れないところである。今回調査したところ、画面下部の従来月輪とされてきたものは日輪で、かつて金箔が付されていたものが剥落したものであり、現在なお金箔の残滓が認められる事実を知ることができたのは、私には大きな収穫であった。このような調査検討の機会を与えられた徳川黎明会および徳川美術館に深く感謝したいと思う。

註

（1）たとえば「国家史のための前提について」（『歴史評論』二〇一号）。

（2）「中世国家をいかに把握するか――中世後期の人民闘争史の視点から――」（『歴史学研究』三三六号）。

（3）島田次郎編『日本中世村落史の研究』の「序章　日本中世村落史の課題と方法」などを参照のこと。

（4）拙稿「播磨国大部荘の農民」（『日本史研究』九八号）および「享徳三年の大部荘土一揆について」（『兵庫史学』六五号、創立二十周年記念特集号）

（5）都市論としては、原田伴彦『中世における都市の研究』（講談社、一九四二年。のちに三一書房、一九七二年）、『日本封建都市研究』（東京大学出版会、一九五七年）で大山崎惣が度々取り上げられている。比較的近年では、一九七四年度日本史研究会大会における脇田晴子の報告「日本中世都市の構造」（『日本史研究』一三九・一四〇合併号、のちに『日本中世都市論』所収、東京大学出版会、一九八一年）が重要な仕事である。

（6）『島本町史　史料篇』（島本町役場、一九七六年）所収。本多隆成「中世末・近世初頭の大山崎惣中」（『日本史研究』一三四号）参照。

（7）『日本書記』（新訂増補国史大系第一巻下）。

(8)「山背国司移」(大日本古文書二)。

(9)『日本後紀』大同元(八〇六)年九月条に、日照りによる米穀高騰のため、政府が使者を派遣し、「左右京及山崎津難波津酒家甕」を封印したと見える。

(10)『三代実録』仁和二(八八六)年の条。

(11)『島本町史　本文篇』(島本町役場、一九七五年)所収「第三章　古代の島本」一五二～一五四頁参照。

(12)同じく『島本町史』一五四頁参照。

(13)『三代実録』貞観八年十月二十日条。

(14)離宮八幡宮に伝えられた縁起「石清水離宮八幡宮御旧記」(『島本町史　史料篇』所収「離宮八幡宮文書」三五〇号)に「昔ハ山崎と云を遷座已後加大之字号大山崎ト、」と見えるが、以後も山崎と大山崎と地名は併存して呼称されている。

(15)石清水八幡宮の成立は奈良朝における神宮寺の出現(伊勢大神宮寺)にみられるような神仏習合傾向の進展、発展の一つの帰結とみられ、宗教史的に重要な意味を有するのはもちろんであるが、同時に当時の政治的背景にも注目しなければならない。これについては、村山修一『本地垂迹』(吉川弘文館、一九七四年)六一～六六頁参照。

(16)河陽館は『続左丞抄』によると山城国が管理していたから、河陽宮の名称が変化したものと考えられる。永観三(九八五)年四月、斎王が河陽館に到着している(小右記)のも、山崎離宮が河陽館に変化したことを示す。

(17)以下「離宮八幡宮文書」は、『島本町史　史料篇』の番号によって記す。

(18)『平安遺文』第三巻、一〇八三号。なお、脇田晴子『日本中世商業発達史の研究』(御茶の水書房、一九六九年)一八〇頁参照。

(19)『三代実録』貞観十六年十二月二十六日条、『政事要略』巻六一　検断雑事、参照。天延二(九七四)年閏十月二十五日、使庁官人(佐・志・府生・看督長)は津廻としてまず山崎津にむかい、津の刀禰の前行で巡回して後、津の政所に着し、刀禰のすすめる過状を取調べ、便宜に政所で宿し、翌朝は過状にのっている犯人から申文をとり、これに教喩を加えて放免し、淀津・大津でも同様だった(平親信記)。すでに西岡虎之助は、政所は刀禰の行政庁で、刀禰は最下級の裁判権をもち、犯人検察の権能があったことを指摘している。西岡虎之助「荘園における倉庫の経営と港湾の発達との関係」(『史学雑誌』四四の四、のちに『荘園史の研究』上巻、所収、岩波書店、一九五三年)参照。
(20)『宇治関白高野山参詣記』(続々群書類従五)。
(21) 西岡虎之助前掲論文、脇田晴子『日本中世商業発達史の研究』一七五頁参照。
(22)「関白家政所下文案」(『平安遺文』第二巻)
(23) 西岡虎之助は、石清水八幡宮の西麓にある橋本津がおそらく同宮領倉庫＝船津で、津の住人は八幡宮の寄人だったと思われ、この寄人は摂関家散所の雑色とともに山崎津の住人をも構成したらしい、と指摘している。西岡前掲論文参照。
(24) 大山崎油神人の商業活動をめぐる研究史を繙いてみるならば、戦前における小野均(晃嗣)「油商人としての大山崎神人」(『社会経済史学』一巻四号、のちに『日本中世商業史の研究』所収、法政大学出版局、一九八九年)や、魚澄惣五郎・沢井浩三共著の『離宮八幡宮と大山崎油商人』(星野書店、一九三二年)があり、これに対する書評的論文を豊田武が「大山崎油神人の活動」(『歴史地理』六二巻五号、のちに豊田武著作集第三巻『中世の商人と交通』所収、吉川弘文館、一九八三年)として発表している。戦後における研究としては、脇田晴子『日本中世商業発達史の研究』の内、「第三章　座の性格変化と本所権力」がある。他に、大山崎神人を直接の研究テーマとしたものではないが、関連する研究として、佐々木銀弥・畑井弘・岸田裕之らの論文があり、「離宮八幡宮文書」を引用した研究は枚挙にいとまない。大山崎の保と座を扱った研究としては、戦前の清水三男『日本中世の村落』の内、「第二章　保と村落」(日本評論社、一九四二年)が重要であり、概説的なものとしては、吉川一郎『大山崎史叢考』(創元社、一九五三年)と『島本町史　本文篇』がある。
(25) 前掲『離宮八幡宮と大山崎油商人』『大山崎史叢考』。
(26)『続日本後紀』『三代実録』参照。
(27)『神祇志料』参照。
(28)『島本町史』一六四頁参照。
(29) 貞和四年正月十二日、社司井尻播磨守紀則孝の花押を有するもので、「倉之内諸社鎮座本紀」と共に大山崎離宮八幡宮に伝えられている。『島本町史 史料篇』には紙数の都合で収められていない。

(30) これは『離宮八幡宮文書』三四九号「離宮八幡宮御遷座本紀或謂石清水」と関連して考えられるべきものであり、史料自体の作成年代は貞和四年より後だと考えられる。

(31) たとえば、寛保元（一七四一）年刊の京大絵図によると、天王山に「天神八王子」が見え、三社の社殿と神輿を構えていたという。吉川一郎『大山崎史叢考』（創元社、一九五三年）一二〇頁・七〇頁参照。

(32) 元和四（一六一八）年六月十八日に大山崎年寄衆が神龍院梵舜を訪い、離宮八幡宮・牛頭天王両社の服忌を定めんとしたという（『梵舜日記』）。なお、『大山崎史叢考』巻末の年表を参照のこと。

(33) 村山修一『本地垂迹』「七 祇園社の御霊神的発展」に詳細である（吉川弘文館、一九七四年）。

(34) この神幸の信仰や動機についてはさまざまな説がたてられている。たとえば、荒田開発・名田経営を予祝するところの田楽の儀礼あたりからきたものではないか（林屋辰三郎「中世における都市と農村の文化」『岩波講座日本文学史』五、一九五八年。日本史論聚三『変革の道程』に再録、岩波書店、一九八八年）という説、民間における八幡信仰（柴田実「八幡神の一性格」、『神道史研究』四巻六号、一九五六年。同著作集三『日本庶民信仰史 神道篇』に再録、法蔵館、一九八四年）という説、この神幸の本質は志多羅打つ、つまり拍子をうって歌舞する信仰である（村山修一『本地垂迹』）という説などである。

(35) 村山修一前掲書参照。

(36)『明月記』に「元久元年正月廿日、辰時出京、乗車参水無瀬殿牛四未時参着、自播磨大路道祖神辺下車、騎馬参御所、」とある。

(37)「大山崎油神人の活動」（『歴史地理』六二巻五号、のちに豊田武著作集第三巻『中世の商人と交通』所収）。

(38)『日本中世商業発達史の研究』二四四頁、二七〇頁参照。

(39)「童使出銭日記」参照。なお、「疋田家文書」に元徳二（一三三〇）年八月二四日の「岩上春日御領内屋敷手継文書等紛失状」の証判として、在地人とならび、長者四人（長者内蔵則高・長者左衛門尉清原時氏・沙汰人長者左衛門尉佐伯某・長者執行大夫清原時次）の判形が加えられている事実は、重要である。

(40) これについては、『島本町史 史料篇』所収、「疋田家本離宮八幡宮文書」参照。

(41)『島本町史　本文篇』二四六頁写真参照。
(42)脇田晴子前掲書「第三　座の性格変化と本所権力」。
(43)『大山崎史叢考』八二頁参照（『大山崎町史　史料編』七〇頁所収）。
(44)小野均（晃嗣）「卸売市場としての淀魚市の発達」参照。
(45)同年六月三〇日、『看聞御記』。
(46)同年一一月一九日、『実隆公記』。
(47)『大山崎史叢考』二二六頁に、江戸時代の大山崎の五保六保制にならい、上六保（船橋・中村・鷹・岩神・溝口・五位川）下五保（蔵内・関戸・藤井・井尻・辻）とし、現行小字や目標を付した一覧表があり、便利である。
(48)『日本中世の村落』。
(49)『古代国家解体過程の研究』（岩波書店、一九六五年）「第四章　官衙町の形成と変質」の「付御倉町（諸家厨町）」。
(50)『島本町史　史料篇』巻頭に写真を収めている。私は昭和四九（一九七四）年の京都国立博物館による特別展覧会『神々の美術』において、全く偶然に「離宮八幡明験図」の存在を知ることができた。
(51)京都国立博物館発行『神々の美術』図版50と解説を参照のこと。なお、この図が離宮八幡宮の利生図であると思われること、他の曼陀羅図とは異なる特異な様式をもつことなどについては、京都国立博物館の井上正資料室長（当時）の御教示を得た。記して感謝したい。
(52)縁起（A）は貞和四年の記載をもつが、実際は後世の写と思われ、（B）も十四世紀の作ではないと思われる。しかし、十四世紀の作である「離宮八幡明験図」との比較対照を通じて使用できると私は考える。
(53)村山修一前掲書六一～六六頁。
(54)延喜八年に山城国に下げ渡された河陽離宮（山崎離宮）の建物は、「太政官符」（朝野群載）によれば、「離宮院雑舎四宇」とされ、四宇の内訳は「五間瓦葺殿一宇　六間殿一宇　十間屋一宇　七間楼一宇」である。明験図にも楼が描かれ、右の記載と一致する。
(55)応永二九年六月三〇日『看聞御記』および同年七月『醍醐枝葉抄』。

(56) これは『大山崎史叢考』一八四頁以降に詳細である。
(57) 小泉宜右「内乱期の社会変動」(岩波講座日本歴史中世2)。
(58) 脇田晴子前掲書。
(59) 内閣文庫所蔵『賦引付』。
(60) 「預所沙弥某惣追捕使職三分一宛行状」。井尻家文書は『島本町史』史料篇「第一部 編年文書(中世)」所収。
なお、『大山崎町史』史料編、七六頁参照。
(61) 『三代実録』貞観八年十月二十日条。
(62) 『三代実録』貞観九年七月十二日条。
(63) 『大山崎史叢考』四三頁。
(64) 永徳二年十一月十二日「前美作守菊敦惣追捕使職宛行状」。
(65) 康応二年三月二十一日「相応寺領新加目録」。
(66) 年未詳七月十二日「菊敦書状」。
(67) 永徳元年九月四日「井尻助尚遵行状」。
(68) 『石清水田中家文書』。
(69) 文和二年八月十日「秦助吉等連署契約状」。
(70) 『大山崎史叢考』四一〇頁。
(71) 『石清水菊大路家文書』。
(72) 延文五年四月二十三日「石清水八幡宮別当家奉書」。
(73) 永徳元年六月「石清水八幡宮寺政所下文」。
(74) 建武五年五月四日「沙弥某給主職宛行状」。
(75) 正長二年五月十八日「赤松貞村下地宛行状」。
(76) 永享五年二月二十一日「赤松教貞下地宛行状」。
(77) 文安四年九月十五日「赤松教貞下地宛行状」。

(78) 長禄三年九月二十三日「刑部少輔某下地宛行状」。
(79) 延徳二年六月二十一日「赤松元祐給所宛行状」。
(80) 高坂好『赤松円心・満祐』(吉川弘文館、一九七〇年) 一七六頁参照。
(81) 高坂好前掲書一七七頁参照。
(82) 京大影写本による。
(83)『離宮八幡宮と大山崎油商人』ないし『離宮八幡宮史』四五頁参照。
(84) 原田伴彦前掲書参照。
(85) これについては、本多隆成前掲論文にも、同様な指摘がある。
(86) この「日記」は溝口座が「此座」と呼ばれていることから見て、代々溝口座の記録したものだと考えられる。
(87) 前述した「日頭衆中度々令勤仕分」(内閣文庫所蔵) に、たとえば長享三年三月二十三日に「山崎長者座執行」が日頭役を勤仕したと見える。
(88) これ以外に、近世の五保六保制から判断した部分は、( ) 内に入れた。『大山崎史叢考』参照。

補註
(1)「離宮八幡明験図」は、平成七年に「石清水八幡縁起絵」の名称で、重要文化財に指定された。
(2) 山本泰一「石清水八幡遷座縁起絵と改められる大山崎離宮八幡利生図」(『金鯱叢書』第六輯、徳川黎明会、一九七九年) 参照。貞観元年における離宮八幡宮の成立が史実でないことは詳述した。しかし、貞観元年に八幡神が山崎離宮 (河陽離宮) に遷座し、そこから男山に遷座したことが、石清水八幡宮成立の前提であることは言うまでもない。

第二章　中世都市共同体の構造的特質——中世都市大山崎を中心に——

はじめに

一九七四年度日本史研究会大会は、全体会シンポジウム「日本中世における都市の問題」において中世都市論に取組み、戸田芳実・脇田晴子の両報告を得た(1)。また、ほぼ時期を同じくして、黒田紘一郎・秋山國三・仲村研・網野善彦・三浦圭一の諸氏に代表される理論的実証的研究(2)が提起され、現在の都市研究はその水準において新段階を迎えている。

報告者としての私の問題意識にかかわらせて現在の中世都市論の特徴をあえて要約するならば、戦後における都市研究の主流をなしてきた「自由都市」論を批判的に継承しながら、中世全期にわたる中世都市固有の展開過程を明らかにし、その中に「自由都市」「自治都市」を段階的に位置付けることにあると考える。したがって、日本中世社会の全構造における都市の位置付けを踏まえた研究を提起し、都市論としての理論的構築をなすことが必要であり、現にそのような仕事も出現しつつある。しかし一方では、京都・奈良・鎌倉・堺などに限定されてきた中世都市の研究対象を広げつつ、実体論を基礎に問題整理を試みることも必要であろう。

この報告は、首都京都と密接な連関性をもつ関渡津泊という都市的な場を基底に形成される小都市山崎を主たる対象として、都市共同体という観点から都市論を展開するものである。従来、都市共同体論は戦国期の「自由都市」論の立場から論じられているが、現段階ではこのような分析視角そのものに限界があろう。たとえば、従来の研究によって指摘されている戦国期の都市が門閥的町民によって支配される事実も、中世前期からの展望を欠いては、真に解明されえないと考える。都市的な場を基底に都市共同体が形成される場合、その共同体の構造的特質が問われなければならない。報告は、山崎の内部構造を一貫して追求するために、前章で明らかにした山崎神（酒解神社・天神八王子社）の宮座と、八幡宮を紐帯とする大山崎神人の宮座（商業座）との重層性を解明することから始めたい。

第一節　山崎神の祭礼と山崎長者

従来から、山崎は離宮八幡宮大山崎神人の油座とその隔地間交易とによって著名であり、(3)大山崎神人の存在は山崎郷内では重要な位置を占めている。淀津とならび都の外港的機能を果たす山崎津と西国街道とを有し、水陸両交通路を兼備する要衝としての山崎を都市的な場として都市共同体論を展開するに当り、八幡宮大山崎神人について論じるのは当然であろう。

大山崎神人は石清水八幡宮を紐帯とする宮座を構成し、雑役奉仕や手工業製品の上納を通じて八幡宮から神人としての特権を与えられていた事が明らかにされている。雑役奉仕とは、例年四月三日の日使神事を第一の重役として、或いは御綱引き・鏡澄奉仕であり、或いは八幡宮内殿燈油備進である。とくに第一の重役として重視されていた四月三日の日使神事（日使頭祭）は、貞観元（八五九）年八月二三日の僧行教による八幡神の山崎遷座と山崎からの男山遷座という故事にのっとり、山崎から勅使少将代（神官）を中心に祭列を整え、淀川を越えて八幡宮に参向するものであり、その祭列は華美この上なく、贅を尽くしたものだったという。

この日使神事（日使頭祭）の史料的初見は、『明月記』建永二（一二〇七）年四月三日条であり、[4] 従来は日使神事が「今日山崎民家悉経営」という描写もあって山崎郷の祭礼だと解釈されてきたが、じつはこれは山崎郷の祭礼ではないのである。同じく『明月記』建仁二（一二〇二）年四月八日・十日条に記された「辻祭」[5]（藤原定家の目から見た辻祭とは、山崎神社、すなわち酒解神社と辻社との祭礼である）が山崎郷の祭礼であり、それは後の戦国時代に盛行する大山崎の地主神としての天神八王子社の祭礼に展開していくものである。すなわち、『明月記』の記された十三世紀初頭の山崎郷の祭礼は、五位川を発する山崎山（天王山）に祭祀された山崎神（酒解神→八王子神）と、道祖神を祭る辻社との祭礼であり、この二社の祭礼が後の山崎郷の地主神である天神八王子社の童使（子）の祭礼にも痕跡を止めている。[6]

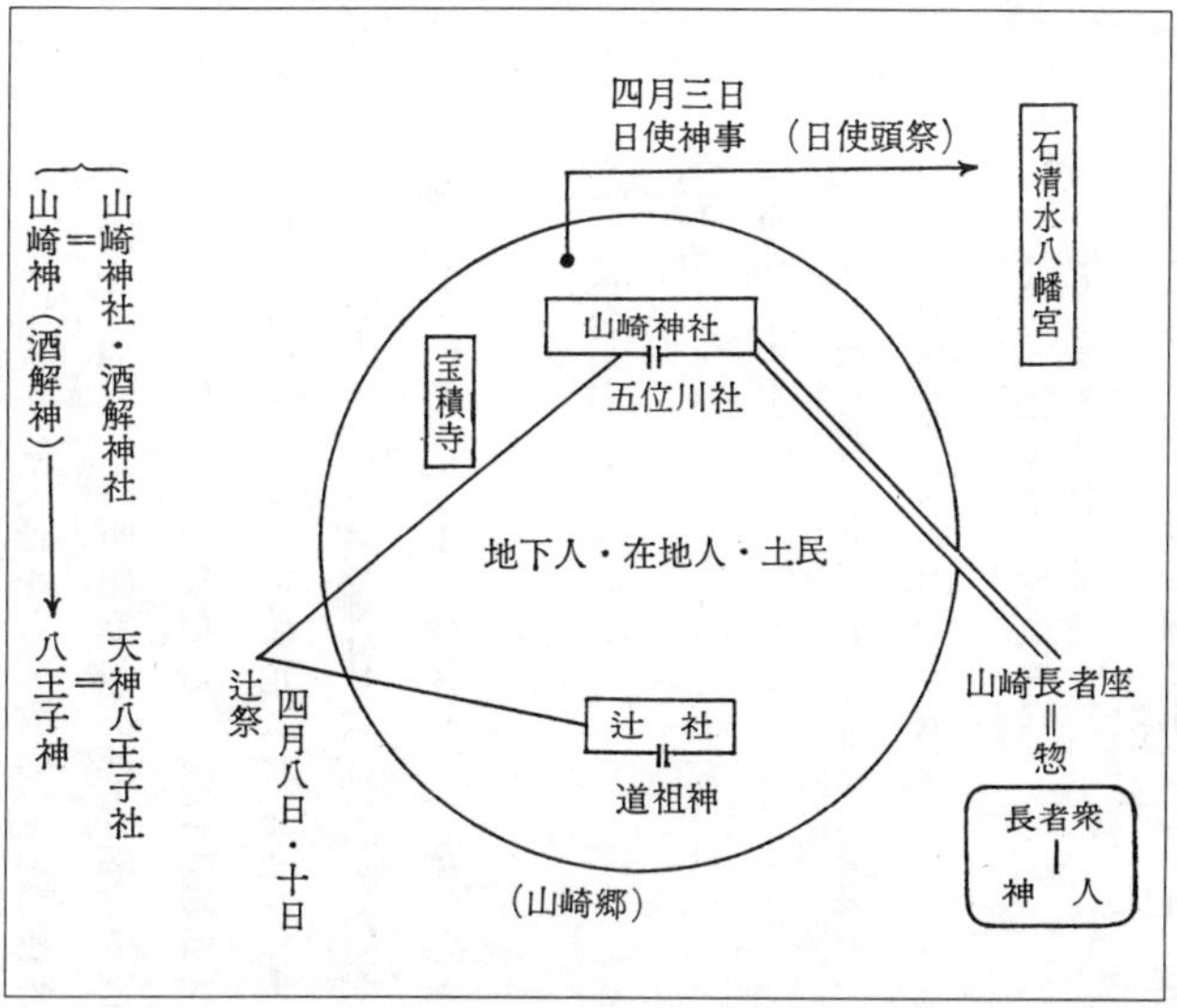

十三世紀初頭の二つの祭礼

以上から、山崎郷の祭礼が地主神の祭礼であり、四月三日に大山崎神人が八幡宮に奉仕する日使神事（日使頭祭）ではないことが明らかになった。地主神の祭礼を基底にして、八幡宮への祭礼が構成されたものだと考えられる。したがって、このような実証から、改めて山崎郷の内部構造や山崎郷内における神人の位置も解明できるし、「童使出銭日記」を通じて宮座組織の実態も論じることができる。

さらに新しい史料を紹介したい。最近その所在が確認された宝積寺文書によると、鎌倉時代の山崎には六人の長者が存在していた。この正嘉元（一二五七）年の「山崎長者等山寄進状」（一志則友等山寄進状）(7)によると、長者尾という山が山崎神（酒解神社）の神事のため、別当寺宝積寺に寄進されたが、その署判者九名のうち六名は長者を名乗っている。文書の全文は、つぎのとおりである。

（端裏書）
「山崎　長者山寄進状証文」

宝積寺

寄進　山事

合　壱所者　昔号キロメキノ尾　今号長者尾

在山城国乙訓郡山崎宝積寺

四至　限東谷　限南信善谷之頭横路
限西慈悲尾谷　限北皇子谷

右件山者、先年比山主当神事間□（寺カ）之役料仁長者中本券并引文等被出畢、仍安主散位長宗忠・執行散位菅原則高、付惣別令領知処仁、源平闘浄以来、彼諸文等被引失畢、然間紛失状立天長者安主執行加連判、為向後亀鏡所令置明白也、爰正嘉元年十月十日当長者安主執行又加連署、宝積寺令寄進処実也、敢以不可有他妨者也、若彼山有証文諸輩出来者可被盗犯処、但長者之所従等此山不可来入、仍以寄符志者各現世安穏後生善処、兼又為有思先亡後滅幽霊出離生死往生極楽、相副紛失状令寄進之状、如件

正嘉元年丁巳十月十日

長者散位一志則友（花押）
長者兼大行事散位清原（花押）
長者橘守□□（並カ）（花押）
長者左馬允清原（花押）
長者左近将監菅原（花押）
執行清原時高
長者清原宗時（花押）
安主文章生長（花押）
源　兼時（花押）

また、元徳二（一三三〇）年には、「岩神春日御領内屋敷手継文書紛失状（阿久利女屋敷手継文書紛失状）」（疋田種信文書）に、在地人とならび長者四名が署判を加えている。(8)

紛失　岩神春日御領内屋敷手継文書之事
右屋敷者、故親父四郎大夫入道々阿遺跡也、而息女阿久利女相伝之地也、四至堺東限道、南限類地、西□（限）播磨大道、北限類地、但口三丈二寸也、地子油参升□此外公事任庄例、而去嘉暦三年九月廿三日乱入□使山崎中悉被焼拂之時、件文書等同令焼失之条□□（顕然カ）也、若於称有彼文書輩者、可為盗人者也、仍為向後鏡亀（マヽ）、立紛失状、如件
元徳二年八月廿四日
佐伯友重（花押）

為後証、在地人并長者判形申請

藤原利宗（花押）
長者内蔵則高（花押）
長者左衛門尉清原時氏（花押）
沙汰人長者左衛門尉佐伯（花押）（友カ）□高
長者執行大夫清原時次（花押）

この長者とはどういう存在だろうか。従来、長者とは石清水八幡宮に奉仕する日使神事（日使頭祭）において、祭使たる日の使（勅使少将代）頭役を勤めた者をいうとされてきた。しかし、戦国時代の天神八王子社の祭礼記録である「童使出銭日記」によると、この宮座は「天神八王子大政所長者」八人によって統轄され、この大政所長者八人は、「伍位川大政所座」と「溝口座」に属していた。

「笠役銭請取状」（井尻松子文書）[9]

請取笠役銭之事
疋田三郎左衛門尉息女新座一殿やく
合六百文
右当日路次笠、大政所而して免除状如件
井尻太郎右衛門則良（花押）
関戸掃部貞則（花押）
天文十七年四月廿一日
松田四郎左衛門宗成（花押）

関戸山城則長（花押）
松田左近大夫宗則（花押）
井上豊前宗慶（花押）
井上藤右衛門宗恩（花押）
嶋抜佐渡兼正（花押）

前述した山崎郷の祭礼と八幡宮に奉仕する日使神事との関連性からみて、長者とは山崎郷の「大政所長者」と考えられ、応永二二（一四一五）年から延徳四（一四九二）年に及ぶ日使頭役勤仕人の記録[10]によると、「山崎長者座執行」「山崎チャウサシキ」が神事を勤める事実も、これを確認するものである。

長者、ないし長者職については、これまでに林屋辰三郎・石母田正・戸田芳実を代表的な見解とする学説史がある。[11]まず林屋は歴史に造詣の深い森鷗外の小説『山椒大夫』を素材に、いわゆる由良長者という「さんせう太夫」が、荘園領主が民衆に田地の年貢を免除する代わりに、人頭役として、手工業生産や年貢輸送などの労働を賦課する組織としての散所の太夫であり、長者であることを論じた。これに対して、石母田は、江戸時代の民俗学者ともいうべき菅江真澄が収録した横手盆地の長者伝説を素材に、古代における開発の歴史を明らかにした。これらを受けて、戸田芳実は「山野の貴族的領有と中世初期の村落」において、貴族的領有下の山野が、特殊労働力である「寄人」集団と、その長としての長者的富豪層に依拠して開発され、農耕地のみならず、林業・牧畜・漁業・塩業・窯業など非農業的諸産業の場として発展し、律令制とは異質の構造をもつ社会的分業の展開の拠点となったと結論した。

長者職の実例をあげれば、河内国御家人であり、皇室領大江御厨山本・河俣両執当職を世襲する水走氏が、四箇郷惣長者職・以南惣長者職と呼ばれる長者職を相伝譲与している例[12]や、和泉国御家人で大鳥郡和田郷（堺市栂・美木多地域）を本拠地とする和田氏の場合、永仁二（一二九四）年に和田性蓮がその所職所領名田を子女に分割処分した際、嫡子得分として大鳥郡上中条惣下司職・殿下御方安主職などに加えて、上条惣長者職を割り宛てている例[13]がみられる。これらの場合、長者職は土豪の所帯する一つの所職であり、惣領制が解体していく過程で、惣領が氏神と仰ぐ諸社の神主職を、進退権を保留することによって再編しようとするところに生まれたものであり、長者職を統轄するのが惣長者職であった。

山城国宇治にも、宇治神社の社官をつとめた左方長者と右方長者たる槙長者の存在が、鎌倉時代から史料で確認される[14]。宇治長者は、伝承によると和珥臣祖日触使主の後裔で、宮主宅媛をその祖先と伝えているし、槙長者は狛氏の出身で久寿元（一一五四）年に姓を酒波と改めているが、槙島とも呼ばれており、山城国人であった槙島氏との系譜的関連性が考えられるのである。以上見たように、長者ないし長者職とは、土豪が所帯する一つの所職であり、郷務（所領の統轄）を兼ねた神職として地域の氏人・神人・寺僧などを統轄するものであった。

長者職の例として、もう一点永暦元（一一六〇）年八月の「近江国某厩住人等解[15]」がある。

当御厩者、一年四度御祭、正月以後八度□祭役勤仕之外、更不叶他役、是御地子以下政所御勤無其□之上、依為四至一円之御領也、若以前社役之外、社司ニモ浦長者ニモ、乍随所役、申不随之由者、可蒙東西楞厳法天等山王七社冥罰ヲ住人等一々毛穴ニ、三日七日内可召蒙□、早被停止件濫行者、如本令安堵、欲勤仕御役矣、仍勒状以解、

永暦元年八月　日　　住人等

比叡山膝下と思われるこの厩住人は、おそらく日吉社で祭礼が行われる時、祭礼用の馬を引き具す所役を勤め、浦長者から見れば、厩住人を駆使する立場にあったと思われる。山崎の場合、交通の要衝としての性格を考慮するならば、六人（安主・執行を加えると八人）の長者は、この「近江国某厩住人等解」にみられる長者と相似した

性格が考えられる。とくに、宝積寺と藤原氏との関係や、[16]「大政所長者」という名称から、山崎長者は摂関家との関連性で考えるのが妥当である。すなわち、永承三（一〇四八）年一〇月に関白藤原頼通の高野山参詣に際し、「淀山崎刀禰散所等」が十一艘の板屋形船を造ったとの記事が見え、[17]また鎌倉時代中期の建長五（一二五三）年に注出された「近衛家所領目録」（近衛家文書）によると、山科・宮方・草苅・淀・山崎の散所がみえる。周知のように、これらの散所の機能は、山科の散所が大津街道を占める山科にあって運送機関としての性格を果たしていたものであり、淀の散所については淀津が木津・桂・宇治の三川合流地点に当り、京都以西の西海道諸国の貨物の揚陸地であり、奈良方面との交通の要衝でもあったという関係から運送機関が設置されたものである。淀散所は左右両方に分れて摂関家の淀津の機能を果たしていた。[18]淀の対岸、木津川の合流地点にある山崎の摂関家散所も、淀散所と同様な機能、すなわち河川と陸路におよぶ運送機能をもつものだったと考えられる。

山崎の場合、前述した正嘉元（一二五七）年の「山崎長者等山寄進状」によれば、長者は下級官人層であり、[19]おそらく十二世紀頃には、山崎郷において、長者衆が山崎神（酒解神社）および宝積寺（宝寺）の祭礼を統率し、山崎郷内の氏人神人を統轄し、郷務を勤める体制が成立していたと考えられる。石清水八幡宮に奉仕する日使神事（日使頭祭）は、この体制を基底にして構成されたものである。のちには発生期の長者の性格が忘却され、四月三日に山崎から淀川を越え、勅使少将代を祭使として祭列を整える日使神事において、勅使少将代を勤めた者を日の長者といい、一郷の上首とし、先に頭を勤めた衆中を長者衆と呼ぶようになったのである。

平安後期の作とされる『信貴山縁起』飛倉の巻や、『宇治拾遺物語』に描写された「山崎長者」は、校倉に米俵を多く貯え、問丸の業務を勤め、油絞りの締木と竃をもち、荏胡麻油を製造販売するなどの商業活動に従事する「石清水八幡宮の大山崎住神人」だとされ、十二世紀後半頃の地方豪族の姿を示すものとされている。[20]これまでの考察によれば、山崎長者は第一に摂関家山崎散所長者との関連から再考されるべきであり、『宇治拾遺物語』

の「此山のふもとに、いみじきげす徳人ありけり」という描写も、『信貴山縁起』の「この山のあなた、山崎といふ所に」を考慮すれば、山崎山（天王山）の山崎神（酒解神）を信仰する長者の性格を表現するものと思われる。以上、鎌倉時代の山崎郷の内部構造、および地主神の座と八幡宮の座、山崎長者（職）についてそれぞれ明らかにした。つぎに長者衆―神人体制が、山崎郷内の発展に伴って、いかに変化していったかを考察したい。

第二節　大山崎惣町の形成

八幡宮大山崎神人、すでに明らかにしたように、「山崎御神神人」であり、「八幡神人」であるというべき大山崎神人は[21]、山崎郷において山崎神を紐帯とする宮座を構成し、八幡宮への雑役奉仕を通じて種々の特権を付与されていた。この宮座は、山崎郷においては、「山崎長者座」と呼ばれるような在地人・地下人とは区別される性格をもち、郷内における氏神神人を統轄し、郷務を勤めるものであった。

すでに九世紀から山崎津頭には数百軒の集落が成立しており、そこには多くの商家が含まれ、商工業者や運送業者が活躍していたが、山崎郷が町化していくのは鎌倉期以降からである。それは鎌倉時代後期から顕著になる農業生産力の発展、社会的分業等の確立などを要因とする社会経済的変動と、商品経済・流通経済の発展を背景とする、山崎の隔地間交易・流通の基地としての繁栄に基づいている。

鎌倉時代に大山崎神人等の交易活動は、すでに美濃・尾張・阿波・丹波・播磨など畿内近国の範囲に及び、応長元（一三一一）年には、「淀・河尻・神崎・渡辺・兵庫以下諸国津料」を朝廷・幕府から免除されるという特権を得ている[22]。このように大山崎神人の交易活動には、朝廷・八幡宮・幕府の公権力からの特権保護が重要な前提となっており、とくに内殿燈油備進のための荏胡麻を諸国から買い集め、製油を行うという雑役奉仕は、そのかたわら彼らが京都や各地へ荏胡麻油を販売する特権の根拠となるものであった。この燈油備進は石清水八幡宮内殿燈油だけではなく、穀倉院にも燈油が納入されていた。穀倉院への燈油貢納は、貞和年間認められ、のちには穀倉院別当中原家に毎年油一斗余が上納されている事実からも確認できるところであり、[23] のち次第に一般の燈油や雨具の塗油・食用として、山崎の荏胡麻油が消費されるようになったものである。

このような商品経済・流通経済の発達を背景として、当時座を通じて諸官衙権門と奉仕の関係をもつ神人・寄人・供御人等は、一般に商工業者としての性格を出現させる。[24] 山崎郷においても、長者衆が郷内の氏人神人を統轄する体制と神人等の商業活動の展開、および郷内の在地人の商業活動の展開にともなう特権の要求は、矛盾を露呈しはじめていた。この時期の大山崎神人と朝廷・八幡宮・幕府との間に、訴訟事件や嗷訴および殺傷事件などの激発がみられるのはこのためである。[25] このような矛盾の展開は、大山崎郷だけにみられたのではない。延慶二（一三〇九）年頃、石清水八幡宮の門前四郷の一つ杜郷では、刀禰らを中心として麹売買を通じて座的特権が持たれ、これに対して散在の神人や他所の住人がその独占を破ろうとし、また嘉暦二（一三二七）年には他所の米座・土倉が紛争を起している。応永頃には、社務に対する神人・郷民の蜂起が起った。神人の要求は社務の改替で郷民の要求とは別個のものであるが、「神人ニ不限郷民共与同」とあるように一致した行動を起している。[26]

このような矛盾の展開に対しては、一部大山崎郷人の京都への進出と、彼らの新加神人としての編成によって、大山崎は危機を回避することができた。永和二（一三七六）年の「大山崎住京新加神人等被放札注文」[27] には、六四名の新加神人が大山崎郷内十保の地域単位にまとめられている。本来は五位川保を加えて十一保であり、鎌倉時代に山崎郷内の西国街道に沿って屋敷や商家が増加して発展してきた地域が、上下保として編成されたものであり、永和二年の注文は、この保単位に新加神人等の名帳を朝廷に提出し、神人札を与えられたものである。永和二年の「貞綱屋敷等譲状」[28] には、上下保のうち下保に属する辻保と藤井保が見えるが、このうち辻保内の山崎住屋（家屋屋敷）は、土蔵と家具として酒壷を持つものであり、土倉と酒屋を営むものである。とくに「辻保南類」という記載が重要である。このような〈――保南類〉という記載は、同じく下保内関戸保[29]についてもみられ、これら上下十一保内の屋敷の注記からうかがえる山崎の町のあり方は、「大山崎住京新加神人等被放札注文」にみられる京都の町のあり方と相似している。永徳二年の「井尻家文書」には、蔵内保に属すると思われる「御倉まちの屋敷」一所が売買されている。[30] これは、山崎郷内で十四世紀に町という名称が明確に出現した事例であり、御倉町とは京都の場合と同様、倉のある町の意味だと考えられる。[31]

このような上下十一保を基点にした大山崎の西国街道に沿った地域は、戦国・織豊期には明瞭に町、すなわち保＝町と呼ばれるようになる。文禄四（一五九五）年の「倉之内諸社鎮座本紀」[32]によると、「抑当町を倉之内ト号来ル事」とあり、保は町と同義に呼称されているし、さらに倉内保＝倉内町は上ノ町・下ノ町・奥ノ町に分かれている。[33] 鎌倉時代末期・南北朝時代に、大山崎惣町としての起点が求められるのは、大山崎の保が鎌倉時代末期には出現し、次第に都市共同体として発展していったからである。

これまで述べたように、大山崎の長者衆―神人体制は、大山崎住京新加神人という組織を分掌することを通じて危機を回避し、さらに室町期・戦国期にいたるまで存続することになった。この危機の時代に、「離宮八幡明験図」が作成されている。現在徳川黎明会に伝えられたこの図は、嵯峨天皇の河陽離宮（山崎離宮）を中心にして、貞観元（八五九）年八月廿二日に宇佐から八幡神が山崎離宮辺に到来し、さらに宣旨を受けて対岸男山へ移座したという八幡神の山崎遷座の縁起を描写したものであり、離宮八幡宮の縁起を参照して考えると、大山崎神人等の八幡宮に対する強固な自己主張、すなわち八幡神は山崎離宮から男山に勧請されたものであるから、山崎離宮こそが石清水であるという離宮八幡神信仰の成立として考えられるべきものである。この離宮八幡神信仰の成立こそ、山崎神を紐帯にして構成されてきた長者座が、離宮を根拠にして国家神八幡神を紐帯にした組織への上昇転化を志向したものであり、それは成功したのである。

第三節　大山崎惣町の内部構造

南北朝内乱期を通じて、大山崎神人等は明瞭に武装集団としての性格を出現させる。従来も京都西方の軍事的要衝を占める山崎は、京都への関門として軍事的意味が多大であったし、大山崎神人の武力も八幡宮に対する嗷訴閉籠事件などにみられるところであったが、長い戦乱は神人等の恒常的武装化を促進した。南北朝内乱時代には高師直が内殿燈油料荏胡麻等諸関所津料停止を下知し、楠木正儀が南朝後村上天皇の綸旨を奉じて諸関所違乱の停止を命じ、また文和元年に将軍足利義詮から摂津国兵庫嶋并神崎・渡辺・禁野・鵜殿・楠葉・大津・坂本等関務輩の違乱停止の御判御教書を受けるなど、南朝北朝の両統から先例どおり諸関所津料勘過の特権を保護されている事実[34]は、このような軍事的要衝を占め、強大な武力と経済力を有する大山崎神人の位置を示すものである。上述した山崎神を紐帯にした長者座―神人体制が存続しながら、離宮八幡神を紐帯にしていく過程は、同時に大山崎神人等が室町幕府への癒着化を強めていく過程でもある。明徳三（一三九二）年に将軍足利義満は、「八幡宮大山崎内、東限円明寺、西限水無瀬河、依為日使大神事等重役神人在所、自往古以来、惣所不勤公方課役也、爰以関戸院、号摂州内、成違乱云々、太不可然、早任先例、於山崎者雖為向後諸事、可停止守護綺者也[35]」と、初めて大山崎神人の在所を定め、大山崎領内では公方課役免除の先例を守り、守護の綺を停止すべきこと、すなわち守護不入の地とし、これより代々将軍の御判御教書によってこの特権は確認された。山崎はここにおいて室町幕府の特権都市、直轄都市に転化したが、その特殊性は「依為日使大神事等重役神人在所」という表現によく示されている。

大山崎神人等は、また幕府から公事并土倉役をも免除されている。[36] 荏胡麻油商業の側面からすれば、室町時代は最大の繁栄期であり、神人等は幕府の保護を背景に、問丸職として油木（製油器）を独占し、また地方における荏胡麻買付けや流通路の安全を幕府権力から保証されて、地方新儀商人に対する荏胡麻購入などの独占権を行使した。この時期に八幡宮を紐帯とする日使神事は、兵庫（摂津）・丹後・和泉・美濃・播磨・備中・備前・伊予などを含む畿内近国に及ぶ八幡宮神人を包括し、大山崎長者座は八幡宮を紐帯とする本座（大山崎神人）―新座（地方新加神人）体制の中枢に位置し、新座の構成員から座役銭などの課役を徴収し、日使頭祭を施行したのである。

上述したような荏胡麻油商業の繁栄は、幕府守護権力による特権保護に基づいたものであった。当時地方において荘園市場や国衙市を基盤に地方商人の成長がみられ、地方新儀ないし散在商人の違乱や、地方商人の日使頭役難渋の続出にみられるように、地方商人と大山崎神人との矛盾対立関係は室町期を通じてみられたところであったが、こうした大山崎神人の利権が守られたのも、戦国期までであった。戦国期に至れば、「天下大乱故山崎油売逐電之間不叶売買」（『大乗院寺社雑事記』）と述べられているように、油商業の存立自体が危機に直面していくのである。祭礼という側面から見れば、本座新座の体制に基づいた日使頭祭施行の体制が崩壊し、かわって惣中結合を通じて大山崎地主神の天神八王子社の祭礼が盛行していくのは、以下に述べるように、大山崎惣町共同体の強化として考えられる。

大山崎上下十一保――近世の例によると、西国街道に沿って上保と下保とし、さらに上六保（船橋・中村・鷹・岩神・溝口・五位川）と下五保（蔵内・関戸・藤井・井尻・辻）に区分したものである――を基点とする大山崎惣町の内部構造について戦国期を中心に論じる。戦国期の大山崎惣町については、すでに原田伴彦の研究があり、[37] 中世都市の反領主的性格と内部におけるヒエラルヒッシュな階層秩序をもつ体制、すなわち、惣町は門閥的町民（代官的＝土豪的・門閥的巨商、地侍）が郷民を指導し、その門閥的町民の動向が都市共同体の性格を決定すると論じられている。しかしながら、戦国期のみを扱うだけでは、惣町において門閥的町民が郷民を指導する根拠が、明らかにされえないのは言うまでもないことである。

戦国期の大山崎惣町は、上下十一保に居住する二五氏（永禄一一年の例では、一七四名）の殿原層が、惣町内の自治行政に当っていた。当時の大山崎郷の人口は、文明一四年五月小朔日の「（四月）廿八日山崎陣所・在所・在家数百間焼失了」（『大乗院寺社雑事記』）からみて、彼ら殿原層の数倍はあったと思われるが、天神八王子社の宮座の構成を検討しても、その構成者のほとんどは彼ら殿原層であり、商人職人らと思われる階層はごく一部に過ぎない。むしろ天文七（一五三八）年に溝口保内のかち二郎衛門子弥三郎・かうしん二郎三郎子千代松・こうや弥二郎子こま安が天神八王子政所長者八人から座役を免除されている例が示すように、彼ら商人職人層は出銭によって天神八王子政所長者八人から座役を免除され、惣中から「一代諸公事」を免除されたものであると考えられる。(38)

大山崎惣町は、彼ら殿原層＝門閥的町民層が、上下十一保を基点にした惣中結合、年臈的秩序からなる宿老―若衆体制によって運営され、彼らは地主神天神八王子社の社家であり、同時に離宮八幡宮の社家であった。彼らの多くは、井尻・松田・関・中西・中村の各氏の場合に確かめられるとおり、前代からの大山崎本所神人であり、大山崎長者座を構成していた。

さらに殿原層＝門閥的町民層の存在形態をみると、疋田氏は「山崎雑掌」（「親元日記」寛正六年八月六日条）であったし、井尻氏は八幡宮領播磨国松原荘の預所職を補任され、荘官的機能を果たしている（第一章参照）。河原崎氏や津田氏は、三条西家の代官として淀魚市の代官・雑掌を勤めた淀の河原崎氏、伏見の津田氏と同族ではないかと思われる。(39)また、文明一三（一四八一）年に水無瀬家雑掌が水無瀬荘年貢に関する借銭引取りについて、年貢は法に任せるべきことを幕府に訴えている事件[40]で、殿原層＝門閥的町民層の中西・井上・津田の各氏らが高利貸として見える例に代表されるように、彼らのうち高利貸的性格を示す者は多い。

以上から、大山崎惣町の内部構造について、門閥的町民層が郷民を指導し、その門閥的町民の動向が都市共同体の性格を決定するという原田説は妥当であるが、鎌倉時代からの分析で私が明らかにしたように、門閥的町民層の〈門閥〉の意味に、鎌倉時代十二世紀以降の長者衆―神人体制の存続という事実、すなわち山崎長者座を中枢にする天神八王子社の社家層と、離宮八幡宮社家層とに属するという宮座構成のあり方を付け加えたい。

彼ら門閥的町民層が指導する天神八王子社の祭礼は、「童使出銭日記」が文明一七（一四八五）年から始まる事実が示すように、この頃から盛行していったが、それは郷内の自治行政が強い宗教的色彩を帯びていた事実を示すとともに、当時における農民的な商品経済の浸透が在地の市の成立・発展として展開しており、この動向は徳政一揆が京都を攻めた後、宇治・山崎を攻めるという農民闘争として表れている。[41]また住京神人油座に関して、大山崎の門閥的町民層＝殿原層である中村氏の売り子弥次郎と母が座法に背くという事件が示す、売り子が問屋の支配から離脱しようとする動向[42]など、惣町の外部と内部からの矛盾対立が激化している。内外のこうした矛盾対立に対応して、殿原層は惣町の結合を強化するとともに、地主神の祭礼を盛行させていったものである。

おわりに

中世都市大山崎を中心に、大山崎上下十一保を基点とした惣町共同体の形成と鎌倉時代から戦国時代にいたる長者座の起源と役割、惣町における位置について論じてきた。分析の過程で、大山崎の有する京都の衛星都市的位置も明らかになったと考える。京都の支配権力と結びついて存続発展してきた大山崎惣町のあり方自体が、中世都市共同体の性格を明瞭に示すものではないかと考える。京都・宇治・大津・坂本などの他の中世都市に関して、さらに検討を重ねたいと思う。

註

(1) 戸田芳実「王朝都市論の問題点」(『日本史研究』一三九・一四〇合併号、のちに『初期中世社会史の研究』所収、東京大学出版会、一九九一年)、脇田晴子「日本中世都市の構造」(『日本史研究』一三九・一四〇合併号、のちに『日本中世都市論』所収、東京大学出版会、一九八一年)。

(2) 黒田紘一郎「中世京都の警察制度」(同志社大学人文科学研究所編『京都社会史研究』、のちに『中世都市京都の研究』に再録、校倉書房、一九九六年)、同「今昔物語にあらわれた都市」(『日本史研究』一六二号、同前)、秋山國三・仲村研著『京都「町」の研究』(法政大学出版局、一九七五年)、網野善彦「中世都市論」(岩波講座『日本歴史　中世3』、『日本中世都市の世界』に再録、筑摩書房、一九九六年)、三浦圭一「中世の分業流通と都市」(『大系日本国家史　2中世』東京大学出版会、一九七五年)。

(3) 大山崎油神人の研究史には、以下のようなものがある。小野均(晃嗣)「油商人としての大山崎神人」(『社会経済史学』一巻四号、のちに『日本中世商業史の研究』法政大学出版局、一九八九年)、魚澄惣五郎・沢井浩三『離宮八幡宮と大山崎油商人』(星野書店、一九三三年)、豊田武「大山崎油神人の活動」(『歴史地理』六二巻五号、のちに豊田武著作集第三巻『中世の商人と交通』所収、吉川弘文館、一九八三年)、脇田晴子『日本中世商業発達史の研究』(御茶の水書房、一九六九年)。

(4) 「三日、陰、小雨間降、今日山崎民家悉経営、有毎年祭礼云々、其路渡播磨大路参八幡云々、」。

(5) 「八日、天晴、午時許参上、未斜出御、此辺辻祭、二社被渡御前、其中一方頗副田楽等供奉、土民等毎年営此事云々、施種々風流、渡了遊女退下、御向殿了、退下宿所、(中略)十日、自暁雨休、午時許参上、毎事如例、辻祭如一昨日、渡御前偏如先度、事訖退出、」。

(6) 「童使出銭日記」内「一童使年中行事覚書」に、「(上略)(四月)八日五位川辻ノ御クウ二社ノ分ロンシニカヽセテ、一長者ノ所へ取ヨセラレ候テ、コレヲハクル、八王子ニテホウナウノ酒三ヒサケ也、四月九日、八ケ物長者四人内不参ナレ共マイラセラレ候、五位川御コク平子三ノ内二ヲ此座へ取、清酒也、此平子ノ内一白酒ヲ此座沙汰物取、惣ノシキシ平子一取、清酒也、」とある。

(7) この史料は、三浦圭一の教示による。私は一九七六年に宝積寺において、その存在を確認したため、本稿で初めて全文を紹介したものである。『大山崎町史　史料編』六七頁、『鎌倉遺文』八一五七号参照。

(8) 『島本町史　史料篇』、『大山崎町史　史料編』七九頁参照。

(9) 『島本町史　史料篇』、『大山崎町史　史料編』一六〇頁参照。

(10) 「蜷川家古文書」所収。

(端裏書)

「日頭年中度々令勤仕分」

応永廿二年四月三日　ヒヤウコノスヽイ頭
同　廿二年四月廿三日　丹後国ナリヨシ
応永卅二年四月三日　山崎ノカキヤ
同　四月廿三日　山崎ヲコウ
嘉吉三年三月十三日　山崎カケユ左衛門子
同　三月廿三日　山崎チャウサシキ
同　四月三日　クホノ兵衛
同　四月廿三日　シャウノ与三郎
文安二年四月三日　三条タカツシトイヤ
同　四月廿三日　イツミノ国コキノ源五郎
同　十一月三日　ミハリ
同　十一月廿三日　ミノヽ国ミンフ二郎
文安四年三月三日　ハリマノ国アタラシ

同　　三月十三日　ヒャウコノスヽイタ
同　　四月三日　西トウイタカヤ
寛正二年三月三日　山崎弥三
同　　三月廿三日　ハリマノ国アヲシ
同　　四月三日　山崎イハ神松田
同　　四月廿三日　ヒツ中国頭人
寛正三年三月廿三日　山崎兵庫
同　　四月三日　ヒセン国頭人
同　　六月三日　山崎三郎衛門
長享三年三月廿三日　山崎長者座執行
同　　四月三日　山崎セキノ藤五
延徳四年三月三日　山崎松田弥次方
同　　四月廿三日　伊予国頭人

(11) 林屋辰三郎「『山椒大夫』の原像」(『古代国家の解体』東京大学出版会、一九五五年。のちに日本史論聚三『変革の道程』所収、岩波書店、一九八八年)、石母田正「辺境の長者――秋田県横手盆地の歴史地理的一考察」(『歴史評論』九二・九五・九六号、一九五八年。のちに、石母田正著作集七『古代末期政治史論』所収、岩波書店、一九八九年)、戸田芳実「山野の貴族的領有と中世初期の村落」(『ヒストリア』二九号、一九六一年。のちに、『日本領主制成立史の研究』所収、岩波書店、一九六七年)。
(12) 建長四年六月三日、「藤原忠持処分目録」・「藤原康高所職私領譲状」(「水走文書」)。
(13) 永仁二年十一月七日、「和田性蓮処分状」(「和田文書」)。
(14) 『宇治市史』2、所収。
(15) 『平安遺文』七、三二〇二号。
(16) 文明一二年に書かれた一条兼良の『桃花蘂葉』によると、兼良は家門管領の寺院七箇寺のうち、山崎なる成恩寺・円明寺・宝積寺を記し、「宝積寺号宝寺家門管領分也、而進巻数之外、無殊得分」としている。

(17)『宇治関白高野山参詣記』。

(18) 森末義彰『中世の社寺と芸術』（畝傍書房、一九四一年）。

(19) この事実は、散所研究に関する最近の研究、すなわち丹生谷哲一や中原俊章による研究が明らかにしてきた、発生期の散所は律令官職制における中下級官人層再編成の問題であるという成果とも関連して、大変興味深い。丹生谷哲一『日本中世の身分と社会』（塙書房、一九九三年）、中原俊章『中世公家と地下官人』（吉川弘文館、一九八七年）参照。

(20) 杉山博「信貴山縁起の歴史・地理的背景」（『日本絵巻物全集』第二巻、角川書店、一九五八年）。

(21)「仁部記」弘安二年五月三日条。塩小路油小路に住む住京神人美濃太郎重能について、「八幡神人重能山崎御神神人」と記している。（『大山崎町史　史料編』七〇頁参照）。

(22)「伏見上皇院宣」（「離宮八幡宮文書」五号、『島本町史　史料篇』、一九七六年。『大山崎町史　史料編』、一九八一年、六二六頁）参照。

(23)『師守記』に「延文元年三月五日、是日孫六自山崎上洛油一斗一升九合未進一升一合云々持参之、則被納之」「貞治三年三月二日、今日左近太郎被下山崎油保、為油□被下御返事」「四日、今日左近太郎自山崎油保上洛、油一斗一升沙汰進之、進送□不賜返抄」とある。

(24) 脇田晴子『日本中世商業発達史の研究』。

(25) 本書第一章参照。

(26)『宮寺見聞私記』。また松山宏『日本中世都市の研究』（大学堂書店、一九七三年）二九九頁、原田伴彦『中世における都市の研究』（三一書房、一九七二年）二二六頁参照。

(27)「離宮八幡宮文書」三九号。

大山崎住京新加神人等被放札注文

蔵内保

一所　塩小路東洞院北西頬　三郎入道

船橋保

一所　樋口町東北頬　輔房

一所　六条坊門町南西頬　六郎
関戸保
一所　綾小路室町南西頬　彦五郎
一所　綾小路町西南頬　善願
（中略）
藤井保
一所　一条猪熊西北頬　浄郡
一所　佐女牛烏丸西北頬　竹夜叉丸
（中略）
井尻保
一所　四条室町《坊門》南西頬　善願《藤太郎》
一所　高辻東洞院北東頬　道康
（中略）
辻　保
一所　三条町西南頬　左衛門五郎
一所　中御門万里小路南東頬　左近三郎
（中略）

一所　五条坊門猪熊北西頬　宗本
（中略）
一所　四条烏丸東北頬　竹夜叉丸
中村保
一所　四条町南東頬　彦次郎
一所　六条坊門室町南東頬　右衛門五郎
一所　五条坊門東洞院北東頬有阿
一所　高辻西洞院西北頬　兵衛太郎
鷹保
一所　六角烏丸西北頬　明阿
岩神保
一所　七条室町西南頬　右衛門三郎
一所　高辻油小路西南頬　孫五郎
一所　楊梅烏丸南西頬　左近太郎
溝口保
一所　五条坊門烏丸西頬　左衛門五郎
右大略注進如件
永和弐年十二月　日

(28)『東寺百合文書ヨ』
譲与　岩夜叉丸
一、山崎住屋辻保　土蔵家具等事
一、七条坊門町屋敷両所事
一、八幡常盤大路屋敷并山崎藤井尻畠事

右所譲与実也、更不可有他妨、千万之一号貞綱子孫又於親類之中違乱之仁出来者、可申行盗人之罪科者、抑於丹波所領者譲状在別紙、自然之時為出帯公庭也、於追善等致慇懃之志不可存疎略、若又後室出家者尤可致孝行、努々不可有等閑、委細之旨置文在之、仍譲状如件

永和二年六月十五日　　貞綱（花押）

（裏書）

「此内山崎辻保南頬之家屋屋敷并土蔵酒壷等者、藤原氏女ニ奉沽却之処也

永徳元年辛酉十二月十三日　聖誉（花押）」

(29) 嘉吉三年一〇月一〇日、「其阿弥陀仏屋敷売券」（「井尻松子文書」、『大山崎町史　史料編』一一〇頁参照）。

(30) 永徳二年一〇月七日、「彦六屋敷売券」（「疋田種信文書」、『大山崎町史　史料編』九五頁参照）。

(31) 村井康彦『古代国家解体過程の研究』岩波書店、一九六五年。

(32) 文禄四年五月二五日、紀則勝筆による。

(33) 保については諸説があるが、ここではいわゆる神社の保といわれる保をのみ問題にする。すなわち、京都では祇園社領内の葱町保・瓜町保・芹町保などの保、あるいは北野社の西京七保、宇治にみられる一番から十番までの数字を付された保などである。大山崎上下保については、従来の説では、石清水八幡宮ないし離宮八幡宮の保と理解されている。たとえば、清水三男『日本中世の村落』（日本評論社、一九四二年）のうち、「第二章　保と村落」や、豊田武「座と土倉」（岩波講座『日本歴史』中世2、一九六三年。のちに豊田武著作集第一巻『座の研究』所収、吉川弘文館、一九八二年）がそうであるが、すでに実証したように、この説は正しくない。また上下保の初見は、建武三年の「阿蘇宮令旨」（西明寺文書）だとされてきたが、宝積寺文書と称すべき「沽券古文書」（京都大学総合博物館所蔵）によれば、元徳二年に「山崎船橋保」が見え、保の成立は遅くとも鎌倉時代にまで遡る（「照舜畠地売券」、仁木宏編『大山崎宝積寺文書』思文閣出版、一九九一年、参照）。上下保の起源については、山崎神社との関連性が想定されるが、将来の検討課題として、ここでは保の町化についてのみ論じた。

(34) 暦応四年八月七日、「室町幕府執事署判下知状」（「離宮八幡宮文書」二〇号、『島本町史　史料篇』、『大山崎町史　史料編』所収。以下『島本町史』の「離宮八幡宮文書」の番号のみ記す）、正平六年一二月二四日、「楠木正儀書下

状」（二二号）、文和元年一一月一五日、「足利義詮袖判御教書」（二三号）。

(35) 明徳三年一二月二六日、「足利義満袖判御教書」（五九号）。

(36) 応永四年五月二六日、「室町幕府下知状」（六三号）。

(37) 「中世都市の自治的共同組織について」（『日本封建都市研究』東京大学出版会、一九五七年）。

(38) 「童使出銭日記」。

(39) 『実隆公記』、小野晃嗣「卸売市場としての淀魚市の発達」参照。

(40) 「政所賦銘引付」（『続史料大成』一一）。桑山浩然校訂『室町幕府引付史料集成』上巻（近藤出版社、一九八〇年）参照。

(41) 『大乗院日記目録』文明一二年九月二六日条に、「廿六日、将軍准后北岩倉観音ニ御参籠、土民北馬借也、蜂起、徳政儀也云々、今度京都責之、遺（遣）徳政了、宇治・山崎等近日責之之由聞之、」

(42) 天正一一年「折紙跡書」（『大日本史料』十一—五）「石清水八幡宮住京神人油座事、帯御代々証文上者、洛中洛外可致商売、并破座法致商売者於在之者、可加成敗、然者今度中村売子弥次郎与母背座法之条、令成敗了、弥以如先々、為座中堅可申付之状如件、
天正十一十一月日　　当宮住京神人中」

第三章　戦国都市堺の形成と自治

第一節　学説史と問題点

中世都市堺についての学説史をかえりみるならば、最初に堺都市論に取り組んで堺の全体像を提示し、現在にいたるまで多大の影響を与えているのは、豊田武の『堺――商人の進出と都市の自由――』に代表される諸論考である[1]。豊田武の『堺』は、十六世紀の最も繁栄した時代の堺を中心に、堺が自由（都）市としての権利を獲得するに至った経過や自由市としての性格、織豊政権の成立との関係について明らかにしようとしたもので、三浦周行監修の『堺市史』を基礎にしながら、堺についての新史料を網羅した初めての本格的な堺都市論であった。とりわけ、堺の市民の自治組織について、会合衆の組織を指摘した点が重要である。

戦国期の堺の支配形態については、永禄四（一五六一）年に堺をおとずれた宣教師パードレ・ガスパル・ビレラの「ベニス市の如く執政官によって治めらる」（『耶蘇会士日本通信』上、同年八月一七日付書簡）という有名な報告が存在するが、豊田武は、この執政官は畠山高政のような武将で、住民中より選ばれたものではないが、このような支配者の権利は極めて弱く、その実際の政治は、堺の住民から選ばれた町衆・年寄衆によって運営されていたとする。これが有名な会合衆論である。豊田武の場合、会合衆の組織の起源を、寺院の集会《じようえ》にその源流をもっていると思われることから、会合《えごう》と読むのが本当であろうとした点と、会合衆の発達過程や内部構造が明らかでない点が、問題として残された。

まず第一の会合(衆)の読み方であるが、『日本国語大辞典』(小学館)によれば、「会合」は〝かいごう〟〝クワイガフ〟で、「相談、討議などのために人が集まること。その集まり。集合。寄り合い」という意味である。用例としては『中右記』嘉保二年四月五日の「今日賀茂行幸点地也。仍諸司等相催、於陽明門下可会合由、先所下知也」と『平家物語』一、内裏炎上の「大講堂の庭に三塔会合して上卿をとってひっぱらむとす」などが挙げられている。また『時代別国語大辞典　室町時代編』(三省堂)も、「会合《くわいがふ》」である。

豊田説のように会合を「えごう」と読む例はみられないのであるから、会合(えごう)衆ではなく、会合(かいごう)衆と読むのが正しいのではないか、と考える。この点は、豊田武ものちに訂正する意図があったと思われ、豊田武著作集に収められた『堺』の補註には、『節用集』(饅頭屋本・易林本)に、「会合《クハイガウ》」とある旨の書き込みが見える。私はこの問題は単なる読み方だけに止まらないと思う。もちろん、『蔗軒日録』『重編応仁記』『足利季世記』などに見える歴史用語としての「会合衆」の正確な読み方がどうであったかは、それ自体大変重要な問題であるが、これを会合衆《かいごうしゆう》(寄合衆の意味)と読む事実を容認するならば、これまで堺の都市共同体論・自治組織論をめぐって展開されてきた種々の疑問や問題点を解決に導く道が自然に開かれると考える。従来は、豊田武自身が会合衆の組織を伊勢大湊の町政機関などにもみられると述べながら、堺を会合衆《えごうしゆう》と読むことから、その一般化を阻んできたが、伊勢宇治・山田や大湊と同様、これを会合衆《かいごうしゆう》とするならば[2]、堺の町政機構・自治組織を一般化して論ずることができる。これまでは、堺の会合衆を固有名詞的に考えてきたため、逆に史料に「堺会合等」(「東末吉家文書」永禄一一年)とあっても、これを「堺会合《えごう》等《(衆カ)》」と読んだり、後世の「堺会合者神前少西北方居作法畢」（『住吉松葉大記』「遷宮部」承応四年一一月二日条）の解釈について、無理に「堺会合者《えごうしゃ》」と読んだりしてきたのである。これは、ごく自然に「堺会合《かいごう》」すなわち「堺寄合」と考えるのが正しいと思われる。また、『日葡辞書』に〈会合〉という項目はあるが、〈会合衆（えごうしゅう）〉という項目が存在しない事実も、当然だと理解されるのである。

このように、会合衆が堺の寄合衆（議会員）を直接に指すものとすれば、従来、豊田説によって会合衆という呼称のみがあまりにも有名で、肝心の自治組織の内容や実体が明らかでないまま現在までできているという問題について、別の視点から検討することが新しい課題となる。「名主沙汰人」「南北町衆」「町衆年寄衆」「町代」「丁（町）老」「惣代」「南北老若」などと見える記事から、改めて堺会合の構成をみていく必要があろう。

この問題に関連して、堺の市政機構について、積極的な提言を展開したのは、泉澄一である。泉澄一による茶会記の体系的な分析によって、堺商人・堺町衆の実像は多面的に明らかとなったが、『堺――中世自由都市――』のなかで、泉澄一はつぎのように図示している（第1図　堺の市政機構）。

泉説によると、会合衆は堺の惣鎮守である三村《みつむら》宮（開口神社）の祭礼にかかわる有力者の会合にその発祥があるのではないか、すなわち『蕪軒日録』によると、三村宮の祭礼の頭役には二人の会合衆があたっているが、元来神事をつかさどる十人の各村の代表から頭役を選出する習慣があり、祭礼の幹事ともいえる十人が堺の会合衆の起源ではないか、とし、のちにそれが町政における有力者、ないし代表者の意味を加味するようになっていったもの、とされる。そして、各町の町政機関（年寄会議）と会合衆との連絡役にあたったのが町代（惣代）で、会合衆三十六人説は「三十六人（ないしそれ以上）の町代」の誤伝ではないかと

第1図　堺の市政機構

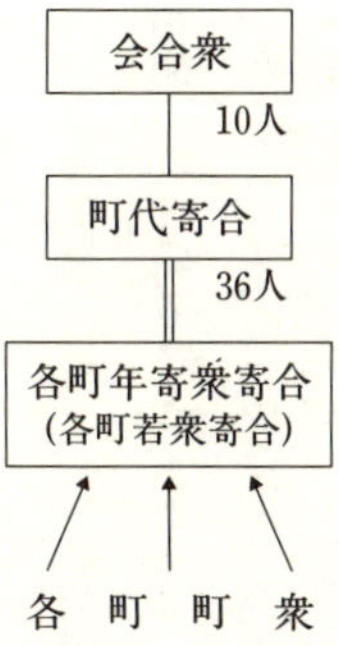

註　町代＝惣代

した。

泉説の会合衆論には、二つの問題点があると思われる。まず、会合衆の起源についてであるが、すでに豊田説でも指摘されていることでもあり、堺の惣鎮守であった三村社の祭祀組織が起源であり、それが、すなわち有力者だったことから、町政機関に発展していったと考えるのは正しいと思われる。しかし、その場合の祭祀組織とは具体的に座というべきものではないのか、というのが第一の疑問である。第二に、堺の市政機構についての疑問であるが、これについては、泉自身がのちに見解を訂正している。「中世の堺をめぐる二、三のメモ」（『ヒストリア』第九四号）によると、第一図については全面的に否定し、『堺市史』第三巻第四章に論述された近世堺の自治制度を全面的にさかのぼらせた内容に訂正したのである。『堺市史』によれば、近世の自治制度はつぎのようである（第2図　近世の自治制度）。

両者の違いについては、近世では町の年寄は一人で、ときには不在で月行事の代行がみられたのに対して、中世では『天王寺屋会記』における南北大小路町の老若の実例にみられるとおり、各町の発達段階によって異なるが、複数の年寄衆とその寄合の存在に特徴がみられるとしている。泉澄一が以前に説いた三六人の町代（＝惣代）寄合が三十六人の会合衆であるという説は全面的に否定され、町代と惣代とは異なり、会合衆の決議などを各町へ伝達する場合などは垣外の手によったのではないかとしている。問題はこの点であろう。すでに永禄年間には後の総代たる郷の惣代も、北大小路町の町代も南大小路町の町代も史料上に出現している。近世堺の自治制度の基本的要素は整えられているかにみえるのに、南北両郷の郷役人（とくに大年寄＝総年寄八〜一一人）と、前述した「南北老若」や「町ノ年寄衆八人」との関連が明らかではな

第2図　近世の自治制度

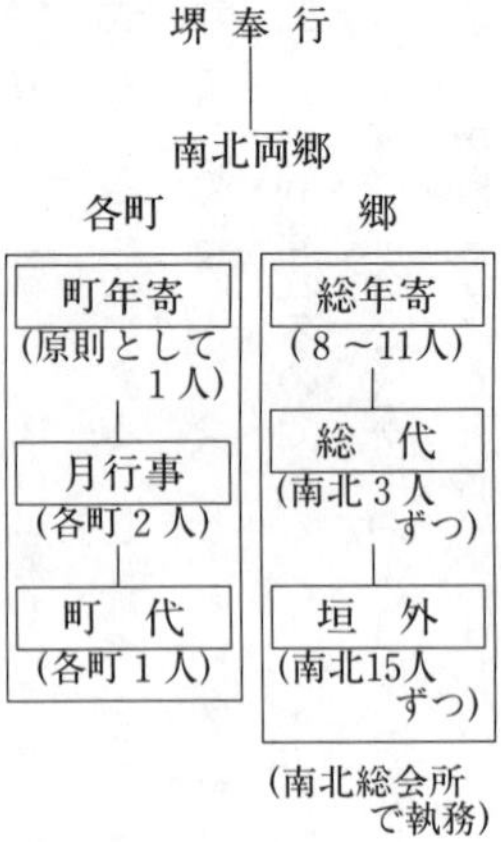

い。泉説も説くとおり、中田四朗[3]によって紹介された中世の南伊勢大湊では老若とは会合衆のことで、のちに「公界《くがい》」と称せられている。公界とは年寄や若い衆が村政を運営し、寄合を開く場所としての会所も意味する、とされる。また小島広次[4]により、大湊では会合衆とは大湊老分のみなのか、老若なのか確定できないが、番衆（大湊での入港税＝舟迎銭の徴収責任者で、日々交替し、永禄八年では八組三名ずつ、合計二四名）ではないか、との説が提起されている。

この公界論を提唱したのは網野善彦であり、とくに『無縁・公界・楽』において、網野は大湊や山田三方老若（や宇治、十楽の津・桑名）が、公界＝自治政府・自治都市だったと主張し、堺の会合衆についても公界といわれた徴証を確かに見出すことができるとしている。それは、『蔗軒日録』の文明八（一四七六）年二月一二日条のつぎの記事である。

印首座今在北庄経堂、々々者地下之公界会厥（所）也

すなわち、堺北荘の経堂は「地下之公界」の会所であったというのである。私は、これは大変重要な指摘であると考える。網野説の場合、公界は無縁や楽と同様にある種の原理や法理であり、アジール、平和領域を指すものともされていて、直ちに実態につながるものではない。しかし、ここでは堺北荘の経堂が地下の公界（自治政府・自治都市）の会所（すなわち市議会場）であるというのだから、私はこの重要な指摘を豊田武に始まる堺の会合衆論の学説史の展開過程に生かし、自治都市堺の内部構造を実証的に分析することにしたいと考える。

そして、すでに堺についても、無縁・公界・楽の場たる観点から論じた中部よし子の論稿[5]も発表されているが、分析対象が堺だけに止まらぬためもあってか、会合衆の自治組織の内容についてまでは検討されていない。

右にみたように、堺都市論についての学説史を一覧してみると、会合衆論に始まり、会合衆論に終るといっても過言ではないだろう。しかし、その内容は、社会経済史・商業史的観点に始まり、最近では自治都市の起源と

第３図　中近世の堺と交通位置

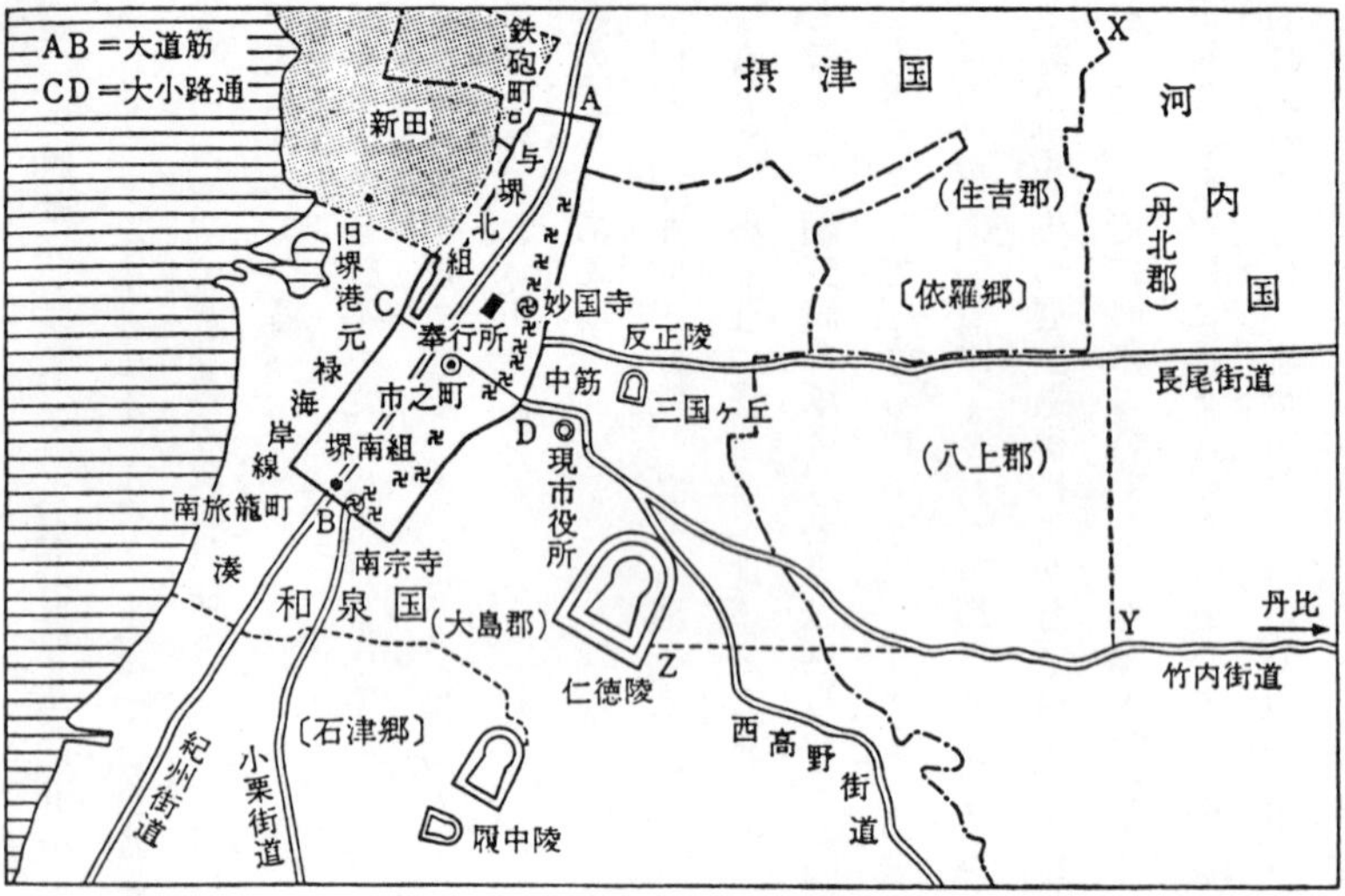

註　藤岡謙二郎「堺の過去と現在」より。

しての無縁・公界・楽の場、原理としてのアジール論にいたるまで、大きな展開を遂げてきている。私は第一・二章で山城・摂津国境にある大山崎について、地主神を紐帯にして営まれる惣の宮座と、石清水八幡宮を紐帯にした大山崎油神人の宮座（商業座）との重層関係や、港湾都市大山崎の上下十一保の惣町結合を、論じたが、ここでは堺という港湾都市のもつ都市的な場の特質に留意しながら、地域史の観点から都市堺の形成と展開をたどってみたいと考える。

第二節　堺の都市的発達の前史

（一）　堺津と堺荘の成立

よく知られているように、堺の地名の起源は、摂津国・和泉国・河内国の境界に位置するところにある。古代から摂津国住吉郡榎津郷と和泉国大鳥郡塩穴郷のうち、両国の国境を包括し、瀬戸内海の東岸に面した地域を堺と呼んだようである。堺の地名の初見は平安時代であるが、それは高野山・熊野参詣の街道筋に沿った海村としてであった。

この地理的条件のうちで、港湾としての堺津の発達が史料上確認されるのは、鎌倉時代になってからである。(6)鎌倉時代の初めごろ、日吉社聖真子神人等を兼ねる蔵人所供御人の鋳物師が、堺津を拠点として廻船で諸国に赴き、銑製品（鍋・釜）その他（買付けた布絹・米・大豆・小麦など）の交易を行っていたし、(7)また文永三（一二六六）年には、「和泉国塩穴、境、石津之於隠鋳物師」の存在がみえる。(8)おそらく、平安時代の末頃までに、瀬戸内海交通の一港湾として、またとくに蔵人所供御人を中心とする鋳物師の交易活動のための廻船発着の拠点として、堺津はその位置を確立していたものと思われる。

古代から摂津国住吉郡榎津郷と和泉国大鳥郡塩穴郷のうち、両国の国境を包括し、瀬戸内海の東岸に面した地域を堺と呼んだことは前述したが、この地域は堺南北荘が存在した地域でもあった。つぎに堺南北荘の成立や支配関係、堺津との関係について考察を加えたい。

堺荘（堺南北荘）の成立時点について、明確なことは解っていない。堺荘は摂津国と和泉国にまたがり、国境（現在の堺市中心街の大小路付近）を境界として、堺北荘と堺南荘に分かれていた。天福二（一二三四）年二月五日の「念仏寺一切経蔵等建立注文」に、堺北荘について「建保二（一二一四）年甲戌、国遶《（遠カ）》建立堂、摂津国内北荘ニ建」（『開口神社史料』(9)）とあることから、鎌倉時代初めには、堺南北荘ともに成立していたことが知られるだけである。支配関係については、正中二（一三二五）年三月の「最勝光院領荘園目録案」（「東寺百合文書ゆ」）に

一、堺庄、領家今林准后御分、本年貢油弐石、綾被物二重内
　七月御八講一重、九月兵士七人、
　十二月御月忌一重、
建長年中以後代銭一貫文外不弁済歟、

と見える。すでに指摘されていることであるが、最勝光院は承安三（一一七三）年に女御建春門院滋子の立願により、後白河法皇が建立し、門院の死後、院務職が後白河法皇・後鳥羽上皇・後堀河天皇を経て、後宇多上皇から教王護国寺に寄進されたものである。ここに見える領家今林准后とは、北山准后ともいわれる四条隆衡の女貞子である。貞子は太政大臣西園寺実氏の室となり、姞子・公子をもうけたが、長女姞子は後嵯峨天皇の中宮となってのちに大宮院と呼ばれた女性で、後深草・亀山天皇の母となり、次女公子は後深草天皇の中宮となった東二条院である。四条貞子は鎌倉初期の女性であるから、前述のとおり、鎌倉初期の堺荘は最勝光院領で、領家が今林准后四条貞子だった。建長年中（一二四九～一二五六＝後深草天皇の御代）以後は、本年貢油二石・綾被物二疋と兵士七人に代わって、代銭一貫文を弁済するだけだった、という。

和泉国大鳥郡塩穴郷内に位置した堺南荘の史料上の初見は、「後深草院御文類」所収の嘉元二（一三〇四）年七月八日の譲状案（後深草上皇処分状案）で、「天王寺遍照光院并葺屋・堺等庄、相副大宮院御書并准后貞子状、可譲進永福門院先日申候了、不可有相違者也、（中略）但堺庄遍照光院役不可怠者也」とある。支配関係をみると、天王寺遍照光院領で、前述した大宮院（准后貞子の長女姞子、後嵯峨天皇の中宮、後深草・亀山天皇の母）の文書と四条貞子の書状を添えて、後深草上皇から子の伏見天皇の中宮であった永福門院（藤原鏱子）に譲られたものである。

つぎに堺津との関係であるが、鎌倉初期には前述した鋳物師が「泉州堺津」を拠点として廻船で交易を行っていたし、文永三（一二六六）年には「和泉国塩穴、境、石津之於隠鋳物師者、同可致沙汰也」と史料に見えることから、鎌倉時代には泉州堺津が和泉国一帯の港湾の拠点としての位置を占めていたことが解る。したがって堺南北荘の地域は、紀伊や大和・河内からの各陸路を通じて堺津にいたる交通の要衝に当っていたのであり、とくに摂津国と和泉国の境界に位置した横条＝大小路道は、長尾街道・竹之内街道・西高野街道・熊野街道などの陸のである。

路とともに、堺の発達過程を論じる上で無視することができない。港湾都市堺・環濠都市堺と呼ばれるが、堺の都市的発達を考える場合、また会合衆や公界について論じる場合、このような地理的条件は切り離せない問題なのである。

(二) 住吉神社と開口神社・念仏寺

前項では、堺南北荘の成立と堺津について述べたが、鎌倉時代の堺荘における荘民・住民について、多くを知ることはできない。また、堺南北荘は摂津国住吉郡榎津郷と和泉国大鳥郡塩穴郷それぞれの全域を占めていた訳ではないから、堺の住民という場合、荘民と郷民から成り立っていたはずである。このような視点から考えるならば、鎌倉時代の堺の住民には日吉社聖真子神人等を兼ねる蔵人所供御人の鋳物師や「境」の「隠鋳物師」が存在していたから、すでに純漁（農）村的様相を示していないことが解る。堺の住民の具体的様相が明らかとなるのは、南北朝時代以降であるけれど、ここでは堺という地域の実体に即して、住民の存在形態を考えていきたい。

堺という地名の初見は、『定頼卿集』に見える歌の詞書であるが、それにつぐものは日記で、『為房卿記』永保元（一〇八一）年九月二二日条に、藤原為房が天王寺参詣ののち、住吉社に参詣して奉幣した後、ほぼ四時間後「和泉堺之小堂」に到着し、住吉神主国元《基》は障があったために神主清経が料米等を送ってきたとみえる。これは、熊野詣の九十九王子のひとつ堺王子（王子社）の側に設けられた籠堂を指し、為房はそこに宿泊したものであろう、といわれているが、[10]堺と住吉神社の密接な関係を示すものである。また前述した天福二（一二三四）年二月五日の「念仏寺一切経蔵等建立注文」には、「注申　住吉大神宮造立間、開口社小塩穴下条内、堂社建立例事」とあり、承安四（一一七四）年に念仏寺一切経蔵が住吉惣大工末貞によって建立され、住吉大神宮の造営に応じて、建保三（一二一五）年には、前述した摂津国堺北荘内の堂舎と塩穴郷下条内の小塩穴観音が建立されている。

この念仏寺一切経蔵については、有名な指画印を有する文治三（一一八七）年三月三日の「尼妙恵一切経蔵三味僧供料田寄進状」（『開口神社史料』）が存在し、摂津国住吉郡朴（榎）津郷内一条一里三三坪内の相伝私領である水田を、住吉神社一円領として寄進している。また、建保七（一二一九）年には向井二郎入道が、堂供養布施物と念仏寺供養導師の布施物（左右楽所惣布施物も含む）と念仏寺塔供養のための導師布施物と楽人舞人の布施物の目録を出している（『開口神社史料』）。

以上を要約すると、鎌倉時代には住吉神社の造営に応じて、「開口社小塩穴下条内」すなわち、和泉国大鳥郡塩穴郷に属する小塩穴の下条内に堂社が造営される慣例であり、建保三（一二一五）年四月二日には開口社の付近に塩穴観音が、また四月二七日には摂津国内堺北荘に国遍（遠）が建立した堂が棟上げしたことになる。

ところで、この摂津国内堺北荘に存在した堂舎とは、どのようなものであろうか。一説には、前述した向井二郎入道の供養布施物注文に基づいて、この堂舎が念仏寺にあったと思われることから、念仏寺（開口神社）は堺北荘内に位置し、のちに堺南荘内開口神社＝念仏寺となったのだともいわれる。[11] それは、「大寺縁起」に、天平一八（七四六）年行基が開口社に念仏寺を創建し、大同元（八〇六）年空海（弘法大師）が、ここに宝塔を建て大日如来を安置したことが記され、このため開口社は大寺《おおてら》（大念仏寺）とも呼ばれるようになり、宗旨も真言宗となっていることにより、鎌倉時代の念仏寺が堺北荘内にあったという推論に基づいて、念仏寺（開口神社）は堺北荘内にあったとされたものであろう。しかし、すでに明らかなように、天福二（一二三四）年の「念仏寺一切経蔵等建立注文」に、「開口社小塩穴下条内、堂社建立例事」とあるから、開口神社が堺北荘内にあったという推論はおかしい。ここで明らかなのは、鎌倉時代に念仏寺が実在し、塔も存在したこと、念仏寺一切経蔵が建立され、三味僧供料田が摂津国内に存在したこと、摂津国内に堂舎が存在したこと、である。念仏寺が鎌倉時代に堺北荘内に位置したか、堺南荘内に位置したかは断言できないが、念仏寺と一体のものとして、堺北荘内に堂舎が存在したことを確認しておけば、ここでの問題点は解決できると思われる。

なぜ堺北荘内に鎌倉時代、堂舎が存在したことを問題にするのかというと、すでに第一節で論じたように、『蔗軒日録』文明一八（一四八六）年二月一二日条の記事に「印首座今在北庄経堂、々々者地下之公界会厥（所）也」とあり、戦国時代の堺において堺北荘の経堂が「地下之公界」の会所であったからである。会合衆や公界について重要な指摘を含む記述でありながら、これまで「経堂」の実体が明らかでなかったため、この記述についての公界や会合衆をめぐる議論が前に進まなかった。しかし、これまで述べたように、念仏寺と一体となった堂舎が鎌倉時代から実在したとすれば、この堂舎が地下の公界の会所になっていったことも、ごく自然だと考えられる。そして経堂とは寺院で経典を納めておく堂、すなわち経蔵であるから、念仏寺一切経蔵のことだと考えられる。

すでに学説史の上で明らかにされているように、畿内およびその周辺では、鎌倉時代に村堂の結衆、すなわち血縁的紐帯によらず、地縁的紐帯に基づいて、村内居住の富裕な村人＝有力名主たちにより構成された講衆が一般に出現しており、村堂でなく村民の鎮守の社が結衆の座席の場となる場合、それは宮座という形態をとって出現していた[12]。

堺においては、摂津国一宮たる住吉神社が近くに存在したため、住吉神社の所領も多く、宗教的にも堺の惣鎮守たる開口神社（念仏寺）が住吉神社の外宮とか別宮とされる位置にあった。したがって、鎌倉時代に畿内およびその周辺において、一般に村堂の結衆や宮座が出現し始めた際にも、堺では、それは自然発生的なものとはいえず、住吉神社との密接な支配関係という外皮をともなったものであった点が注目される。

堺の住民の存在形態が具体的に解るのは、南北朝時代に入ってからである。延元元（一三三六）年、後醍醐天皇は住吉神社神主（津守氏）に摂津国堺荘の知行を安堵している。年未詳であるが、別の院宣によれば、「摂津国堺庄地頭并領家職」について、社家の当知行を確認しているため、南朝側支配のこの時期に摂津国堺北荘が住吉神社領であったことが解るし、和泉国堺南荘についても住吉神社領とされている（「住吉神社文書」、『堺市史』第四巻資料編第一巻所収）[13]。

すでに建武四（一三三七）年に、「堺浦魚貝売買輩」が南朝側に内応しているとの疑惑から、室町幕府側が売買を停止させたため、「春日社供菜備進市荘神人等」が神供の欠如を訴え、足利尊氏も供菜売買を許可している（「春日神社文書」）事件にみられるとおり、堺では春日社神人たる黄衣神人（和泉国神人）[14]に魚貝を売買する南朝方に属する魚商の存在が見受けられた。永和三（一三七七）年、「摂津国堺庄住民助五郎持宝持円等」[15]の荏胡麻売買停止を八幡宮大山崎神人等が訴えた事件が示すように、この頃から堺では油商人の活躍も目立ち始める。彼ら魚商人や油商人は後の堺商人、すなわち、戦国期における会合衆・町衆の先駆形態を示すものと考えられる。住吉神社の年中行事によれば、堺には南北朝期頃住吉社に属する浜の油座があったらしいというが、つぎの「離宮八幡宮文書」はその間の事情を推測させる傍証の一と思われる。

石清水八幡宮大山崎神人等申、去年六月十二日、於住吉浦、漂蕩船積物内殿御灯油荏胡麻事、住吉百姓等於取散分者、任先例、堅致糺明、悉大山崎方所返付之状、如件

応永六（一三九九）年七月廿一日　　沙弥定景（花押）

この史料自体は、有名な「山崎胡麻船」[16]が、たまたま住吉浦に漂着した際、石清水八幡宮内殿灯油備進のための荏胡麻を、住吉社領の百姓が奪取したという事件を述べたものだが、離宮八幡宮文書の他の事例を照合するならば、住吉社に備進する灯油のための荏胡麻船が常時入港していたものであろう。前述の摂津国堺北荘住民助五郎持宝持円等の荏胡麻売買禁止事件とは、他所から荏胡麻を運搬してきたものであること、住吉社に属する浜の油座との結びつきが存在したことを推定させる。すなわち、助五郎持宝持円は住吉社に灯油を備進する商人だったことになる。同様に「離宮八幡宮文書」に見える「摂州久岐庄内道祖少（小）路散在土民等」が油木を立て置き、新

儀交易を行った（同四四・四五・四六号）というのも、住吉社との関係をうかがわせる。摂津国我孫子住人法師太郎・山内住民四郎太郎并喜連内四郎男や、和泉国向井住人夜叉次郎・同所二王次郎・同国安松宮内太郎・同所又五郎男に至っては、明確に「号　住吉社御油神人、立置油木、致荏胡麻油等之新儀交易」と述べられており、油木七ヶ所内を破却せよと命じられている（同五一・五二号）。そうであるならば、住吉神社と堺津と油商人とは、三位一体の関係だったことになる。

鎌倉時代の堺津についてはすでに述べたが、南北朝期の堺津についてはさらに具体的様相を知ることができる。応安六（一三七三）年の「堺浦関所文書案」（「東大寺文書」）によれば、和泉国堺浦泊船目銭が三箇年間東大寺に寄進されている。これは東大寺八幡宮修理のためで、永和二（一三七六）年には、同じく「摂津国堺浦泊船目銭」が三年間を限って東大寺八幡宮修理料足のために寄進され、このため東大寺大勧進を堺浦に設置している。前述の和泉国堺浦泊船目銭の場合、それがどのように実行されたかは不明であるが、摂津国堺浦泊船目銭の場合は国宣を施行するという形で催促が重ねられた上に、翌永和三（一三七七）年六月に八幡宮造営料所堺浦北荘関務所出并雑掌所役等のことについて、契約が行われている。したがって、摂津国堺浦泊船目銭（摂津国堺浦に碇泊する商船の艘別の銭貨を徴収した関所料）は実際に存在していたのである。ここでは和泉国堺浦と摂津国堺浦と表現されているが、碇泊する商船がある以上、両堺浦には港湾施設が整っていたと考えられ、実際には和泉国堺津と摂津国堺津と読みかえてよく、具体的な事情の解る堺北荘の場合、常時入港する船舶から関料津料の徴収が行われていたわけである。この頃から、堺は和泉守護所の所在地であったといわれるし、後年は「和泉堺北荘」（『大乗院寺社雑事記』）と呼ばれた例が示すように、堺南北荘の繁栄は次第に和泉国側に移っていったが、堺津に関しては、住吉社との距離の近い堺北荘側が船舶の往来が頻繁だったと思われる。前述した住吉社の油商人たる摂津国堺北荘住民助五郎持宝持円等の活躍も、このような地域的背景のもとで、はじめて理解されうるのである。

第三節　会合衆・町衆の発展

（一）会合衆の起源

すでに第一節で論じたように、豊田武以来会合衆《えごうしゅう》として知られてきた堺の自治組織は、伊勢宇治・山田や大湊と同様、会合衆《かいごうしゅう》（寄合衆）と呼ぶべきこと、それによってはじめて堺町衆の市政機関が戦国期の他の自治都市と比較対照化、一般化できることは、明らかとなった。ここでは、堺の寄合衆（会合衆）の起源を改めて問題にしたいと考える。たびたび述べた如く、豊田説以来、会合衆の起源は堺の惣鎮守であった三村社の祭祀組織であり、それが有力者だったことから、町政機関に発展していった、と考えられている。その拠り所となるのは、『蔗軒日録』の有名なつぎの記述である。

（イ）文明十六年（一四八四）八月一日（八朔祭）、一流社三村祠（開口神社）祭礼余（会カ）合衆内カスエ（三宅主計）イツミ屋（和泉屋道栄）二人司其頭、予出南門一見之群聚不可勝計也（中略）同二日晴三村祭礼頭人　著烏帽子而緩歩出仕（下略）

（ロ）（文明十七年八月）十五、赴祝聖、会合十人至、告曰、泉将乱、告之康氏（誉田正康）、止足卒之暴可也、

（ハ）境内会合衆十輩、遣人送以角樽《つのだる》一双・竹笋《たけのこ》一束、不意之恵、何道矣乎（文明一八年五月九日条）

（ニ）十会合送双樽、宗元（富那宇）之子持至、為父之使（文明一八年一二月二八日条）

右に見るように、文明一六年から文明一八年の記録では、三村祠（開口神社）の八月一日の祭礼（八朔祭）の頭人を会合衆のうちのカスエ（三宅主計）とイツミ屋（和泉屋道栄）が勤めている。後述するとおり、会合衆には十人説と三十六人説があるが、『蔗軒日録』のこの記録では、文明の頃の会合衆が十人であることは明らかである。第一節の「学説史と問題点」で、すでに述べたように、豊田説を受け継ぐ泉澄一は、会合衆は堺の惣鎮守・

三村宮（開口神社）の祭礼にかかわる有力者の会合にその発祥があるのではないか、すなわち『蔗軒日録』に見る如く、三村宮の祭礼の頭役には二人の会合衆があたっているが、元来神事をつかさどる十人の各村の代表から頭役を選出する習慣があり、祭礼の幹事ともいえる十人が堺の会合衆の起源ではないかと指摘し、のちにそれが町政における有力者、ないし代表者の意味を加味するようになっていったもの、としている。

しかし、前節で述べたように、鎌倉時代の堺（堺南北荘および堺津）は住吉神社との関係が深く、住吉神社の造営に応じて堺南荘内の開口社や塩穴観音寺（堂）や堺北荘内の念仏寺一切経蔵が建立されていた。現に念仏寺一切経蔵は住吉惣大工によって建立されている。したがって、会合衆の起源についての豊田説以来の定説は、私も大要において異論はないものの、さらに厳密に考える必要がある。たとえば、三村宮（開口神社）の祭礼にしてからが、前述の『蔗軒日録』の記述では、すでに堺の総鎮守三村宮の祭礼、八月一日の八朔祭の記述となっている。

ここで問題にしたいのは、曾根研三が「杭全神社宮座の研究」[17]の末尾に問題を指摘しているように、摂津国住吉郡平野郷（現・大阪市平野区）内にある赤留比売命神社には、住吉神社の堺渡に先立って発せられる桔梗神事が残存していた事実である。赤留比売命神社（俗に平野の三十歩神社と呼ばれる）は式内社で、住吉神社の末社であり、古来六月晦日に坂上七名家の内から花笠の児禰宜を出した。この児禰宜は惣会所で身支度をし、桔梗の造花を奉幣として馬上にて神輿に供奉して神役に勤仕し、その費用は莫大なものだったという。この神事を荒和祓《あはらや》家の神事といい、江戸時代には中断することもしばしばで、弘化元（一八四四）年から一〇年間休止した。しかし桔梗造花（お花）の奉幣だけは廃止せず、五輪一本を住吉社、同五本を堺奉行、同一本を三十歩社へ納めたそうである。この神事は明治三年六月限りで廃絶した。

住吉神社の堺渡とは堺渡御祭を指すものであるから、早くから摂津国平野（荘）と堺（南北荘）とは住吉神社を介して共通の祭祀組織によって結ばれていたのである。

このような分析視角から住吉神社と堺との関係を見てみると、住吉大神宮の年中行事に、(室町初期頃)九月の相撲会には昔は堺浦において三韓の貢する珍財を以て、交易市をなしこれを浜市と名づけたが、これは本朝市の始めであり、浜浦使、開口の下司、小塩穴の刀禰、浦網使、浜御油座使を置いて堺浦を治めさせ、賦税を取って、神用をつとめさせた、と記されている。また後世の史料(「開口神社文書」宝暦二年八月)だが、「住吉みこ市路守」「大小路守」と呼ばれる住吉巫女の呼称と思われるもの、がみられる。このような住吉神社による神領支配の残滓が年中行事や祭礼のなかに認められるのである。開口神社自体、『住吉大社神代記』によれば、開口水門《あきくちのみなと》姫《ひめ》神社と記されているように、昔は水門(津・港)を護る社として(現在の社地が)海岸近くに位置したらしいといわれる。

また「念仏寺年中行事次第」(「開口神社文書」)によれば、永和元(一三七五)年ごろ、念仏寺の八月一日の祭礼の頭役は、「御霊会頭役寺僧廻年役也」とあり、寺僧の廻年役とされていたのである。前代からの伝統を受けて、室町時代頃から堺の町々では、八月一日の祭礼が年間を通じての中心的な行事となっていったのだと思われる。念仏寺の三村宮の神宮寺としての性格は、天文二(一五三三)年の「念仏寺神事頭役饗膳条々事書」(「開口神社文書」)などによく表われている。これはやはり八月一日の御霊会に関連した神事頭役であるが、三村宮(開口神社)の八月一日の祭礼はのちに八朔祭と呼ばれ、一方、住吉神社の神輿が開口神社に渡御する六月晦日の祭礼(堺渡御祭)も行われるといった様相を呈している。

実際に住吉神社が室町時代に至って、どの程度の支配権を保持しつづけていたかをつぎに見たい。応永の頃、念仏寺はすでに現在の寺域に立地していた。(18) 応永一五(一四〇八)年には、和泉国両守護代から「和泉国大鳥郡開口村堺南庄念仏寺住持職」が「念仏寺々僧等之中」に寄付されている。しかし、応永一八(一四一一)年以降、念仏寺の寺僧等が住僧職を三尊三村宮に寄進されることを求め、住吉神主津守国清が念仏寺の寺内安住寺住僧職を寄進しているが、その際、念仏寺々内住持職が氏寺であるため、三尊三村宮に永代を限って寄付されたものであった。[19]この頃から、開口神社および念仏寺の住吉神社からの自立が著しい傾向となり、応永三一（一四二四）年から念仏寺の破戒僧五人をめぐって、住吉社家と念仏寺衆徒等（清僧十人）が争い、住吉の神前で破戒僧五人と清僧十人が対決する事件が起る。[20]応永三四（一四二七）年に念仏寺が将軍足利義持の祈願寺となり、室町幕府の保護を受けるようになる背景には、念仏寺の住侶等が祈願寺としての将軍家の御判を望んだという事情が介在している。[21]

これより前の応永二六（一四一九）年二月、幕府が相国寺の塔頭崇寿院に堺南荘をあたえ、堺南荘を住民（荘民）の地下請とし、屋地子（家屋税）棟別七三〇貫文を寺家に納入させることにしたのも、[22]このような堺の住民・町民の主体性を前提にしていると考えられる。

ここで、翻って会合衆の起源は何か、という問題を再考してみたい。豊田武より泉澄一にいたる会合衆の起源説は、堺の惣鎮守・三村宮（開口神社）の祭礼にかかわる有力者の会合にその発祥があるのではないか、というものであった。それに対して、私はこの定説は大要において正しいが、さらに問題を厳密に考えるべきことを提起し、前代からの住吉神社による神領支配の残滓を検討してみた。

以上の考察から明らかとなったように、三村宮（開口神社）が堺の惣鎮守となるまでの過程と、念仏寺との一体化の過程が問題になってくる。住吉神社による神領支配の時代において、堺南北荘の荘支配は、どのような組織によって行われていたのであろうか。永徳元（一三八一）年に、堺北荘領家渡辺宗徹が本所の命令に従って北荘内に公事を賦課しようとしたが、念仏寺がこれを勅免として拒否したため、寺僧等にその支証を提出するよう中殿あての書状で命じている。[23]この渡辺宗徹は、摂津国住吉郡の守護および和泉国の国主と守護を兼ねていた楠木正儀の代官橋本正仲の被官であり、同時に本所の代官として、堺北荘の政所を構成する現地代官的地位にあったものといわれる。また応永二三（一四一六）年には、摂津国内の向井にある畠の本役として、北荘の政所へ大麦一斗三升・道まい米一升三合が納められている。[24]

さらに、文明八（一四七六）年には、堺北荘政所たる本庄上野介（西山長正）が北荘公文山崎屋定森（朴津郷下村公文三郎次郎）あてに、和泉国堺南荘念仏寺領摂津国堺北荘内の散在田畠等の段銭ならびに臨時課役の催促を停止するよう命じている。[25]当時、北荘代官は香西之長であったが、[26]彼は管領細川政元の被官であった。当時、和泉国には上下の両守護がいたが、いずれも細川氏一族であり、両守護所も堺にあった。このように、室町時代に入ってからの堺北荘は、室町幕府の管領家の被官が、本所の代官として政所を構成する現地代官的位置についているが、その下部組織については不明である。一方、堺南荘は前述したように、応永二六（一四一九）年二月、幕府によって相国寺の塔頭崇寿院領となり、荘民の地下請が行われていた。

したがって、こういった支配関係と有名な『蔗軒日録』文明一八（一四八六）年二月一二日条に見える「印首座今在北庄経堂、々々者地下之公界会厥（所）也」という記事をどう理解したらよいのかが、つぎの問題になってくる。ここで、住吉神社に近く、堺とは共同の祭祀組織によって結ばれ、堺町衆と交流の深かった摂津国住吉郡平野郷（荘）の場合を検討し、この問題を考えてみたい。

（二）堺と平野

永禄一一（一五六八）年、織田信長が堺南北へ矢銭二万貫を賦課しようとした時、堺会合等は平野荘の住民に檄を飛ばして、一致してこれを防禦しようとし、「三十六庄官一味同心して櫓を上げ、堀をほり、北の口に菱を蒔き、防戦の用意をして」（「総見記」）待機したのは、有名な史実である。この「東末吉家文書」の宛先は、「平野荘年寄御衆中」となっている。この摂津国住吉郡平野（荘）（現・大阪市平野区）については、戦前の曾板研三の「杭全神社宮座の研究」を嚆矢として、豊田武・原田伴彦が自治都市的性格を論じ、中部よし子や脇田修が近世統一権力の都市支配という観点から問題点を深め、最近では今井修平や本城正徳が新しく平野郷関係史料を紹介している。(27)

平野は堺と同様、戦国期には自治都市・環濠都市として発達を遂げたが、よく知られているように、この地は坂上田村磨の子広野磨が開発支配した土地であり、坂上氏は修楽寺（平野の融通大念仏寺は、その別院）を建立して氏寺とし、その祖神とするこの地の鎮守神たる素盞嗚尊を氏神とする社殿（後の杭全神社）を創立したという。杭全荘は摂関家領であったが、平安時代の末には、宇治平等院領杭全荘となっていた。平野は杭全神社（現・平野区平野宮町）を支柱とし、坂上氏の系統を引く七氏が七町を支配し、その宮座が政治的組織を兼ねていたといわれる。いわゆる宮座を形成した七町の長たる七名の氏姓とは、野堂町が野堂氏（のちに末吉氏）、泥堂町が則光氏（のちに井上氏）、市町が利国氏（のちに土橋氏）、馬場町が成安氏、流町が利則氏（のちに三上氏）、背戸口町が安国氏（のちに辻葩氏）、西脇町が安宗氏（のちに西村氏）といわれ、七氏の頂点に立つのが坂上氏（平野殿とも呼ばれた）で、杭全神社（牛頭天王社、俗に熊野権現社・平野郷社・祇園社ともいう、神宮寺は長宝寺）の神主であり、また他の七氏は年臈の長者をして神事に奉仕させ、これを宮所と称している。

ところで、観応元（一三五〇）年一一月一九日に、摂津国住吉郡平等院御領杭全荘十条七里十五坪内の虎代女相伝の畠地一段小について、同荘惣公文康氏が紛失状を発給しているが（『大日本古文書』「大徳寺文書」一三二一号）、同時に「摂津杭全庄長者等連署文書紛失状」によれば、長者末（末）満・金集末正・沙弥成仏の三人が紛失状に署判を加えている（「大徳寺文書」一三二二号）。これは、村長者と呼ぶべき有力農民たちが地域連合して保証する形だというべきかもしれない。(28)末満や末正といった名称は、同荘の末吉名（杭全荘田所職名であり、野堂町を支配した末吉氏はこれに由来すると考えられる）との類似性を推測させるから、のちの七町の長たる七名家を中心として選ばれた惣年寄の先祖と考えられる。したがって、平野（のちに紫野如意庵領摂津国住吉郡平等院御領杭全荘と記されたように、杭全荘には大徳寺が進出し、平野荘とも呼ばれるようになる）では、大山崎郷がそうであったように、選ばれた長者たちが構成する自治的組織によって、祭祀と荘務（郷務）が実行されていた。

問題は、平野の七名家を中心とする惣年寄の先祖たる長者を村長者たる有力農民と考えるかどうかである。たしかに「大徳寺文書」に収められた杭全荘・平野荘関係史料は土地売券が多数を占め、当地が純農村地帯であることを実証するかのようだが、これは大徳寺が荘内の土地の買得や寄進によって同地に進出したためである。

鎌倉時代末より特産物として「平野酒」が知られ、古くから醸造業が栄えたことが解っている。天正一一（一五八三）年の『耶蘇会日本年報』に「堺の彼方約1レグワ半または2レグワの所に、城の如く竹を以て囲ひたる美しき村あり、名を平野といふ。（中略）此処に大に富める人々居住せしが、」と記された平野衆の経済力の背景は、醸造業（酒屋）、したがって高利貸業に由来するのだろうか。

ここで再び、前述の「摂津杭全庄長者等連署文書紛失状」に見える長者末満・金集末正・沙弥成仏を検討するならば、金集末正という人物がとくに注目される。藤原明衡の『新猿楽記』に金集百成という人物がみえ、この名は金属性の物は何でも造る意を表わすが、彼は典型的な手工業専業者で、京都七条以南という物資流通の要衝に住み、かつ右馬寮の下級官人で、また保長という都市の下級役人の職にも就いていた[29]。京都七条はかつて東西の市が開かれ、その地には「七条細工」が存在していたから、架空の人物とはいえ、この金集百成には実在感がある。平野の金集末正が同様な鍛冶・鋳物師ならびに銀《しろがね》金《こがね》の細工であったかどうか、速断はできない。しかし、平野では後鳥羽天皇の前後（平安時代末）に市町が分立したという伝承もあり、本城正徳によれば、平野郷では慶長期に銀札流通がみられるなど、貨幣・商品経済の先進地域だったことが解っている[30]。平野が堺と奈良とを結ぶ交通の要衝にあったことや、河内鋳物師の集住地にも近い点[31]などを考えあわせると、この長者金集末正が単なる有力農民でないことは、断言してよいと思われる。

近世初頭に海外にまで雄飛した大商人末吉家は、租税の請負（平野荘年寄としての年貢徴収）・商業および運送業付高利貸付業・鉱山採掘および貨幣鋳造の三点を通じて前期的資本蓄積を行ったとされる。[32]三点のうち、鉱山採掘および貨幣鋳造に末吉家がなぜ従事したかは、これまで実証されていないが、この長者金集末正が末吉家の先祖であるとすれば、末吉家の前身として、まことにふさわしいと考えられるのである。

右に見たように、平野は荘園村落から商業集落に移行し、自治都市へ発展していく道筋において、堺の雛形であり、平野荘が年寄中所務進納成敗の評議を遂げ、守護不入の地として、荘務の請負いを行ったというのも、前述した堺南荘の地下請の史実と一致する。この平野の実例を考慮しつつ、再び堺の会合衆の起源を検討してみたい。平野の場合、自治的組織は杭全神社の宮座的な性質を帯びたものであった。堺も同様に惣鎮守である三村宮（開口神社）の祭礼にかかわる有力者の会合にその発祥があるのではないかとされ、また室町時代に入ってからの堺北荘において、室町幕府管領家被官が本所の代官として政所を構成する現地代官的位置についていたことも述べた。

平野でも「天文年中三好修理太夫様御知行所、松永様御地頭[33]」とみえるように、天文年中（一五三二〜一五五五）は平野郷内へ畿内戦国大名権力が浸透する時期であったし、末吉文書によれば、坂上家の二六代末吉勘兵衛利方の代に、筒井順慶よりその領内たる大和・河内における商売の保護を受けたという。早くから守護所が設けられ、幕府の直轄地となった堺と、守護不入の地だった平野では政治的条件が異なるが、天文年中にいたって平野に畿内戦国大名権力が浸透した後も、弘治三（一五五七）年に平野郷郷民一七名が三好氏の被官と推定される代官本庄加賀守を忌避した事件[34]が示すように、七名家の同族集団と思われる有力郷民は連判状によって代官支配に強い抵抗を試みている。この点、むしろ平野の方が畿内戦国大名権力に対して、より強い反発力を示しているといわねばならない。

したがって、以上の考察を通じて、つぎのような結論が導かれる。戦国期における自治都市としての堺については次節で詳しく考察するが、自治とは完全に幕府・守護権力や戦国大名権力を排除したところにのみ、成立するものではない、と考えられる。平野でも、松永久秀が平野郷のうち中野村分を平野甚三郎に支配させるべきことを伝えているから、[35]「松永様御地頭」という前述の記事は事実であったが、平野郷内の支配は平野氏を頂点とする惣中が実行していたのである。

堺における自治を考える場合、たとえば、宣教師パードレ・ガスパル・ビレラの「ベニス市の如く執政官によって治めらる」という有名な記述が示すように、執政官の問題をどう理解するかが重要である。豊田武はすでに、この執政官は畠山高政のような武将で住民中より選ばれたものではないが、このような支配者の権利は極めて弱く、その実際の政治は、堺の住民から選ばれた町衆・年寄衆によって運営されていたと指摘していた。

これに対して、泉澄一はフロイスの『日本史』の翻訳を引用しつつ、「執政官」(代官・奉行とも訳されている)はポルトガル語(regedor レジェドール)の訳語であり、武将と考えられているが、これは適切でなく、「会合衆」と考えるのが正しいことを提唱した。[36]ただ、フロイスの記述にある「当地の政治を掌れる四人の執政」「堺の評議会の四人の頭」は堺の十人の会合衆に対して数があわないが、これはフロイスの誤解か、あるいは会合衆十人のうちの有力者ではないかとした点が問題を残している。

私は、平野の例を検討することを通じて、戦国期における自治都市の存在形態や内部構造について考えてきた。結論的にいえば、堺の場合も平野と同様、地下人のうち選ばれた階層にあたる町衆・年寄衆の自治的組織によって、堺における行政が実際に運営されていたと考える。たとえば、文明八(一四七六)年以降、堺北荘政所は本庄上野介（西山長正）であったが、文明一八（一四八六）年に「印首座今在北庄経堂、々々者地下之公界会厥(所)也」という『蔗軒日録』の有名な記事がみえる。印首座は鎖翁首座で、住吉慈恩寺の僧であり、海会寺にあった季弘大叔をしばしば訪れている。この記事の意味するところは、堺北荘の経堂が地下の公界、すなわち老若の会合衆が寄合を開く場所としての会所であった、と理解される。『蔗軒日録』文明一八年八月一日条に「祭礼、湯川新九郎云者為頭人、北社同名助太郎云者為頭人」とある。この時、三村宮の祭礼の頭人が湯川新九郎で、北社の頭人が湯川助太郎だったというのである。湯川氏は後述するように、有名な貿易商人であるが、この祭礼の頭役も経堂＝会所での寄合を通じて決定されたであろう。

第四節　自治都市堺の構造

（一）公界・南北老若説

文明一八（一四八六）年八月一日に祭礼の頭人を勤めたのは、湯川新九郎と湯川助太郎であったが、堺の町衆が最初から祭礼の頭役を司ったわけではない。「念仏寺年中行事次第」（『開口神社史料』）によれば、永和元（一三七五）年ごろ、念仏寺の八月一日の祭礼の頭役は、「御霊会頭役寺僧廻年役也」とあり、寺僧が毎年交替で頭役を勤めていた。文明一六（一四八四）年八月一日の祭礼に、会合衆内カスエ・イツミ屋二人がその頭役を司っていたから、室町時代には、会合衆のなかから八月一日の祭礼の頭役を負担するようになったもので、湯川新九郎と湯川助太郎も会合衆だと考えられる。つぎに会合衆の出身と階層について考えてみたい。

まず、カスエは三宅主計であり、イツミ屋は和泉屋道栄である。『蔗軒日録』の文明一八年八月一一日条に「今暁材木屋カスエ逝去、五十二歳。地下のため惜しむべきの甚(仁)なり」とあり、三宅主計は材木屋であったこと、会合衆として地下の人望を集めた人物だったことがわかる。彼は眼阿弥陀仏とも称し時宗の徒でもあった。三宅一族については関連史料がかなりあるので、一族で主計を称する者が多いことや、三宅氏の邸が南荘材木町や材木町中浜にあったことが知られる。[37] また、天文七（一五三八）年一二月二日、三宅主計入道が本願寺証如へ三種三荷を贈り、一二月六日、客衆として入明しているので、貿易商人でもあったことがわかる（「天文日記」）。

和泉屋道栄は、文明一六（一四八四）年九月六日に七三歳で死去している。永享一二（一四四〇）年一〇月二日に住吉御簾田一段を一六貫文で北深井宝阿から買い取った者に堺の和泉屋殿がいるが、同一人物であろう（『開口神社史料』）。また和泉屋道栄は、文明六（一四七四）年に幕府へ北荘八文字屋石原源次郎を訴え出た人物である。この事件は、道栄が父から相続した金銭を、八文字屋石原源次郎が預って置いたまま返済しないので、これを訴え出たものである。[38] 和泉屋の邸宅は大小路町にあったから、[39] 御用商人・金融業者だったと考えられる。

つぎに湯川氏であるが、文明年間に活躍した貿易商人に湯川宣阿がいる。湯川宣阿は、文明六（一四七四）年九月二一日、「泉州小嶋林太郎左衛門尉・堺湯川宣阿・小島三郎左衛門男船」等が渡唐を仰せ付けられたことについて、幕府から薩摩の守護島津氏が渡海の警固を命じられた「室町幕府奉行人連署奉書」にその名が見える（「薩藩旧記」・前集二八）。文明八（一四七六）年には堺からはじめての遣明船が三艘出発したが、これは「柚皮申沙汰」とあるように、堺南荘の湯川宣阿らが幕府・細川氏らに働きかけ、遣明船一隻につき銭三〇〇〇貫文ほどの抽分銭（貿易税）を請け負い、集荷などを提供する商人などを集めたものであった（「尋尊大僧正記」同年四月二八日条）。その資力の莫大さを知りうるが、この湯川宣阿が七七歳で没した文明一五（一四八三）年、公卿甘露寺親長はその日記に「希代の徳人也」と記している（「親長卿記」同年四月一四日条）。

文明一八（一四八六）年八月一日に祭礼の頭人を勤めた湯川新九郎と湯川助太郎は、この湯川氏の一族でおそらく子息であろう。湯川宣阿の三周忌法要に出席した季弘大叔が海会寺に帰ると、湯川新兵衛（池永入道）(40)と助太郎の二人が、中風を無理して法会に出席してくれた大叔に謝礼の挨拶にきたと『蔗軒日録』に記されているからである。

この湯川新九郎は法名道歓として明応二（一四九三）年九月二一日に営まれた一休和尚の「十三年忌奉行帳(41)」に名が出ている。あるいは湯川新兵衛（池永入道）の兄弟に当るのかもしれない。湯川邸は南荘大小路にあったが、助太郎はこれより以前の文明一六（一四八四）年八月二一日に摂津国住吉郡朴津郷のうち畠地一段を、向井宗衆から買得しており、文明一八（一四八六）年一一月九日には、妙珍禅尼の二五回忌のための追修として、海会寺へ米一石と銭三貫文を贈っている(42)。

また、文明一七（一四八五）年八月一五日に海会寺の季弘大叔の所に「会合十人」が来て、和泉の戦乱について畠山義就麾下の誉田康氏に告げ、足卒（牢人）の乱暴を停止させることを話しているし、翌年五月九日には「境内会合衆十輩」が、人づてに酒樽と竹の子を大叔に贈っている。同年一二月二八日にも「十会合」が歳暮として酒樽を贈ったが、この時の使者は会合衆富那宇屋宗元の子であった。この富那宇屋については多くを知ることはできないが、元徳元（一三二九）年に「堺浦住人船尾又太郎入道跡屋地土蔵并畠地等(43)」と見える船尾氏と関連があると考えられるから、貿易商人であるとともに金融業者であり、同時期の会合衆湯川（池永）新兵衛と並ぶ存在だったと思われる。このように、文明年間の会合衆は豪商であるとともに、貿易商人・金融業者が多いことがわかる。

このような豪商の活躍が著しくなるのは、戦国時代に入ってからである。とくに、この頃から堺・堺津は日明間の外国貿易において、兵庫にかわる重要な位置を占めるようになった。寛正六（一四六五）年に兵庫を出発した遣明船が、帰国に際して堺に入港したことが堺における外交貿易の始まりであり、文明元（一四六九）年八月に兵庫の大内氏を避けて、九州の南から土佐沖にいたる南海路を経た幕府の遣明船が、初めて堺に入港したのが大きな機縁となった。

右にみたように、堺の湯川宣阿や小島三郎左衛門[44]らが幕府の意を受けて、渡明のための琉球渡航を命ぜられたのは、文明六（一四七四）年であったから、堺の貿易商人が御用商人として活躍するのは、応仁の乱前後からだったといえよう。しかし、彼ら会合衆が最初から貿易商人だったのかというと、必ずしもそうではない。つぎに彼らの出自を見よう。

まず三宅氏については、すでに「引接寺文書」にこの寺が南北朝のころ、三宅五郎三郎の子重（十）五郎が、貞和三（一三四七）年時宗の僧に帰依して建てたものであり、五郎三郎はその後主計頭を受領して当堺の司となったとあることが指摘されている。[45]応永八（一四〇一）年四月二三日、将軍足利義持は「東従宿院西参拾七町、北従今市南参拾八町」を開口社堺南荘内引接寺の敷地として寄進している（『開口神社史料』）から、現在の宿院西町を中心とする一帯に位置していた。京都四条道場金蓮寺（中京区中之町、現在は廃寺）の末寺で堺四条道場とも記されている。

三宅氏の一族に主計を称す者が多いことは事実であり、年未詳八月七日の「北河原道作・三宅仲友等連署書状」（『開口神社史料』）に、河端地子について両者が念仏寺へ報告をし、年未詳一二月二六日の「三宅仲富書状」（同前）においても、念仏寺南門前・川上家の件について、早々に明通すべきことを念仏寺と荘中から命じたところ、馬場町が迷惑して詫言を申してきたので、池永道記と談合して念仏寺へ申入れをした結果、地子として毎年銀子二五文目〔匁〕宛、馬場町から念仏寺へ納めることになった、とされている。この北河原道作や池永道記も三宅氏と同様に会合衆と考えられるから、会合衆が荘内の土地支配を委ねられていたことがわかる。会合衆はここにもみられるように、地子を払わない屋敷請人の処理[46]といった検断権も保持していた、と考えられる。応永二六（一四一九）年に堺南荘は相国寺崇寿院領として、荘民の地下請を確認されていたが、地下請の実態は右に見たところであり、会合衆（の有力者）がこれに当っていたのである。

したがって、従来から問題になっている執政官については、これを会合衆と考えるのが正しいと思われる。「当地〔堺〕土着の富者にして堺の主要なる街の一の首なる人一昨日当処〔堺教会〕に来りて聴聞せり」（永禄九年九月五日付フロイス書簡）とか、「堺の評議会の四人の頭の一人でタケナガという一老人も、おなじように（司祭）館を訪れ、非常に満足して（説教を）聞き」（フロイス『日本史』）とある宣教師の記述は、当時の自治都市堺の実態を、外国人としては正確に示していると思われる。また、ここに見える「堺の主要なる街」が大小路町を指すことは間違いない。

この執政官を武将と訳してきたのは、実際に堺の会合衆を構成する町衆・年寄衆が、近隣の農漁村に出自をもつ、土豪から門閥的町人に成長した階層である点に、根本的な理由があると思われる。堺には守護代や守護被官はもちろん、将軍もしばしば来住しているし、畿内戦国大名勢力も堺には自由に出入りすることが多かった。三好元長などは堺南荘へたて籠もり、細川晴元に攻められ、日蓮宗顕本寺で自刃しているくらいであるから、堺の町衆との結びつきは強かったと思われる。また、天文二三（一五五四）年に三好長慶のもとで堺の代官をしていた松永久秀を、武野紹鷗が身分制ぬきの茶会で招き、女婿今井宗久を同席させたこともあった（「今井宗久茶湯日記書抜」）。

つぎに、会合衆には十人説と三十六人説があるが、すでに論じたように、文明の頃の会合衆は十人であった。ところが、後の天文年間の記事によれば、「堺六七人之宿老中より先日板原次郎左衛門尉ニ渡唐船請取候へかしと申付候」「去年板原次郎左衛門ヲ土佐へ下候へと為惣中申候へ共不罷下候間為此方（本願寺証如）申付下候」（「天文日記」）とあり、堺六、七人の宿老中＝惣中となっている。板原次郎左衛門は、天文四年の「念仏寺築地修理料差文」にみえる「小屋町」の「次郎五郎殿板原」と関係があると思われるが、惣中から遣明船を受取りに土佐へ下るよう命ぜられたものである。また、「堺南北十人のきやくしゆ」[47]よりも、石山道場にある証如に遣明船完成の謝意を表わしている。この時は堺南北十人が造船を土佐に依嘱し遣明船を計画したものであった。客衆とは「渡唐之儀相催衆也」とあり、文明年間の湯川（池永）宣阿が遣明船を請け負って、集荷などを提供する商人を集めた例が示すように、堺南北十人の客衆は貿易商人であり、堺のなかでも特別な有力者でなかったかと思われる。

これに対して、堺六、七人の宿老中・惣中は、むしろ港湾都市堺の行政面を担当したであろう。これが堺南北をあわせた人数であれば、前述のフロイスの『日本史』における「堺の評議会の四人の頭の一人」は、堺南北どちらかの会合衆の人数と考えられ、説明がつく。実際には、宿老中と客衆とは一致するメンバーが多かったと考えられる。

南伊勢の大湊では、小島広次によれば[48]、会合衆とは大湊老分か老若分を含むものか不明であるが、大湊の入港税を日々交替して徴収する番衆であった。堺の場合、このような行政機構を明らかにはできない。ただ、会合衆が「公界」[49]と呼ばれたことは、十五世紀の堺で公共の自治体・自治都市が実在したことを示している。その公界（自治体）のメンバーは、後述するように堺南北老若だった。

（二）大小路と南北町衆

これまで、堺町衆について詳細に論じてきたが、堺町衆の実像について具体的にわかるようになるのは、戦国時代、とくに天文年間になってからである。『天王寺屋会記』には、つぎのような堺町衆・年寄衆についての記載がみえる。

①天文一九（一五五〇）年五月二七日「町ノ年寄衆八人」

②弘治三（一五五七）年一月二三日「丁老宗意」
③弘治四（一五五八）年三月二四日「北カハ一町人数十三人北惣代三人」
④永禄三（一五六〇）年六月二三日「当南北町衆南町代今阿弥迄廿七人」
⑤永禄五（一五六二）年一月七日「弁在天帰ニ町衆　年寄衆」
⑥永禄七（一五六四）年二月二一日「助五郎（宗及）町振舞

一、人数

北カワ　西ヨリ
宗好（高石屋）　四郎左衛門（留島カ）　道閑（樋口屋）　宗兵衛（盛田）　宗和（淡路屋）　蔵人　紹有　源兵衛　紹可（油屋）　了雲（天王寺屋）　道叱（天王寺屋）　道叟（笠原カ、小島屋）
宗閑（天王寺屋）　道翁（森川）　道巴　宗達（宗及父）　助五（宗及）　町代　真野
南カワ　西ヨリ
宗与　宗礼（日比屋カ）　徳雲（誉田屋）　孫十郎　宗陽（紅屋）　修理（池永カ）　宗仲　道□　町代河崎

合座敷廿七人」
⑦永禄七年八月一四日「於念仏寺　道察会（小島屋）　大小路町　南北老若并日向」
⑧永禄七年八月二三日昼「道閑会（樋口屋）　同町老若（大小路町）　宮主日向」

これは豪商天王寺屋津田一族の茶会記であるが、天王寺屋が大小路町の北側に集住していたため、大小路町の南北老若（町衆・年寄衆）を自亭に招いての茶会記（「自会記」）が記され、それによって十六世紀の堺の中心街大小路町の住民を知ることができるのである。また同じく「他会記」によって、しばしば念仏寺において大小路町南北老若を招いての茶会が開催されたことを知りうる。

当時の堺にはどのような町が成立していたのだろうか。「開口神社文書」には、天文四（一五三五）年四月二八日の「念仏寺築地修理料差文」がある。これは、念仏寺大回りの築地を修理するため、地下より念仏の頭料として大勢の人数を差した時の記録で、他に例を見ないものであるが、代として一人一貫文ずつ、合計一一四名の町衆の名が知られる。天文元（一五三二）年一二月一五・一六日の頃、堺で大火があり、堺北荘は大部分焼失し、南荘は三分の一が焼け、焼死者数百人が出たというから、この時、念仏寺の築地も被害を受けたものかと思われる。しかし、翌天文二年初めには堺近辺の一向一揆が起り、二月には堺の細川晴元を攻撃、晴元は淡路島へ逃れ、一揆は堺を攻め落すという情勢で、念仏寺の築地修理は緊急を要したであろう。享禄四（一五三一）年、細川高国と晴元が堺近郊で交戦した時、「境の町人ぎやうてんし門々に垣をしたりければ」（「細川両家記」）とある表現は、けっして大袈裟ではなかった。

第三表に見るとおり、当時の堺では明確なものだけでも合計二二の町名がわかる。また、上述の町衆・年寄衆が御用商人たる豪商が大多数を占めていたのに対して、堺南北には魚屋・火鉢屋や大工・仏師・質屋・箔屋・塗師・壁塗師といった多様な職種をもった商人や職人も集住していた[50]。なかでも、大永五（一五二五）年堺北荘常楽寺が敷地内の住民に定めた禁制があり（「菅原神社文書」）、（イ）面に二階を作り、同じく西に請作ること、

第三表　堺の町名・小路名と住民数

町名・小路名	住民数
材木町	14名
今市町	10
市小路	15
大小路町	10(27名)
甲斐町⑥	15
土倉小路	
大路町	9
材木町	14
同中浜	11
中　町	10
同	6
小屋町	7
舳松町	6
(北庄)山口中町①	
宿屋町	
神屋町	
湯屋町	
おとのや丁	
市　町	
柳　町⑤	
め口(町)	
戎(町)	
常賢町⑥	
中島町⑥	
大　町⑥	
鳥小路②	
大黒小路②	
中小路④	
(南庄)馬場町⑤	
車小路②	
車　町③	
櫛屋町⑦	

註　史料は主に『天王寺屋会記』と「念仏寺築地修理科差文」により、住民数は「差文」によった。その他は①文明２.10.28堺市真宗寺所蔵「親鸞上人縁起裏書」②文明11年頃,酬恩庵蔵「堺南北庄大徳寺奉加引付」③『言継卿記』天文13.５.27条　④天文15年堺市宝光寺所蔵「親鸞上人御影裏書」⑤『観心寺文書』所収、天文22.11.５「僧禅海寄進状」⑥天正17.10.15「法華寺氏子起請文」⑦フロイス『日本史』による。

（ロ）田畠を作る者が肥灰を面に並べること、を禁止するとともに、（ハ）家を売買した時は、寺家へ知らせて袖判をもらわないと証文にならないこと、（ニ）地子銭を十ヶ月分滞めれば、その家は寺家の所有になること、（ホ）惣大工方家の北方の溝の堰については、浦向共に寺がこれを管理すること、を定めている。また、屋敷の請主は南端から始めて面一間半・二間・二間一尺六寸といった割りあてで居住していた。

請主が面（街路）に面して家を建てていることから、この常楽寺の敷地は南北の大路に沿っていたことが解り、そこから二階屋を建てたり西側に増築すること、また街路に肥灰を並べることが禁止されたものと思われる。二階屋や西側への増築の禁止は、一見堺の都市化を否定するようだが、実際は街路に沿って家屋の増築が行われやすく、常楽寺としてはもともと境内のことでもあり、これを禁止したものであろう。また街路に肥灰を並べることは、町の美観を損なうものであり、禁止されるのが当然であるが、堺町衆の強靱な生命力を彷彿とさせる。『耶蘇会日本年報』に捨子・間引きや堕胎の記述があり、「堺の町は大きく、人口が多かったから朝方岸辺や濠端を行くと、時々その中に投げこまれた此の種の子供を見ることがあった」とあるのは、大商人・貿易商人たる都市の上層民に対して、都市の下層民がどのような生活を強いられていたかを、如実に語っている。前述の常楽寺の禁制にはこの宅地が溝を伴っていた事実を示す記述があった。すなわち、北側と浦向いに溝（排水施設）があり、各々の井堰を寺家が管理するとある点である。この頃、大寺（開口神社）の付近まで海岸が迫っていたから[51]、常楽寺（菅原神社）の西側数メートルの所にも海浜が近接し、この溝の排水は海に注いでいたと思われる。

このように見てくると、十六世紀の堺については、町々の史料があまりにも少ない。度々大火に会い、大坂夏の陣において二万戸が焼失したといわれ、その後の新しい都市計画に基づいて、元和年中地割がなされた堺において、中世の町割の実像を知るのは不可能に近いのかもしれない[52]。しかし、これまで度々引用した南伊勢の宇治・山田・大湊において、山田三方（須原方・坂方・岩淵方）や宇治六郷、大湊を盟主とする浜七郷が明示されているのに比較して、あまりにも堺については地域区分が不明確すぎる。堺では南北しか問題にされていないかのようにさえ見受けられる。

十六世紀の堺において、都市の構造や町政機関がどの様であったかという冒頭の疑問にもどろう。私は、当時の町政機関はつぎのようであったと考える。すなわち、堺の町政機関の中心を占めていたのは、堺南北町衆のうち、南では南大小路町老若、北では北大小路町老若ではないか。『天王寺屋会記』では、大小路町南北老若（⑦⑧）と記し、③によると当時北側一町人数一三人とあるが、これに北惣代三人と源兵衛と北町代真野を含めると、ちょうど⑥の北側人数の一八人と一致する。一方、南大小路町はここでは南町代今阿弥（④）＝南町代河崎（⑥）を含めて九人しか見えないが、北大小路町の一八人を合わせると、ちょうど⑥の合座敷二七人、南北町衆二七人と一致する。南北老若は、実際にはこの二七人を指し、堺の町政機関は彼らを中心に構成されていたと考える。

江戸時代になってからの堺の自治制度は、堺奉行のもとに南北両郷があり、両郷の総年寄（元来は大年寄）八～一一人と南北三人ずつの総代などから郷役人はなっていたが、十六世紀の堺南北荘でも、町の年寄衆八人と北惣代（南惣代もか）三人が見える。この事実は、大小路町が堺南北を代表する組織だったことを語る。堺南北老若（公界）とは、堺大小路町の南北老若を中心に、他の町々の老若を合わせた組織だったと考えられるのである。これは大小路町が堺の中心街路であり、摂津国と和泉国の国境でもあった大小路、すなわち公界大道を囲んで形成された過程を考えれば、自然だと思われる。公界の語原に中国の井田があり、これは土地を九等分して真中の土地を公田としたことに由来するといわれるが、まさに大小路（横条）は国境の境界を示すと共に、公共の大路（官道）でもあることにより、公界大道そのものであった。ここから、都市堺は発祥したのである。

もちろん、大小路町にも南北それぞれに町老（町年寄）や町代が設置されていたから、当時少なくとも二〇をこえた堺の他の町々でも、おそらく町年寄や町代がみられたであろう。ただ、町々の住民には大小路町の住民と同じ屋号を名乗る者も多かったから、それらの町々すべてに町年寄や町代が置かれたわけではなく、大小路町老若が兼帯する場合もあり、場合によっては町年寄がなく、住民の当番、すなわち月行事によって町政が営まれた町も存在したであろう。

文明年間の会合衆が一〇人だったのに対して、天文年間には「堺津会合衆ト云ヘル三十六人庄官ノ富家共出合テ色々ニ取扱ヒ（三好）範長漸々引退テ命ハ助リケリ」（『重編応仁記』）とあり、永禄九（一五六六）年にも「会合ト申ハ堺ニハ能登屋ヘニ屋トテ二人ノ福者アリ其外ニ会合衆トテ卅六人ノ庄官アリイツレモ富貴ナル徳人也」（『足利季世記』）とあるように、会合衆三十六人の上に立った能登屋・臙脂屋らが三好・松永の間を調停している。[53]能登屋・臙脂屋は松永久秀の茶友だったといわれるが、実際に両者は野遠屋・紅屋として史料にしばしば見え、紅屋は前述の『天王寺屋会記』で南大小路町に紅屋宗陽とある人物である。いずれも貿易商人・金融業者たる御用商人で大富豪だった。この三十六人というのは、町々の発展に応じて、堺南北老若・公界が発達したものと考えられる。

しかし、基本的には会合衆が十人だったことは、織田政権の成立後の天正二（一五七四）年に信長が堺の有力者十人を招き、京都相国寺で茶会を催した際、紅屋宗陽・塩屋宗悦・納屋今井宗久・茜屋宗左・山上宗二・松江隆仙・高三隆世・千宗易（利休）・油屋常琢・天王寺屋津田宗及がその名を連ねたことによって明確である。言うまでもなく、彼らは堺の会合衆であるが、[54]戦国時代の会合衆が公界としての自治組織体であったのに対して、統一政権のもとでは、権力者の茶会に招かれ、行政組織の一端を構成する代官に過ぎなくなっている。ここから、江戸時代における、郷役人・総年寄への道はさらに一歩しか異ならぬ距離にあった。

おわりに

これまで述べてきたように、戦国時代の堺については、市民の自治組織である会合衆《えごうしゅう》が有名であったが、私は第一に、これを南伊勢の宇治・山田や大湊と同様に会合《かいごう》・会合衆《かいごうしゅう》と呼ぶべきことを提唱した。たしかに南伊勢の宇治・山田・大湊は伊勢神宮領であり、宇治・山田の外港大湊においても会合衆の寄合の中心となったのは日保見山八幡宮であったのに対して、豊田武が寺院の集会から会合衆が発生したと論じたように、堺の場合は鎌倉時代から念仏寺が実在し、室町時代には、堺の惣鎮守三村宮（開口神社）の神宮寺念仏寺が幕府の祈願寺として勢力を振ったため、むしろ堺南北の町衆の信仰の中心は、念仏寺（大寺）であったから、両者を単純に比較するのは困難かもしれない。

しかし、堺の場合も住吉神社の神領としての時期があり、三村宮（開口神社）は住吉神社の別宮とされるに至ったから、三村宮の祭祀について相談する有力者の寄合から発達したと思われる会合・会合衆の在り方は、伊勢の場合と同様であろう。この点で、摂津国住吉郡平野の場合は、より具体的に町政機関の構成がわかるため、堺の町政機構を考える上で示唆的である。平野の場合、町の信仰の中心は杭全神社であり、平野の開発者坂上氏（平野殿）の系統を引く末吉氏以下の七名家を中心とする惣年寄が杭全神社の宮座を構成し、七町それぞれに七名家が町年寄として町を支配していた。平野の惣的結合＝惣中もこのような宮座の構成者から成り、畿内戦国大名権力や信長政権に対して代官・下代の忌避を行った際には、連判衆として史料に見える。

堺の場合も、文明年間の会合衆だった三宅主計・和泉屋道栄・湯川新九郎・湯川助太郎・富那宇屋宗元や、天文・永禄年間の能登屋（野遠屋）・紅屋宗陽が示すように、元来は十会合家として定まった家格があり、その中から南北それぞれ一名の代表者が、会合衆の頭目として堺南北を支配したものかもしれない。しかし、戦国期の会合衆は全て御用商人であり、金融業や廻船業を営む貿易商人でもあったから、勢力の消長も甚だしく、戦乱や大火も重なって、交替する者も多かったと思われる。

また、堺南北荘を区切る国境・境界である大小路は、まさに公界大道として堺町衆の結合の中心にあり、この大小路の北側・南側に発達した大小路町は、戦国期における都市堺の町政機構の中核を構成していた。南北老若の宗教的結合の中心であった三村宮（開口神社）と天神（菅原神社）は、この大小路の南北に各々位置し、開口神社と一体化した神宮寺としての念仏寺（大寺）は、堺町衆の精神的紐帯の中核的存在であった。十五・十六世紀の堺は、豪商の町であり、会合衆（堺南北老若）こそ公界そのものであったと結論できる。(55)

註

（1）一九五七年。増補版、至文堂、一九六六年。のちに豊田武著作集第四巻『封建都市』所収、吉川弘文館、一九八三年。豊田武の都市論は、一部を除いて同書にまとめられている。

（2）伊勢宇治・山田では会合衆（かいごうしゅう）と呼ばれたことは、松岡孝雄による。なお、「松岡孝雄校訂元禄宝永帰参復役記付・亮貞大僧正関係書簡」（一九八二年刊　山文印刷）は、内宮権禰宜で宇治会合年寄家の八羽光当が宝暦一〇年（一七六〇）に撰述したものを、一族である松岡孝雄の祖父国永が書写したもので、元禄年間に起きた内宮長官と宇治会合年寄との争いの経過を記したものである。また一九六四年に刊行された『三重県史』（三重県発行）でも、「かいごう」とルビをふっている。

（3）「室町末期の大湊――大湊会所文書を中心として――」（『地方史研究』六二・六三合併号所収、一九六三年）。

（4）「伊勢大湊と織田政権」（『日本歴史』三七二号、一九七九年）。小島広次によれば、会合衆＝番衆は、すべて殿付けで名が記載されており、大湊の問屋業者・廻船業者（問・宿）は含まれない、という。これについての私見は、本書第四章を参照。

(5)「戦国時代の『楽市場』・『楽津』について——封建都市研究の問題提起——」(『地方史研究』一六七号所収)。
(6)『堺市史』によれば、古く堺津・堺浦等の名によって知られた堺は、住吉浦の南の沿海にあるから、堺の名称の古い記録に現われて来ない間は、おそらく住吉津に包含されていたのであろう、とする(『堺市史』第一巻本編第一、一四三頁参照、堺市役所、一九二九年。復刻版、清文堂、一九六六・一九七七年)。
(7)「日吉社聖真子神人兼灯炉供御人并殿下御細工等解」(経光卿記、貞永元年五月巻紙背文書、『名古屋大学文学部研究論集』一九所収)参照。
(8)文永三年一二月一三日「左方兼東大寺鋳物師惣官中原光氏惣官代職補任下文案」(阿蘇品文書、同論集)参照。
(9)小葉田淳博士監修、三浦圭一・曾根研三以下編集、開口神社発行、一九七五年。
(10)『堺市史』第一巻本編第一、一七一頁。
(11)昭和五十七年度堺市博物館春季特別展『都市の信仰史』所収の尼見清市「開口神社について」参照。
(12)石田善人「郷村制の形成」(『岩波講座日本歴史8　中世4』一九六三年、のちに『中世村落と仏教』思文閣出版、一九九六年、所収)参照。「経堂」については「北野ノ経堂ガ万部ノ経ハナウテ、人ノ遊山ニナッタヤウナコトゾ」(毛詩抄四)とある(『時代別国語大辞典』)。
(13)これより後、文書についてとくに表示しない場合は、『堺市史』第四巻資料編第一巻による。
(14)市荘は和泉国大鳥郡のうちにあり、『角川日本地名大辞典』は、市荘神人=堺浦魚貝売買の輩とする。黄衣神人については、丹生谷哲一「和泉国における春日社神人」(『忠岡の歴史』第三号、のちに『日本中世の身分と社会』塙書房、一九九三年、所収)参照。
(15)「離宮八幡宮文書」(『島本町史　史料篇』一九七六年。『大山崎町史　史料編』一九八一年)。
(16)たとえば、『兵庫北関入船納帳』文安二年二月九日に「山崎胡麻八十三石」と見える。
(17)『国学院雑誌』第四〇巻(下)第六号(六月号・通巻第四七八号)一九三四年参照。
(18)応永一五(一四〇八)年の「開口神社文書」に「堺南庄念仏寺西門前社里十四坪内海会寺前自路西寺領分屋敷事」とある。
(19)『開口神社史料』第六巻三・四・五・六号文書。

(20)〔同右、拾番箱〕九・一〇・一一号文書。
(21)同右、第七巻一号文書、〔拾番箱〕一二号文書。応永三二年には、念仏寺は女院光範門院（後小松後宮藤原資子）の御祈願寺となっている。同前〔第一一巻〕一・二号文書。
(22)永享三（一四三一）年一一月八日「将軍義教御教書」（「御前落居奉書」ほか）。
(23)『開口神社史料』第四巻一四・一五・一六号文書。
(24)同右、〔箱入文書〕三、応永二三年一一月二五日「油屋助六畠地売券」。
(25)同右、第四巻七・八・九・一〇号文書。
(26)『室町幕府引付史料集成』上。
(27)豊田武「平野と末吉家」（『歴史学研究』一七号、一九三五年、のちに、同著作集第二巻『中世日本の商業』四七一～四七五頁、吉川弘文館、一九八二年）、『日本の封建都市』（岩波書店、一九五二年、のちに著作集第四巻『封建都市』所収、吉川弘文館、一九八三年）。原田伴彦『中世に於ける都市の研究』（復刻版、三一書房、一九七二年）、『日本封建都市研究』（東京大学出版会、一九五七年）。中部よし子『近世都市の成立と構造』（新生社、一九六七年）。脇田修「戦国末期、平野郷民の連判状」（『日本史研究』一二七号、一九七二年）、『近世封建制成立史論』（東京大学出版会、一九七七年）。今井修平「平野郷土橋家記録」（『日本都市生活史料集成』第一〇巻、学習研究社、一九七六年）。本城正徳「戦国末期から近世初期の平野郷関係史料について」（『待兼山論叢』第一二号、一九七九年）。また地誌としては『平野郷町誌』（平野郷公益会、一九三一年）があり、堀田啓一「平野」（『古代学研究』六九号、一九七三年）も詳細。なお『角川日本地名大辞典』二七、一九八三年参照。
(28)『角川日本地名大辞典』二七、「杭全」の項、四三五頁参照。
(29)『日本思想大系　古代政治社会思想』岩波書店。
(30)慶長一八年九月七日「銀子借用証文」（平野郷土橋家文書）、前掲本城論文参照。
(31)河内丹南鋳物師や商業・流通に関わる土豪については、拙稿「河内・和泉地域における南北朝内乱――楠木氏・和田氏を中心に――」（上）（下）（『大阪樟蔭女子大学論集』二〇・二一号、一九八三年・一九八四年）や、『門真市史』中世編（一九九二年）参照。なお『楠木合戦注文・博多日記』に正慶二（一三三三）年正月一九日の天王寺合戦に「平野但馬前司子息四人」が参加したことが見え、平野四郎は天王寺で討死している。また楠木本城を「平野将監入道」が守り、降伏している。

(32) 豊田武「平野と末吉家」参照。

(33) 「平野郷土橋家記録」参照。

(34) 前掲脇田論文および本城論文参照。

(35) 年未詳一二月一九日、松永久秀書状、「杭全神社文書」。

(36) 『堺――中世自由都市――』一五五〜一五八頁(教育社、一九八一年)。

(37) 『開口神社史料』六五頁の註参照。

(38) 『堺市史』第二巻七二頁参照。

(39) 天文四年四月二八日「念仏寺築地修理料差文」(「開口神社文書」)に「いつミや又三郎殿」がみえる。

(40) 長享二年九月「芳仙如法経料畠寄進状」(『開口神社史料』三二頁参照)によれば、念仏寺に私領畠地一反を逆修のために寄進した芳仙が「池永宣阿後室」であり、湯川(池永)宣阿の未亡人だとわかっている。泉澄一は、湯川新兵衛が湯川宣阿の子息で助太郎は弟ではないかと推定しながら、後述の妙珍禅尼が助太郎の母とすれば、新兵衛と助太郎が兄弟でなくなることは明らかであり、また新九郎と両者の関係は一族だというだけで不明とする。泉澄一前掲書三四頁参照。私見によれば、後の永正七(一五一〇)年に堺から出された遣明船で渡明した者に、北荘の備中屋宣阿なる者がいるし(『堺市史』第二巻七六頁参照)、応仁元(一四六七)年に東寺領備中国新見荘から振り出された為替手形たる割符一〇貫文の宛先は、堺北荘備中屋彦五郎だった(「東寺百合文書」『備中国新見庄史料』二八八頁)。なお、この一〇貫文の受取人は「ゆハとの」すなわち油皮(湯川)殿であり、備中屋と湯川氏とは密接な関係があったと思われる。あるいは、湯川助太郎がこの家系を継いだのではないか。とすると、助太郎が八月一日の祭礼で北社(菅原神社)の頭役を勤めていること、堺北荘内の土地を買得していることなど、すべて説明がつく。

(41) 明応二年九月二一日「真珠庵文書」(『大日本史料』文明一三年一一月二一日の条参照)。

(42) 『開口神社史料』『蔗軒日録』。

(43) 豊田武『堺』補註、新出の「金剛寺文書」(同著作集第四巻『封建都市』五二頁、吉川弘文館)参照。『庭訓往来』に「湊々替銭、浦々問丸同以割符進上」とあるのが、当時ありふれた情景であった。
(44) 小島屋も当時有力な豪商であり、天文四年の「念仏寺築地修理料差文」に「今市町」「源四郎殿こしまや」が見え、永禄七年の『天王寺屋会記』には北大小路町に「道叟」が見え、念仏寺で「(小島屋)道察」が茶会を催している。
(45) 豊田武著作集第四巻『封建都市』五〇頁参照、「引接寺縁起」。
(46) 寺領敷地内の屋敷請人と寺家との関係については、「(二)大小路と南北町衆」の「菅原神社文書」についての記述を参照。
(47) 客衆については、小葉田淳博士『中世日支通交貿易史の研究』(刀江書院、一九六九年)二五八頁以降参照。
(48) 「伊勢大湊と織田政権」(『日本歴史』三七二号、一九七九年)。
(49) 『邦訳 日葡辞書』によれば、公界とは公の所・例を指し、多くの用例が述べられている。会合衆(えごうしゅう)が同辞書に見られないのに対して、公界が戦国時代の日本社会において、頻繁に用いられた普遍的な用語だったことを示している。元来、公界は鎌倉時代に禅宗寺院で用いられた言葉として出現し、俗世から離れた修行の場や修行僧を意味したが、南北朝期には私事に対する公をさす語として一般化し、室町戦国期になると公界は世間・公衆の意味で広く使われ、自治都市・自治体そのものを指した。『大百科事典』「公界」(網野善彦執筆)、平凡社、一九八四年、参照。堺でも長享二年一二月七日、『蔗軒日録』に「私塔頭者可為院主之計、開山塔事者公界所之故非一人之計処也」という用例があり、公界所は公共のもの・所とされる。
(50) 大永五年正月、風呂屋敷定禁制条々案、「菅原神社文書」。天文七年七月、春日神社石灯籠銘文。天正一七年一〇月一五日、法華寺氏子起請文、「法華寺文書」。慶長一四年正月二五日、馬上太子画像裏書寄進状写、大阪府叡福寺所蔵。
(51) 最近の堺市教育委員会の環濠都市遺跡調査によれば、これまで阪堺線より西約五〇〇メートルの内川付近と推定されていた古代の海岸線が阪堺線までだったことを確認している。古墳時代に海が阪堺線付近まで入りこんでいたとすれば、中世の堺における海岸線は内川より東側に位置していた。名古屋市蔵の重文「風俗図(堺・大寺図)」

は、当時の大寺（念仏寺）の風景を描写する。また、堺環濠都市遺跡発掘調査地点については、奥田豊「中世の堺について」（『日本歴史』四三五号、一九八四年）参照。

(52) 堺市教育委員会発行『堺市文化財調査報告』第六集（一九八〇年）参照。中世、堺では元和までに一〇回の大火があった。発掘によって焼土層が確認されている。最近、これまで堺のものと考えられていなかった、酬恩庵蔵の「堺南北庄大徳寺奉加引付」の全文が翻刻紹介された。矢内一磨「文明年間の大徳寺と堺町衆に関する新史料について」（『日本史研究』三九六、一九九五年八月）参照。少ない堺の町関係の史料のなかでは貴重な新史料である。

(53) 能登屋は野遠屋で、大徳寺塔頭松源院に結びついた商人であり、紅屋については、年末詳五月二二日、大内氏奉行人連署奉書（「厳島野坂文書」四四号『広島県史』古代中世資料編、所収）があり、「堺津紅屋五郎右衛門男各中」が宛先になっている。これは唐荷駄別役銭を堺津において徴収することを命じたもので、対明貿易における堺津の責任者・代表者が、この時紅屋だったことがわかる。

(54) 朝尾直弘「織豊期の畿内代官」（小葉田淳教授退官記念『国史論集』）、『堺市史』続編第一巻。

(55) 柿崎文雄「室町期における堺会合衆の構成に関する一考察」（『比較都市史研究』第一巻第二号、一九八二年一二月号）は、豊田説にいう会合衆十人が三十六人に増加したかどうかについて論じ、会合衆は最初から十人構成であったこと、会合衆の実態は納屋衆であったこと、茶会記などにみられる「年寄衆」「町衆」「若衆」といった人々と会合衆との関係が密接だったことから、会合衆は十人であっても機能面では三十人以上の集団行動となって現われたため、三十六人構成であるかのように書き留められたと思われる、としている。本稿は、会合衆の構成のみを問題にしているものではないので、おのずから立論の出発点が異なるが、会合衆は本来十人であること、「年寄衆」「町衆」「若衆」といった人々との重層的構成であったこと、については、柿崎文雄の論稿と立場が一致する。ただ、私は、国境を超越した南北大小路町が堺の自治組織の中心にあり、他の町々の発展に応じて、堺南北老若・公界が発達したと考えるものである。

第四章　大湊会合の発達——宇治・山田・高向・河崎との関係を中心に——

はじめに

日本における中世都市の研究は、戦前戦後の長い期間における諸研究を積み重ねて、近年ようやく豊かな成果を実らせつつある。従来の都市研究においては、ヨーロッパの都市史研究と同様に、遠隔地商人に代表される諸商人が封建的な領域諸勢力に対抗して、封建社会の異物としての都市共同体を形成したという自由都市論が、日本においても主流をなしてきたといえる。日本に自由都市が成立したかどうかという議論が、戦後の都市研究の主要な関心であったという学説史をみても、いかに自由都市論が決定的な影響を与えてきたかがわかる。(1)しかし、近年の都市研究は、これとは異なる分析視角によって、すでに大きな転換を経てきた。(2)それはこれまでの都市研究の暗黙の前提となっていた、近代市民社会を形成する主体としての都市ないし都市民という概念の明確さがうすれて、中世封建社会を構成する重要な要素としての都市、ないし都市民の位置づけと役割がクローズアップされるようになったことや、農村を支配し農村と対立する都市という観点だけではとらえられない、両者の密接な相互依存関係が、あらためて注目されるようになったことによる。この都市研究における大きな転換を、自由都市論から封建都市論への転換ととらえることもできようが、都市概念の多様性に注目し、都市と農村の相互関係を把握しようとするこの転換を契機にして、最近の都市研究はさらに大きな変貌をとげつつある。それは空間と景観から都市にアプローチしようとする新しい分析視角の出現であり、考古学や地理学・建築学・美術史学といった学問諸分野を歴史学に援用しようとする学際的な研究方法をともなっている。これまでの都市研究が文献史料を中心に、いわば都市とは何かという問題を極限まで追求する、いささか抽象的な都市論の立場であったとすれば、最近の都市研究はいわゆる都市的な場を中心に、空間と景観から具体的な都市像をとらえようとしているといえよう。

このような新しい方法によって、広域的に都市的な諸機能を検討しようとする視点も出現してきている。[3] ここで私が論じようとしている港湾都市大湊の会合や公界についても、このような最近の研究方法を適用し、伊勢神宮の門前都市である宇治・山田および高向郷や河崎などとの密接な関連性や、東国と伊勢との広域的な水上交通・流通関係を念頭において、検討していきたい。

第一節　大湊研究の問題点と課題

中世の港湾都市として、戦国時代にもっとも繁栄したといわれる伊勢神宮の外港大湊については、これまでに多くの論及が重ねられてきている。徳田釼一の『中世に於ける水運の発達』[4] や豊田武の『中世日本商業史の研究』において、早くから大湊は取り上げられてきたが、[5] 近年では網野善彦の『無縁・公界・楽――日本中世の自由と平和――』[6] や、「中世都市論」および「中世の桑名について」が、大湊を公界としての新しい視点から論じている。[7] しかし、その個別研究というと、大湊が港湾都市としては稀なほど多数の「大湊会所文書」(三重県指

定文化財　大湊古文書）を持つという恵まれた条件にあるにもかかわらず、中田四朗の「室町末期の大湊――大湊会所文書を中心として――」と、小島広次の「伊勢大湊と織田政権」を数えるにすぎない。(8) 両論文は、いずれも大湊古文書を分析したものだが、大湊会合衆の内部構造についての結論が異なるという問題点をもっている。改めて両論文を検討し、大湊会所文書の理解についても、全体的な見通しを立てておく必要があると思われる。

さらにここで重要なのは、従来は主に製塩業関係史料として分析されてきた太田家文書の、史料としての新しい位置付けである。つぎの第五章で詳しく検討するように、従来は原本が所在不明であるとされ、影写本でのみ分析されてきた大湊太田家古文書が神宮文庫に現存し、その全貌があきらかとなってきた。原本の登場により、これまでの製塩業研究も再検討を余儀なくされていると思われるが、それに加えて、最近の十四世紀末の品河湊の研究により、太田家が廻船業者として東国との交易に活躍した事実が明らかになってきた。太田家は十五世紀から大塩屋惣里老分衆および大湊公界の会合衆として、大湊会合の中枢部に位置しており、太田家古文書には会合老分（年寄）としての公界関係の文書が含まれている。太田家古文書の分析を通じて、大湊会合について具体的に解明できる道が開かれた。

このような分析に加えて、私が改めて重要と考えるのは、大湊が伊勢神宮の門前都市である宇治・山田の外港として発達したために、宇治・山田とは切り離して考えられないという歴史的な条件である。中世都市としての宇治は宇治二郷（のちに上二郷と下四郷の六郷）と通称される自治組織からなり、山田は山田三方（近世では山田は十二郷）と呼ばれる自治組織によって神領としての都市行政が行われていた。その近郊には高向に代表される農村や漁村的集落が位置を占めており、勢田川左岸の河崎には問屋が集住する町場が存在していた。

山田については、西山克の『道者と地下人――中世末期の伊勢――』が膨大な御師関係史料を縦横に駆使して、公界としての山田三方の成立と内部構造を論じるという新しい研究成果が発表されている。(9) そこでは多くの新しい事実が指摘されているが、そのなかで、山田の都市近郊農村的性格をもち、公界とも呼ばれた高向郷の問題が分析されていることは、大湊公界の問題を考えるためにも、非常に重要な問題提起であると私には思われる。なぜならば、高向郷には神宮領御園である大塩屋御園の地域が存在し、大塩屋御園こそ、大湊をその地域に包括した塩の生産地だったからである。地理的な位置関係からだけ見ても、山田三方と大湊の会合衆による自治を相互に関連させて解明できる新たな視点が見出だされたと考える。

山田に比較して都市論としての新研究が少なかった宇治についても、最近の飯田良一による「中世後期の宇治六郷と山田三方」によって、内部構造の分析が加えられ、上二郷（岡田・岩井田郷）を中心に、十文字屋・向館・橘屋といった十五世紀後半に遡る館衆・御師の老分としての存在が指摘されている。[10]稲本紀昭や綿貫友子らによって解明が進んでいる伊勢商人と東国との隔地間交易や、伊勢湾の廻船による海上交通についての研究の成果と併せて参考にしながら、[11]都市としての伊勢（宇治・山田・大湊）地域の全体像を明らかにするという課題に取り組んでみたいと考える。

第二節　大塩屋御園と大湊

大湊は伊勢神宮の外港としてよく知られているが、その史料的な初見は鎌倉時代初め頃に求められる。「太田文書」のなかでは、長禄三（一四五九）年に湊住人である道見の塩浜が「大塩屋御園之内字大湊八幡東」にあったと記されているのが、大湊の所在を示すものの初見である（太田文書一六三号）。[12]同じ太田文書に、文安六（一四四九）年の「大湊隼人塩浜・畠地売券」や、宝徳四（一四五二）年の「大湊崎禰宜大夫畠地売券」など、大湊を名乗る人物の文書が五点含まれているところから見て、室町時代には大湊の地名が一般的になり、かなり多数の住人が存在していることと、大湊（現在の伊勢市大湊町）が大塩屋御園内の地域に位置していたことを知ることができる（同一二六号・一三四号）。ここで問題となるのは大塩屋御園がどの地域に存在していたかということであるが、これについて厳密な考証を試みた研究はみられない。大塩屋御園については、これまでに中世の製塩業という観点から多くの論文が発表されているが、それによると、大塩屋御園は伊勢国度会郡に位置し、伊勢神宮の朝夕日次の塩を調進するための所領であったという。さらに詳しく大塩屋御園が度会郡高向郷内に位置していたという事実を示すのは、正応二（一二八九）年に「度会郡高向郷長屋御厨内塩屋御園」とある「領家某塩浜売券」である（同一号）。これによると、塩屋御園（のちの大塩屋御園か）が、度会郡高向郷内の長屋御厨内に存在していたことが解る。長屋という地名は、現在の度会郡御薗村高向に隣接した地字に見出だされ、宮川右岸の内陸部に位置している。もし仮にこの地の宮川沿いに塩田が設けられたとしても、伊勢湾までにはかなり距離があるから、この地を製塩業の拠点とは考えられない。すでに述べたように、大塩屋御園は大湊という港湾地域を含んでいたから、伊勢湾に面する地点にまで達していたのである。しかし後の史料二点も「在所度会郡高向郷大塩屋御薗内字中沢」（同七号）や「在所高向郷内大塩屋御薗」（同九一号～九三号）と記し、大塩屋御園が度会郡高向郷に位置していたことを示している。

大湊の最も古い史料だと思われるのは、元久元（一二〇四）年の「大神宮使解」（神宮雑書）で、[13]これには「度会郡大湊平潟浜并宮河流令字小勾埋地壱処」とあり、大湊の塩浜が平潟浜と宮川の流れが形成した「字小勾埋地」一処にあったことを示しているが、この「字小勾」は後の「箕曲郷小勾村馬瀬北湊南上」（太田文書一三号）と一致し、「度会郡箕曲之郷大塩屋御薗内字北浜」（同一〇八号）ともある。また元応二（一三二〇）年の序をもつ『類聚神祇本源』に「箕曲郷大湊」とあり、[14]当地に式外社「塩屋社」（現伊勢市大湊町の志宝屋神社）がみえる。大塩屋御園と大湊とは、度会郡の高向郷・箕曲郷にわたる地域に位置していたと考えられるのである。

この事実を確認するために、太田文書に見える地名・地字と、大湊古文書に含まれる絵図とを対照する作業を試みた。絵図は江戸時代中期の享保一三（一七二八）年一一月の「御普請所発端絵図」であるが、大湊古文書のなかでは最古の絵図である。両者を対照してみると、大塩屋御園内で南北朝時代からみえる地字「すしおけ（鮨桶）」が絵図に地字として記されている。この「すしおけ」については、太田文書を用いた、恒次勉と広山堯道による製塩法の進化についての詳細緻密な研究があり(15)、既に、室町時代の塩浜の所有者の配置まで、明らかになっている。「鮨桶」は、大塩屋御園内でも特別に重要な塩田だった所である。この「鮨桶」が現在の大湊町に位置したことに、両氏はまったく触れていないが、両氏が復元した「すしおけ」の推定図は、西に「大河」、東に「江川」に挟まれ、絵図においては西は宮川、東は宮川の分流たる大湊川によって挟まれる大湊の鮨桶と一致している

図1　伊勢市大湊町周辺地図

註　「伊勢市文化財地図」（伊勢市教育委員会、1986年）より（部分を縮小）

（図1～3参照）。

以上の実証から、大塩屋御園が度会郡高向郷と箕曲郷に位置していたことと、大塩屋御園がかつての度会郡高向郷（現度会郡御薗村高向を中心に、長屋・上条・小林の宮川下流右岸一帯の地域に比定される）の一部と、箕曲郷の故地（現伊勢市吹上・河崎・船江・馬瀬町、現御薗村大中島などの勢田川中下流域左岸一帯）の馬瀬町近辺をふくみ、主として現在の大湊町の地域に存在していたことが明らかになったと思われる。大塩屋御園と大湊についての史料は、太田家古文書では、鎌倉時代の二通を除けば、残りはすべて南北朝期・室町時代以降のものであり、大塩屋御園と大湊における中世的支配体制の詳細については、ほとんど何も語ってくれない。そのため、室町時代を中心とした、当該地域における在地構造や港湾都市大湊との関わりの分析に移るまえに、必要な範囲で研究史の概略についてみておきたい。

図2　御薗すしおけ推定図

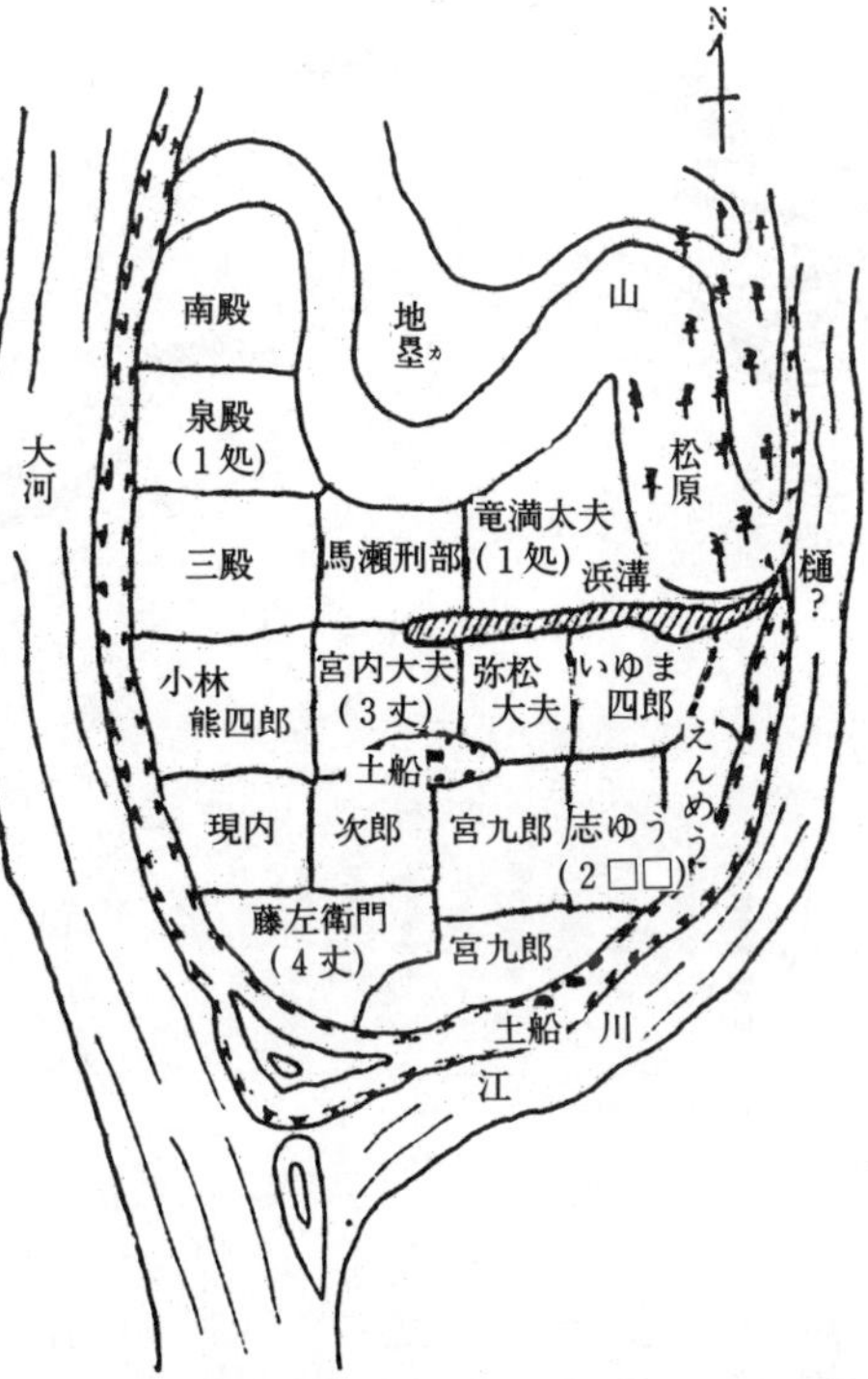

註　恒次勉・広山堯道「中世伊勢における製塩法の進化についての試論」（日本塩業研究会編『日本塩業の研究』第13集、1972）より。

　伊勢神宮領の中世的支配体制の形成と構造について明らかにした仕事の代表的なものには、棚橋光男の「中世伊勢神宮領の形成」と「寛御厨と権禰宜」がある。[16] それによると、御厨・御園は中世伊勢神宮の中枢を掌握

図3　「御普請所発端絵図」（享保13年〈1728〉11月）

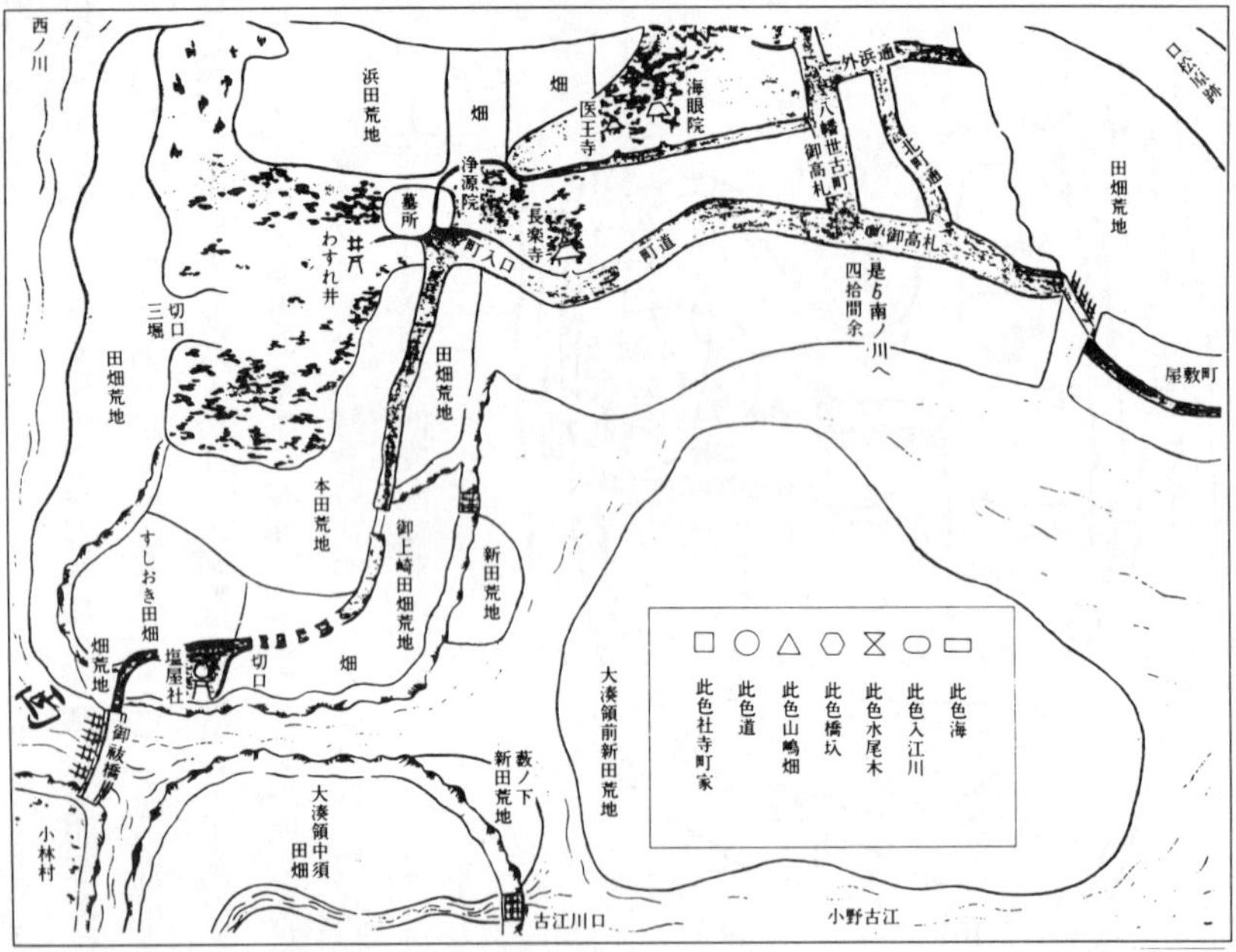

註　「大湊古文書」（伊勢市役所大湊支所所蔵）より。

した禰宜・権禰宜層の領主的所領として形成されたという。すなわち、十一世紀末・十二世紀初頭に形成された、いわゆる根本御厨・御園は、同時期における本宮庁（禰宜庁）の機構的確立と密接不可分な過程のもとで設置された。他の寄進地系御厨・御園（たとえば大庭御厨・相馬御厨など）のタイプと比較すると、「給主」職（一般の荘園所職でいえば、領家・預所職にあたる）を有する神宮禰宜・権禰宜層は、このタイプの御厨・御園においては、きわめて強固な支配権・収取権を示し、彼らの領主的所領の中核をなしていたという。また本来は「正禰宜」のプールとして「正禰宜」に昇任しうる所職である権禰宜・大内人は、本宮庁（禰宜庁）の機構的確立にともなう「正禰宜」職の独占＝世襲化によって、荒木田・度会氏という同族結合（虚偽意識）に包摂されながら、所職の関係では「正禰宜」職から疎外され、所領所有の面では御厨・御園の「給主」職から基本的に疎外された矛盾した存在であったという。祭主・宮司庁との対抗関係のなかで、均しく本宮庁（禰宜庁）に結集しながら、「正禰宜」層と権禰宜層とでは、著しい階層差や格差が形成されていったというのである。

いま翻って大塩屋御園の場合を検討してみると、大湊の初見史料である建仁二（一二〇二）年九月一〇日の「大神宮神主請文状」と、元久元（一二〇四）年一〇月の「大神宮使解」において、前大和守大中臣朝臣宣長が、相伝の旧領たる伊勢国度会郡空閑塩屋江葦原地貳處について、甲乙輩が乱暴したため、急にその年の所当物が対捍されたとして訴えているが、その際、大湊平潟浜給主権禰宜顕延神主が陳状を進めている。[17]この事実から、空閑地になっている塩屋江葦原地二ヶ所の領主大中臣宣長と、大湊平潟浜給主権禰宜顕延神主がいたことが解るが、それが明確な所領名で出現するのは、正応二（一二八九）年以降のことであり、このときの領家の名は解らない。前述の大中臣宣長は、建久三（一一九二）年七月に大和守に任命されている人物である。[18]たしかに大塩屋御園には、彼の子孫と思われる大中臣久次が、箕曲郷馬瀬村字北湊塩屋屋敷并びに土船と同郷小勾村馬瀬北湊南上の畠地の所有者として見える（太田文書一二号・一三号）。大中臣氏の一族は、正平一七（一三六二）年に大中臣忠直が祭主としてみえるが（同九号）、室町時代になると大湊地域では次第に姿を消していき、荒木田氏や度会氏の系統を引く一族が、製塩業の中心になっている。したがって、大塩屋御園と大湊においても、伊勢神宮領の事例に見るような、中世的支配体制の構造は基本的につらぬかれているとみるべきである。このような身分的階層的に矛盾をはらんだ現地における支配体制が、どのように変化していったかが、つぎに明らかにするべき問題である。

第三節　高向郷老若と大塩屋惣里老分衆の成立

大塩屋御園と大湊が位置していたのは、度会郡箕曲郷と高向郷であったが、高向郷については、萩原龍夫や西山克によって、文安元（一四四四）年には「高向之地下之古老之親方」一〇人による差配が成立しており、彼らは御師・商人である榎倉（山田榎木蔵之大夫殿）の影響下にあった事実が指摘されている。(19) 文明六（一四七四）年には、つぎにみるように、高向の老若一二人が榎倉から預かった百貫文の料足に対して、一年に二十貫文の利分を上げるべきことを、「村人」たる花押を据えて定めている。

定　あつかり申料足の事

合百貫文者　たゝし此料足に一年中にりふん廿貫文あけ申へく候なり、

右此料足、ゑの木くらとのより御あつけ候間、たかふくの老若あつかり申候、

かふり

太郎ひゃうへ　そうゑもん　しんひゃうへ

三郎太夫　二郎ひゃうへ　たけゑもん

あたらしや　辻のねき　辻の大夫

さへもんの大夫　十郎大夫　ゑもん二郎

此御料足にわ一年に廿貫文つゝのりふんおあけ申へく候、かたくそのさため申候、定所如件

文明六年甲午九月廿二日　村人（花押）

このような老若による惣結合の成立は、高向郷においては、いつ頃まで遡れるものだろうか。また、榎倉との

関係をどう考えればよいのだろうか。これ以前の文安元（一四四四）年にみえる「高向郷地下古老親方連判状」は、高向郷字加村の刀禰職の本文書の紛失をめぐって出されたもので、これにかかわる争論を取り仕切ったのが、山田の本所の意を挺する榎倉大夫殿だった。(20)榎倉はこの事件の前から高向に何らかの権利をもっていたらしく、かつて高向と加村との境争論があった時に、加村刀禰方と榎倉大夫との両方の文書を高向稲庭坊で開合して確認しているが、その時には山田の本所の管轄のもと、この近郷の人々が皆悉く同座するなかで、加村刀禰方の本文書を見聞したとみえる。今度の事件では、紛失状をたてるのに、一貫五百文を要している。

この加村の所在は、東限が長屋路、南限が北宮河、北限が宮河とあり、高向郷のうちの長屋路から西の宮川寄りの一集落だと思われるが、南限の北宮川とは、西山克が実証したように、宮川旧河道の一つで、のちの永禄年間にはこの水路が公界（地下）堀と称された、高向の南限であった。(21)この事件は加村刀禰職の手継証文が国方との動乱のなかで紛失したため、高向某と三郎禰宜子息鈴《(銓カ)》太郎両人の先祖が代々相伝知行してきたことを、高向の地下古老親方の連判をとって証明しているものであるが、連判状に連署した一〇人は、「森之衛門・道泉・八郎太夫・五郎兵衛・三郎衛門・石兵衛・十郎太夫・新屋之太夫・四郎衛門・新屋舎弟形部太夫」で、前にあげた文書にみえる高向郷老若と、「あたらしや」や「十郎大夫」等の人名が重複しているため、前述の文明六（一四七四）年における「村人」となのる一二人が、この一〇人の後継者であることが解る。これによって、高向郷における固定した惣組織の存在を確認できたと考える。

それではつぎに、榎倉と高向郷との関係は、どう考えたらいいのだろうか。榎倉はこの文安元（一四四四）年が初見であり、近世になってから荒木田氏を称しているが、山田に根拠をもった山田土倉と考えられること、また後の文明一八（一四八六）年の内宮と外宮の争乱では、榎倉武則（山田の御師村山武則を称す）が外宮側の張本人として、国司北畠氏と組んだ内宮側と戦って敗北している事実からみて、荒木田氏の出身とは考えられないことが確認されている。

さらに享徳元（一四五二）年の「皇太神宮(内宮)庁宣」によると、度会郡牛庭御厨（現伊勢市）は季満神主（内宮権禰宜か）が相伝してきたが、嘉吉三（一四四三）年に禰宜荒木田氏経神主に年貢三分一と代官職を去り渡し、氏経神主方の為勝が相伝したこと、その後山田の住人榎倉が季満との間に買得の手続きをしたのか、一円に横領しているのは甚だ謂れのないことであること、を述べ、このたび代官職と三分一の年貢とは毎年為勝に知行させ、残りの年貢は榎倉にとらせることにして、互いに神役の務めを専らにすることにしたい旨を記している。[22]また享徳三（一四五四）年には、外宮八禰宜度会常香から榎倉次郎大夫方は、その忠節に対する返礼として神宮（外宮）政所の鎰取職について取り計らうという約束を得ているが、[23]これは常香の八禰宜就任に榎倉が尽力したためであった。このように、山田の商人・土倉にして、御師である榎倉氏は、その豊かな経済力を通じて勢力圏を拡大していたのであり、のちには伊勢国司家北畠氏から高向郷代官職を認められている。[24]おそらく、榎倉は文安年間にはすでに神宮側によって、高向郷への権利を認められていたものであり、その進出の根拠は、おもに都市商人としての経済力にあったと考えて間違いないと思われる。

第五章で述べるように、後の大湊郷の前身である大塩屋御園の地（度会郡箕曲郷と高向郷のうち）では、十五世紀前葉に、「大塩屋惣里老分」「当郷老分」衆一〇人を代表とする「当郷村人中」が「惣里一同」「談合」して沙汰を行うという自治的な惣結合が成立していた。[25]たとえば、永享四（一四三二）年八月二七日には、大塩屋惣里老分衆六人が一一処の屋敷を、当郷の村人中にそれぞれ配分しているが、これは同年八月二一日に、領主久阿と嫡子友継が大塩屋の村人中に、四五貫文で売却したものだったと考えられる（同七八号）。この「久阿屋敷売券案」には、この屋敷は親父永阿から応永二（一三九五）年九月二日に譲られ、知行してきたものだと書かれている。その事実を証明するのが、「永阿大塩屋里年貢・塩屋・塩浜等処分状案」である（同三〇号）。これによると、この時永阿は嫡子左衛門次郎（のちの久阿）に「大塩屋里之年貢一円」を譲っているが、その実体は「大塩屋里一円・塩屋一円并塩浜等」であり、おもに製塩業によってもたらされる収入を年貢として収納するものであった。領主久阿と呼ばれているところからみて、久阿は大塩屋御園に領主としての知行権を所有していたが、応永二九（一四二二）年と同三〇年に塩浜三箇所を、応永三二（一四二五）年九月三日に畠地七箇所を嫡子左衛門太郎（友継）と連名で売却している（同五五・五六・五七号）。永享四（一四三二）年一二月九日に久阿親子が塩屋三間を売却している大塩屋龍満大夫は（同九〇号）、応永年間から急激に塩浜や塩屋屋敷などを集積し、勃興してくる製塩業者であるが、領主久阿が塩屋屋敷や畠地塩浜等を売却した相手はすべて大塩屋住人であり、彼らが大塩屋惣里中としての村人中を構成していた。これ以外に、久阿は林を所有していたと思われるが、これは塩木の供給源を考える際に注目される事実である（同五九号）。

すでに前節でみたように、高向郷（長屋御厨内）塩屋御園では、正応二（一二八九）年に「領家」某が「御塩所司河奈志末春」に塩浜四反と在家一宇（百姓名字菊沢・末満・為弘）を売却し、「御使官符権禰宜」が署名している（同一号）。ここに見える官符権禰宜とは、正禰宜・権禰宜と同様、禰宜庁の構成者で、本来、祭主が所職の補任権を有し、六位で内宮・外宮の両宮庁に各三名おかれることになっていた。元久元（一二〇四）年には「大湊平潟浜給主権禰宜顕延神主」の名が見えるから、禰宜権禰宜層が給主（領家・預所）として当地を支配する体制は、鎌倉時代初期にまで遡るものである。正応二（一二八九）年における高向郷長屋御厨内塩屋御園の領家が誰であったかは不明であるが、康永二（一三四三）年に慈一法眼并に森兵庫助入道等の手から、行廉神主が買得し、嘉慶三（一三八九）年には、その息子である惣領主権禰宜度会神主某から、馬瀬左衛門尉知親に所領一処が百貫文で売られているため（同一三号）、この時点では山田外宮の権禰宜度会氏が領家となっていた。そして、応永年間までには高柳久阿の父永阿が大塩屋御園を所領として獲得しているが、つぎに見るように、当時の大塩屋御園の所領検断職は、惣領主山田慶一大夫尚重の手にあった。応永二八（一四二一）年に、荒木田尚満が大塩屋御園惣領職を荒木田尚重に譲っている（同五四号）。その惣領職の内容は、「里のけんたん并より船・なかれ物、大塩屋ミその丶内、つゐつく程も当知行の分」であった。従って、山田を名乗るものの、荒木田氏一族が大塩屋御園の所領検断職を持っていたのである。この惣領主山田木下慶一大夫（荒木田）尚重とは、どのような人物だろうか。

応永九（一四〇二）年に左衛門丞藤原幸憲なる者が、大塩屋御園内北ノ浜にある壱世町を直銭三貫文で長王太夫に売っているが、この塩浜は応永二（一三九五）年に彼が大塩屋領家荒木田神主尚朝并に預所興長両方の手から買得し、相伝してきたものであった（同三七号）。この領家荒木田尚朝は荒木田尚満の父だと推定され、応永年間には、大塩屋御園における荒木田氏の領主権が、すでに動揺しはじめているのが解る。また永享九（一四三七）年には、大塩屋預所職が興光（と興晴）から大塩屋の人々の御中に一〇貫文で売られている（同一一一号）が、彼らは預所興長の子息だと推定される。

かれらはなぜ大塩屋御園における所職を手離したのだろうか。領主荒木田氏が山田木下慶一大夫と名乗っているところからは、かつて延文元（一三五六）年六月に、二見御厨に悪党が乱入した際のメンバーにふくまれた「木下三郎大夫弟以下之輩」が想起される[26]。これは、虎福少禰宜少舅・岩淵次郎左衛門尉舎弟・孫五郎高羽江四郎（丈兵衛大郎舎弟）・木下三郎大夫弟以下の輩が、虎福小禰宜の質馬の髪を損じたという理由で、多勢を率い、弓箭兵杖を帯びて蜜厳寺僧堂に乱入し、狼藉を行なった事件で、二見御厨御塩所司神人等が重ねての申状を出して訴えているものである。事件の核心には、彼らと御塩所司役人である村主末継（蜜厳寺住持僧寂秀の代でもある）との争いがあり、一瀬殿（度会郡一瀬に居城をもつ愛州氏）がこれに介入している。この木下三郎大夫弟が木下慶一大夫の一族であるならば、彼ら一族は南北朝期には、悪党として活動したものかもしれないが、これ以上の関連史料を欠いている。

ここで重要なのは、領主荒木田尚重が山田を名乗り、久阿も高柳（現伊勢市曽根町の字、内宮領高柳御園の地）に根拠地をもつ事実で、彼らが大塩屋御園の所領所職を売却する直前の永享元（一四二九）年七月一三日に起きた神役人を中心にした地下人等の「山田三方」の土一揆が契機となって、彼らは大塩屋御園における所領所職を喪失したのではないかという問題である。この事件は、山田の神人と神役人（地下人）とが徳政について衝突し、合戦となったものといわれ、神人側が地下人に追われて外宮に逃げ込み、社頭が戦場となっているほか、山田の民家数百家が焼失した。[27]地下人らは国司北畠氏を頼んで勝利をおさめたが、彼ら新興勢力の急激な台頭ぶりがうかがわれるのである。神役人らは、永享三（一四三一）年一一月二六日には、神三郡内所務知行三分一を宛行われている。[28]また嘉吉元（一四四一）年八月九日にも、神人と神役人との合戦が起こっているが、当時畿内では徳政一揆が蜂起しており、この合戦もこれに呼応したものであろう。この際には、合戦による死者が百余人を数え、山田神人が没落する契機になったといわれている。[29]

山田と大湊との関係という問題では、長禄四（一四六〇）年に坂一臈大夫が大塩屋領給主六分一を直銭三〇貫文で大塩屋東殿（権禰宜荒木田重員）に売却した際、正長元（一四二八）年七月一三日に、山田神人と神役人（地下人）が弓矢の時、乱妨のため本文書を失ったと売券に書かれている事実が注目される（同一六五号）。実際には、この事件は翌永享元（一四二九）年に起きている。ここに見える坂氏とは、この頃から顕著となる山田の自治組織、山田三方、すなわち山田の町場を三区分した須原方・坂方・岩淵方のうちの坂方に根拠地をもつ人物であろう。[30]この文書の内容からも、山田においては、神人（いわゆる非重代の権禰宜）と神役人（地下人）の合戦という動乱の被害を受けて、坂氏のように大塩屋の給主職を失うことになったと確認できるのである。なお、この売券に口入として見える窪次郎衛門は、山田土倉として有名な久保倉氏と思われ、明応八（一四九九）年にも、窪倉

大夫弘真が河崎向の畠地一反と光明寺知行の万劫屋敷とを相博している。(31)

このように、大塩屋惣里の自治成立の背景には、永享頃に頻発する神三郡土一揆（徳政一揆）があることが解ったが、つぎに大塩屋惣里老分衆一〇人は当時の神領にあってどのような階層に属し、どのような存在形態を示していたのだろうか。応永一五（一四〇八）年に初めて史料に出現する大塩屋龍満大夫は、惣里老分衆である大塩屋東殿（権禰宜荒木田重員）と一族で、この頃から独占的な問屋的製塩業者の姿を見せている。大塩屋は廻船業者としても東国との交易に活躍しており、金融業者として土倉業をも営んでいた。

萩原龍夫に代表される諸先学の指摘によって、従来から、龍満大夫は神宮の御師であるとされてきた。この問題に関連して、山田における神人・神役人（地下人）たちの具体的な存在形態について示してくれるのは、つぎの売券である。

「住持天寰田地売券」（同一二〇号）

永財沽渡進田地新立券文事
合四杖者、在所大塩屋北浜田、
四至具見本券面、仍略之、
直銭参拾涤貫慥請納畢
右、件田地者、当寺中興檀那度会用延神主買得之後、旧領当知行年久矣、号寺之修理料田、存生時被寄進、
然依有当寺造営之急用、寺住持・旦那相共加評定、限上件直物、相副手継証文、大塩屋東殿ニ沽渡進処実正
明白也、（中略）、仍為後証新立券文如件
嘉吉元年辛酉五月四日
当住人〔持〕天寰（花押）
檀那度会用貞（花押）

これによると、一四四一年に住持天寰と檀那度会用貞は、大塩屋北浜田にある田地四杖（二四〇歩）を、寺の造営費を捻出するために三七貫文で大塩屋東殿に売却している。

これに関連する史料として、文安二（一四四五）年六月二九日に、世古口龍福大夫（実名用久）が普光寺御道者を返却した文書が残っている（福島信悟家文書）。この普光寺とは山田の下中之郷町にあり、多米田坊とも呼ばれていた。この「道者返却状」によると、「神人親方世古口龍福大夫（実名用久）」は、かつて多米田坊本願権少僧都真慶なる者とのあいだに、生前師檀の契約があり、真慶の死後、檀那として真慶がもっていた御道者を譲られ所有してきたが、普光寺が焼けて不如意であるため、普光寺道者を返却することが書かれている。したがって、「住持天寰田地売券」にみえる当寺とは普光寺（多米田坊）のことであり、「当寺中興檀那度会用延神主」とあるように、外宮禰宜家度会氏の菩提寺として度会氏を檀那としてきたことが解るが、寺の修理料田として度会用延神主から寄進された田地を、檀那度会用貞と相談したうえで、大塩屋東殿に売却したものである。

さらに宝徳四（一四五二）年三月晦日の「普光寺住持僧天寰道者売券」（同上）によると、寺家修理料足のため、天寰は八日市庭太郎衛門に道者を五貫文で売却している。この時、天寰が売却した道者は真慶がかつて龍福大夫に譲り、彼が天寰に返却した問題の道者であると思われるが、それは「合大和国、小河殿・同御領内人々・又坪坂人々山臥等・吉野橋本坊・長谷寺かふちの坊」である。この道者売券が現存する伊勢道者売券のなかで最古のもので、以後伊勢では戦国時代に道者売券が集中している。

これらの史料によって、世古口龍福大夫（実名用久とあるが、度会用久と考えられ、多米田坊＝普光寺の檀那であった）が神人親方と呼ばれ、実際に道者をもつ御師であったことが明らかになった。大塩屋龍満大夫も、荒木田氏を称する権禰宜層の一族であることと、龍福大夫と龍満大夫という近似した名称からみて、御師兼商人だったとみて間違いない。

太田殿という名称自体は、大塩屋惣里老分衆の支配が成立した永享四（一四三二）年には史料に見えるが（同八四号）、大塩屋殿から本格的に太田殿へと呼称が変わったのは、明応七（一四九八）年の大地震と高浪によって、大塩屋御園における製塩業が壊滅的な打撃を受けた後であると思われる。龍満大夫の孫である太田東殿の代が太田氏が製塩業を縮小せざるを得なくなり、田畑を経営しながら廻船業への比重を深めた時点であると思われる。

「神人親方」という呼び名は、もっぱら、旧来の荒木田氏や度会氏からなる重代の禰宜・権禰宜らを指すものであるから、当時台頭しつつあった新興の地下人ないし神役人とは区別される上層身分の呼称だと思われ、階層的にみて前述の高向郷における地下古老の親方、すなわち「地下親方様」と対応するものである。[32]大塩屋惣里老分衆を構成するメンバーは、大塩屋東殿をはじめ、その一族と思われる荒木田氏をなのる者が多い。惣里が扱う惣有文書の正文を預かっていたのは大塩屋住人奥善光という沙弥であったが、四郎大夫は「新開住人」を称し、永享元（一四二九）年には大塩屋住人左衛門三郎殿に塩浜一反を売却しているから、製塩業に携わっていた商人と思われる（同七二号）。大塩屋惣里においては、重代の神人親方というべき内宮権禰宜の系譜を引く荒木田氏の一族と、塩屋御園時代の度会氏の系統をひく馬瀬氏の一族が惣里の中心となり、四郎大夫に代表されるような新興商人が、これに加わって惣里を運営していたと考えられる。

最初に触れた高向郷における「高向之地下之古老之親方」一〇人が地域を差配していたにもかかわらず、文明六（一四七四）年には、高向の老若一二人として「村人」たる花押を据えながら、山田榎木倉之大夫から預かった百貫文に対して一年に二十貫文の利分をあげるべきことを定めている事実は、大塩屋惣里で検討してきたように、伊勢における貨幣経済の進展ぶりを明確に示しているものである。伊勢では鎌倉時代末、すでに代銭納が普及している。また康永二（一三四三）年八月、沼木郷住人源時広字生一次郎が、方々替銭支配のために沼木郷を離れている事実もあり、伊勢における金融業の発達と展開を確認させる。[33]経済的にも大塩屋惣里が神宮の荘園制的支配機構を経済力によって形骸化し、自立しているのに対して、高向郷は山田の商人・御師である榎木倉の経済力に依存している。文明から明応期のものと思われる三月一八日付の「伊勢国司御教書」は、榎木蔵松寿大夫に度会郡「浜七郷外河東知行分」ならびに高向郷代官職を安堵しているから、政治的にも高向郷は榎木倉の代官支配下にあった。[34]一方、同じ度会郡ではあっても浜七郷に属する大塩屋・大湊は、それ以外の宮川以東の知行分とは異なって、榎木倉氏の支配下には属さず、政治的支配の位置付けも異なっていた。しかしながら両者はともに、十五世紀中葉には後の公界に発展していく自治的共同組織が成立していた事実を明らかに示している。

第四節　大湊公界の成立と宇治・山田

つぎに港湾都市としての大湊の発達について、公界の成立と構造という問題を中心に明らかにしていきたい。大湊の港湾都市化については、明応七（一四九八）年八月二五日の地震津波で大湊の家屋千軒余、約五千人ほどが流死したという「内宮子良館記」の記録があり、太田文書では大地震高波と宮川の上山抜けによる大水によって、「塩屋村家員百八拾軒余」が一時に海に流失したとされている（同二〇三号）。太田文書によると、かなりの家屋が密集し、大路や世古（小路のこと、大湊では七尺に定められていたと思われる）が存在し、都市的な景観が発達していたことが解る。

この大湊公界の発達過程を論じるために、必要欠くべからざる史料だと考えられるのが、十四世紀末の品河湊の繁栄を示す史料として従来紹介されてきた「武蔵国品河湊船帳」であり、関東における伊勢商人の活躍、すなわち関東と伊勢との隔地間交易の問題である。とくに綿貫友子は、この史料と太田家文書との関連を分析し、船名「大塩屋新造」が伊勢大湊太田文書にみえる大塩屋のものであること、同じく「馬漸」が「馬瀬」に比定でき、船主名「馬漸弥松大夫」や「馬漸本丸」の船主名「助次郎」が同文書に認められること、などの数々の実証によって、従来から十二世紀以来の徴証は述べられながら、推測に止まっていた伊勢と関東との海運による隔地間取引の実態について、初めて明らかにしている。[35] 綿貫の指摘は総て当をえていると思われるが、さらに付け加えるならば、大湊古文書（大湊会所文書）に「大塩屋分坂東遠江駿河出入共二百文」とあり、[36] 十六世紀半ばにおいて、大塩屋（太田家）所有の船舶が盛んに関東との間を往来していた事実がうかがわれる。また外宮権禰宜で山田三方年寄であった橋村家の御師としての活動に触れた際に（第六章参照）、十五世紀における橋村家の縄張りは、東海・関東地域において展開しており、後北条氏の家老衆との師檀関係も認められることについて述べたが、このような御師としての活動の背景には各地の御厨・御園領や神明宮がその拠点としてあり、陸路水路との関わりが当然ながら想定される。十二世紀以来、大湊は神宮領御厨・御園から海路輸送される年貢収納のための神宮の外港になっていたと考えられるが、とくに室町時代になると、御師が開拓した神宮参拝のための道者が海路を辿って多数往来し、道者の消費するさまざまな商品や物品が通過する港湾としても発展していったと思われる。

この大湊の港湾都市としての発展と切り離しては考えられないのが、大湊と勢田川水運との関係である。大湊が位置した大塩屋御園が、かつての度会郡高向郷と箕曲郷に位置した事実は前述したところであるが、大湊や今一色・一色通・神社が、伊勢湾に面した港湾として発展していくのと軌を一にして、これらの港に挟まれた勢田川が山田へ直接着岸する水路として利用されることが盛んになり、箕曲郷に位置し、勢田川左岸に沿った河崎が船着場として発達していった。平安時代から和名抄にみえる河辺里として見え、十二世紀初めに河辺村ともいわれた河崎の地名としての初見は南北朝時代であり、永享一一（一四三九）年一二月二日には、河崎は道後政所荒木田氏貫から郷代官補任地域から除外されて、船居（船江）と共に別個の代官として太郎兵衛が設置されている。[37] 康正三（一四五七）年には「所在度会郡箕曲郷船江川崎字松崎」とも見える。[38] 河崎は長享年間（一四八七〜八九）に北条氏の遺臣である左衛門大夫宗次が来住して一族で当地を開発し、町を建設し、河崎氏を名乗ったところから都市として発展していったとされている。近世の地誌である『勢陽五鈴遺響』などの伝承に依る以外に史料を欠いているが、同書は弘治年中（一五五五〜）からの遺制として本坊四郭にそれぞれ四つの惣門があったと伝えている。江戸時代になっても、絵図に河崎が環濠によって取り囲まれていたことが描かれており、現在でも環濠の一部が残っている。同書のいうように、天正年間に、長島城主滝川左近将監一益から銃五十挺を借りて、町を自衛していたというのが事実だとすれば、環濠と惣門と銃器（すなわち傭兵）によって守られた町だったことになり、当時有名な自治都市堺に似た存在だったと考えられる。勢田川水運の発達によって、伊勢神宮は河崎に河守という役人をおいて運送品の一分を税収入としていたが、弘治三（一五五七）年二月には、外宮長官から請願によって免租の許可を得ている。しかし同年三月一三日に、北畠氏が勢田川に入る船から駄別銭の徴収を始めている。「為末代可入日記」（大湊古文書）によると、その時定められた基準は、表物一駄に拾六文・高荷一駄に五拾文・料足壱搦に百文・魚物壱駄に十六文・柴木板その外百の内三つ引きであり、この駄別銭の賦課率は永禄三（一五六〇）年一二月三日より上がるとされている。大湊公界が勢田川の航行権を所有していたことは明らかであり、伊勢湾を経て大湊や神社に入港した船舶所載の品物は小舟に積み替えられ、満潮時に合わせて河崎に到着したと思われるが、この時期に北畠氏の領主的支配権が勢田川水運をめぐって行使されていることが注目される。すでに永正六（一五〇九）年に、北畠氏被官愛洲氏が大湊発向をおこなう動きをみせた時、大湊はこれに対して一〇〇貫文の礼銭を出してことなきを得ている。この時、内宮・外宮をはじめ、山田三方、宇治六郷神人が北畠氏に無事を働きかけているのは、彼らの共通の利害関係が大湊にあったためばかりでなく、全体の連帯関係があったからであろう。この時点から、大湊は北畠氏の支配勢力を払拭できなくなったのである。十六世紀半ばには、大湊会所文書に記されているように、大湊公界の主要なメンバーが「大湊御被官中」となっていたと思われる。このような北畠氏の支配下のもとではあったが、後の江戸時代に伊勢大湊年寄が「勢田川」の印判を使用するほど、勢田川水運と密接に結びつく契機は、この時期に始まったと考えられる。

つぎに大湊公界の内部構造について考えるならば、中田四朗と小島広次の研究があるが、この問題についての両者の見解は全く異なっている。中田は、永享頃から大湊では廻船衆・問屋衆が惣中の行政権を手中におさめていたとしているが、詳しく実証したわけではない。小島は永禄八（一五六五）年の「船々聚銭帳」にみえる一番から八番までの八組各三名ずつ、合計二四名の番衆の名前を検討し、彼らが大湊の「会合衆」にあたること、彼らは総て「殿」付けで名が記載されており、永禄八年から天正二（一五七四）年までの史料に「問」「宿」「小宿」として名をあらわす者の数は約八〇軒、そのうち屋号のあるもの約四〇軒あるが、このうちで「番衆」に名をつらねている者はない、と明言している。また、大湊の廻船衆の代表格である角屋七郎次郎についても、会合衆・番衆に列している者ではないとしている。この見解を推し進めると、老若の（小島は老分だけか、としている）会合衆と廻船衆・問屋衆とは一致しないという結論になる。しかし、角屋については、大湊会合に出席している事実が明らかであるし、一般に、港湾都市大湊において、行政権を掌握し、日々入港する船舶から入港税である船迎銭を徴収し、公界の主要な財源とする役目を担った番衆・会合衆が、全く船と関わりをもたないということは、かえって不自然だと思われる。また、彼らが廻船衆・問屋衆でないとするならば、どのような職種に従事し、どのような存在形態を示すかについて、明確にしなければならないと思われる。

ここで問題にしたいのは、前節で取り上げた大塩屋龍満大夫や大塩屋東殿を先祖とする太田氏のことである。大塩屋東殿は永享年間には大塩屋惣里老分衆として惣里の行政権の一翼を担っていた。大塩屋御園の支配権の一翼をなす検断権は、応永二八（一四二一）年に荒木田尚満から惣領職として荒木田尚重に譲られ、その内容は「里のけんたん并より船・なかれ物、大塩屋みその、内、つえつく程も当知行の分」（同五四号）という大塩屋惣里の検断権ならびに、寄船、すなわち寄港船と、なかれ物、すなわち漂着船・難破船やその積載物に対する知行権であったと考えられる。大湊に伝えられた貞応二（一二二三）年のものだとされる「諸廻船法令条々」の第一条には、「一寄船流船其所之神社仏閣可有修理事、若其船乗手於在之者船主可為進退事」とある。この項目は大塩屋惣里においても、十五世紀半ばには実際に有効性をもっていたと思われるが、その知行権、一般的に検断権は荒木田氏が掌握していた。しかし、永享四（一四三二）年に所領検断職は「惣領主山田木下慶一大夫尚重」すなわち荒木田尚重の手から、惣里老分衆一〇人のメンバーである大塩屋（住人）奥善光・荒木田重員（権禰宜・大塩屋東殿）・荒木田重富にそれぞれ売られ、永享九年には大塩屋預所職も興光（と興晴）の手から「大しほやの人々の御中」、すなわち一〇人に売られ、惣里老分衆が掌握するところとなったのであった。またこのような荘園制的支配の解体過程のなかで、塩屋・塩浜などを集積し、当時急激に製塩業者として成り上がっていったのが、大塩屋龍満大夫であった。この大塩屋龍満大夫や惣里老分衆である大塩屋東殿が、のちの太田氏の先祖であることはすでに実証したが、大塩屋は十四世紀末に関東品川湊との間を往復し、「大塩屋新造」と見えるような船舶を所有していた。太田家は言うまでもなく、大湊公界においても指導的な位置を占め、江戸時代においても大湊年寄を勤めている。

大湊会所文書のなかでは、天正元（一五七三）年の「出船之船数の分」に、「湊船之分」として「一そう　太田善七殿舟　九きり舟」とあり、積載量の大きい船を所有した廻船衆であったことが解る。この太田善七殿は、永禄八（一五六五）年の「船々聚銭帳」では、二番の番衆の一人として、蔵人殿・善七殿・孫介殿というように並んで出現する。ほかに一族の太田浄感入道殿や太田大炊助殿が、帳面類にはしばしば記載され、とくに太田浄感入道殿は金融業を営んでいたことが確実である。これらの事実によって、廻船衆・問屋衆が会合衆・番衆と一致すると私は考える。

江戸時代の太田家古文書によると、承応四（一六五五）年二月一一日に、大湊向浜荒地について餅屋藤兵衛が太田八大夫に申し分があり、御公儀に訴えるといった問題について、年寄中としては自分たちで処理するとして調査し、調停案を出しているが、文末には年寄中としての公界の印判（花押）以外に、太田与十郎・馬瀬五郎右衛門・井坂源兵衛・中西太郎兵衛・高木孫七郎・角屋七郎左衛門（忠直）の名前と花押が並んでいる。(39) 彼らがかつての大湊公界の会合衆の系譜を引くことは明らかであると思われる。彼らのうち、太田氏・馬瀬氏・角屋氏は、これまでにみたところから解るように、中世からの廻船衆・問屋衆である。寛文四（一六六四）年九月にも、柴谷九郎兵衛が大湊すしおき田畠を角屋七郎次郎殿に売却しており、(40) 元禄九（一六九六）年一一月二七日にも医王寺裏地主中の一人として、角屋喜右衛門義広の名が見えている。(41) 角屋は代々七郎次郎を名乗り、秀持の子息忠栄の代に、蒲生氏郷の城下町松坂建設を契機に、本拠地を松坂に移し、ここを本家筋にしていったとされているが、少なくとも十七世紀半ばまでは、大湊に本拠をおき、それ以後も一族の者が大湊に居住していた証左を、ここに確かめることができたと考える。

おわりに

伊勢神宮の外港であった大湊の会合の歴史について、可能なかぎり詳細な分析と検討を試みて、鎌倉時代以降近世にいたる大湊の歴史について、全体的な見通しをえることができた。大湊公界、すなわち大湊における会合と会合衆の歴史についても、新たな知見を加えることができたと思う。大湊は平安時代末には、伊勢神宮領御厨・御園の発達によって、内宮・外宮の外港として発達したが、鎌倉時代から南北朝期・室町時代までは、大塩屋御園内の大湊であり、製塩業と廻船・問屋業が御園住人の主な職業であった。室町時代の十五世紀前葉には、度会郡高向郷には一〇人ないし一二人の老若による惣結合が形成されていたが、高向郷惣は山田の御師・商人である榎倉の政治的・経済的な支配下にあった。高向郷と箕曲郷の両郷にまたがる大塩屋御園では、同じ頃荘園制的支配体制が崩壊し、大塩屋惣里老分衆一〇人による自治体制が成立していた。これは、永享元（一四二九）年の山田の三方土一揆を契機にしたもので、大塩屋東殿に代表される権禰宜荒木田氏や、度会氏の系統をひく馬瀬氏の一族および新興商人から構成される老分衆は、かつての大塩屋御園の領主（給主）である領家や預所の禰宜・権禰宜層から、大塩屋御園の知行権や検断権を買得して、都市行政権を獲得したが、明応七（一四九八）年の地震と津波によって、当地の製塩業は壊滅的な打撃を受ける。災害後復旧した大湊では、大塩屋龍満大夫や大塩屋東殿を先祖とする大湊太田氏が、大塩屋惣里を継承した大湊老若からなる公界の会合衆として、大湊会合の中心となった。ほかに中世以来の馬瀬氏や、信州松本から移住してきたとされる廻船衆角屋が、会合衆として活躍していた。大湊は神宮を流通・商業のための拠り所とし、神宮経済の担い手であり、室町時代から盛んになる伊勢への道者や彼らの消費する商品を運送して、繁栄していくが、十五世紀後半には南伊勢に領国化の触手を伸ばしてきた伊勢国司北畠氏との間に、結びつきを強め、十六世紀には湊御被官衆が大湊の中核に位置した。以後の大湊の住民の歴史は、競合する戦国大名の諸勢力の間隙を縫って、公界に存立する厳しいものとなっていったが、この問題については、別稿を期したい。

註

（1）佐々木銀弥「日本中世都市の自由・自治研究をめぐって――中世都市史研究の出発点――」（『社会経済史学』第三八巻四号、一九七二年。のちに『日本中世の都市と法』所収、吉川弘文館、一九九四年）参照。

（2）第七章第二節の「比較史的観点による都市研究の現状」を参照。

（3）第十章第三節の「比較史的観点による展望」を参照。
（4）章華社、一九三六年。
（5）岩波書店、一九四四年。豊田武著作集第二巻『中世日本の商業』所収、吉川弘文館、一九八二年。
（6）平凡社、一九七八年。
（7）「中世都市論」は、『岩波講座日本歴史7　中世3』所収、一九七六年。「中世の桑名について」は、『名古屋大学文学部紀要』史学二五、一九七八年。いずれも、網野善彦『日本中世都市の世界』に再録、筑摩書房、一九九六年。
（8）中田論文は、『地方史研究』第六二・六三合併号所収、一九六三年。小島論文は、『日本歴史』第三七二号所収、一九七九年。
（9）吉川弘文館、一九八七年。
（10）『三重県史研究』第七号、一九九一年。
（11）綿貫友子「「武蔵国品河湊船帳」をめぐって——中世関東における隔地間取引の一側面——」（『史艸』第三〇号、一九八九年。のちに『中世東国の太平洋海運』東京大学出版会、一九九八年、所収）・「中世後期東国における流通の展開と地域社会」（『歴史学研究』第六六四号、一九九四年。同前書に所収）、峰岸純夫「中世東国の水運について」（『国史学』第一四一号、一九九〇年）、永原慶二「熊野・伊勢商人と中世の東国」（小川信先生古稀記念論集『日本中世政治社会の研究』続群書類従完成会、一九九一年。また『室町戦国の社会』所収、吉川弘文館、一九九二年）、稲本紀昭「伊勢志摩の交通と交易」（海と列島文化8『伊勢と熊野の海』小学館、一九九二年）。飯田良一「文明年間における伊勢湾の警固と廻船」（『三重県史研究』第四号、一九八八年）。
（12）「太田文書（写）」、『日本塩業大系　史料編　古代・中世（一）』所収、日本塩業研究会、一九七七年、参照。以下の太田家古文書は、この番号による。なお、「太田家古文書」は、『三重県史　資料編　中世1(下)』にも収載（三重県、一九九九年）。
（13）『鎌倉遺文』一四八六六号。なお建仁二年九月一〇日の「大神宮神主請文状」が関連文書である。同一三一五号参照。
（14）南朝方の活動によって名高い外宮禰宜度会家行の著書である。

(15) 恒次勉・広山堯道「中世伊勢における製塩法の進化についての試論」(日本塩業会編『日本塩業の研究』第一三集、塩業組合中央会、一九七二年)。
(16) 『中世成立期の法と国家』塙書房、一九八三年。
(17) 『鎌倉遺文』一三一五号参照。
(18) 『吾妻鏡』建久三年七月二六日条。
(19) 西山克は前掲『道者と地下人』、萩原龍夫は『中世祭祀組織の研究』(吉川弘文館、一九六二年)一八二頁を参照。ただしここに所載の史料には、ミスプリントがみられる。「高向郷老若中斫足預状」(神宮文庫所蔵「輯古帖」)。
(20) 「高向某。銓(鈴カ)太郎紛失状」、神宮文庫所蔵「輯古帖」(『三重県史　資料編　中世1(下)』七〇五頁)。
(21) 西山克の前掲書一四三頁に、山田・高向付近の空中写真と「高向南之口」の「公界堀」の模式図が見える。
(22) 神宮文庫所蔵「氏経卿引付」(『三重県史　資料編　中世1(上)』二三九頁)。
(23) 「外宮禰宜度会常香証文」。天文一五年五月の「榎倉修理進武棟所領譲状」に、「外宮かきとり」が見えるのは、そのためである(「輯古帖」『三重県史　資料編　中世1(下)』七一七・七二二頁)。なお榎倉がもっていた道者もここに見える。
(24) 萩原龍夫前掲書五六一頁参照。
(25) 本書第五章参照。
(26) 西垣晴次「南伊勢における南北朝動乱――度会家行と山田一揆衆をめぐって――」(『歴史評論』一〇八号、一九五九年)。
(27) 「満済准后日記」。正長二年七月二八日の「外宮解」、『氏経卿引付』(『三重県史　資料編　中世1(上)』四五六頁)。また、一四三〇(永享二)年閏一一月二六日～二八日の「伊勢国山田神人与地下人等和睦」についての奉書三通を参照(「御前落居奉書」、桑山浩然編『室町幕府引付史料集成』上巻、近藤出版社、一九八〇年)。
(28) 『三重県史』五九頁(三重県、一九六四年)。「鏑矢伊勢宮方記」(神宮文庫所蔵、第一門五五八三号)。なお、西垣晴次校訂「鏑矢伊勢方記」(一)(二)参照(『東京学芸大学附属高校研究紀要』四・五、一九六六・一九六七年)。
(29) 「氏経卿神事記」、「内宮物忌年代記」。

(30) なお後の山田三方の坂喜多之丞は、岩淵町に屋敷があった。
(31) 明応八年の「窪倉大夫弘真屋敷相博状」(『光明寺古文書』)。
(32) この問題については、西山前掲書一七一～一七三頁に詳細な説明がある。私見では、「神人親方」と「地下親方」は区別すべきである。また、第六章に記すように、〈山田三方家〉と〈町年寄家〉とは一族である場合が多い。
(33) 「源時広申状」(神宮文庫所蔵「貞治三年内宮遷宮記」紙背文書、『三重県史 資料編 中世1(下)』五六五頁)。
(34) 「榎倉文書」(東京大学史料編纂所影写本)。
(35) 前掲「「武蔵国品河湊船帳」をめぐって——中世関東における隔地間取引の一側面——」。
(36) 天文一六年五月「為末代可入日記」参照。
(37) 「道後政所下文」、同年一二月一一日の「神宮検非違使新家真成奉書」(神宮文庫所蔵「道後政所職事」、『三重県史 資料編 中世1(上)』一九〇頁・一九一頁)。西山克「南北朝期の権力と惣郷——伊勢神宮検非違使の消滅をめぐって——」(日本史研究会史料研究部会編『中世日本の歴史像』創元社、一九七八年)。伊勢市教育委員会『河崎——歴史と文化——』一九八三年。
(38) 「持地庵口方畠地売券」(『光明寺古文書』)。
(39) 以下の文書は、神宮文庫叢書II『太田家古文書目録』(一九八七年)の番号と文書名による。「二一九三 太田与十郎・角屋七郎左ヱ門等連署白浜荒地境界定契約証文」。
(40) 「三〇三 柴谷九郎兵ヱ大湊すしおき田畠永代売渡証文」。
(41) 「三一一三 馬瀬彦右ヱ門・角屋喜右ヱ門等連署申合状控」。

第五章　会合年寄家文書から見た都市行政

――伊勢大湊太田家古文書についての一考察――

はじめに

伊勢大湊の太田文書は、数少ない中世塩業関係史料のなかで、約七〇点を数える塩浜・塩屋・塩竈等の売券・充文・譲状などを持つことによって、従来からよく知られてきた。そのため、製塩業に関して太田文書を直接の研究対象にした論者も八人を数える。[1]一九七七（昭和五二）年には、『日本塩業大系　史料編　古代中世（二）』に、「太田文書（写）」として二〇三通が翻刻されているが、この時点では太田文書の原本の所在は不明であるとされ、五種類の写本が知られているだけであったため、それぞれの写本の総合的な検討および考証に基づき、賜蘆文庫本を底本として、文書が翻刻されたものであった。その後、一九八七（昭和六二）年に神宮文庫によって、『太田家古文書目録』（神宮叢書Ⅱ）が刊行され、原本の所在が初めて広く知られるところとなった。

この太田家古文書の内容を見てみると、時代的には鎌倉時代の四通をふくめ、南北朝時代から江戸時代末期までのものが主であり、総数三六二点に及ぶ。一方、『日本塩業大系』所載の文書は二〇三点であり、ここで復刻された文書の外に一五七点の原文書が新たに加わることになったが、写本では知られながら、原本では行方不明のものも四点を数える。原本の出現により、初めて太田家古文書の全貌が明らかにされたことは、中世塩業史の研究の上からも、大きな価値のあることだろう。ここでは太田家古文書の全体像を検討し、論じることにしたい。なかでも、新たに加わった一五七点の原文書の大部分が、十六世紀後半以後のものであるところから、中世から近世にかけての太田家の存在形態を原本に基づいて明らかにすることを、第一の課題にしたいと考える。

つぎに、太田家は製塩業史の観点から、従来は大塩屋御園との関係が注目されてきたが、近来は伊勢神宮の門前町宇治・山田の外港大湊との関係がクローズアップされてきている。それにも関わらず、大塩屋御園と大湊との関係は必ずしも明確にされていない。太田家文書により、大塩屋御園内に大湊が位置することが解るところから、漠然と両者の関係が論じられ、大塩屋御園における製塩業の衰退後を中心に、この地域における大湊の港湾としての発展が論じられてきたのが従来の研究史であった。(2) ところが、最近になって、十四世紀末の品河湊の繁栄を示す史料として従来から知られてきた「武蔵国品河湊船帳」と大湊との関連が指摘され、綿貫友子・永原慶二・峰岸純夫・稲本紀昭らの仕事によって、東国における伊勢商人の活躍や廻船の歴史が分析されるようになってきた。(3) 太田家古文書も製塩業だけではなく、廻船の歴史を論じるために検討されるようになったのである。しかしながら、現在にいたっても、大塩屋御園と大湊の全体的な歴史が充分に解明されたとは言えない。すなわち、製塩史と廻船史、ないし港湾都市史からみた大湊地域については、まだ研究が不充分だと思われる。そこで、第二の課題として、大湊における基本的な史料である大湊会所文書と関連させて、太田家古文書の分析をおこないたいと考える。太田家古文書の史料としての客観的な位置付けも、このような分析過程のなかで、初めてあきらかになると思われる。

第一節　大湊太田家と文書の伝来

太田家古文書のなかには、江戸時代の叙爵・補任関係の文書である「祭主下文」類が含まれている。それによると、太田家一族は荒木田・秦姓を名乗っており、内宮の権禰宜や大内人職に就いていたことが知られる。太田氏が元来伊勢国度会郡大塩屋御園住人で、その活躍が中世まで遡ることは周知の事実であるが、太田家古文書が塩業史のなかでも異例に多い約七〇点の塩浜・塩屋・塩竈の売券・充文・譲状等をはじめ、多数の屋敷・田畠等の売券類を有する理由、すなわちなぜ、どのようにして、これらの文書類が伝来しているかについては、必ずしも実証的に明らかにされてきたとは言えない。そこで最初に、太田家古文書の伝来過程を検討しておきたい。

従来、大塩屋御園における製塩業の歴史で最も注目されてきたのは、応永一五（一四〇八）年から永享年間にかけて急激に塩浜や塩屋屋敷などを集積する大塩屋龍満大夫や、永享年間から同様な集積をおこなう大塩屋東殿の存在であった。大塩屋龍満大夫は領主荒木田五郎女の舎弟で（『日本塩業大系』所収「太田文書」の五〇号。以下同じ）、彼らの父親荒木田重行は応永五（一三九八）年には、すでに大塩屋御園の住人であった（三一号）。彼らは内宮禰宜家荒木田氏の一族であることが解り、太田家古文書の最古の史料である、正応二（一二八九）年の「領家某塩浜売券」に「御塩所司河奈志末春」が見えるように、御塩所司がおかれていたから、太神宮に塩を調進する御塩取役人の系譜を引くと思われるが、製塩業者として、また商人としての活動を専らにしていったものと思われる。この大塩屋龍満大夫が大塩屋東殿と同族であり、大塩屋東殿の子息が後の太田東殿（太田善太郎重隆・のちに太郎左衛門といった）で、龍熊殿という大夫名をもつ御師的存在でもあることは、永正九（一五一二）年の「蔵主某売券案」に記されている。(4)

このような事実から、御塩取役人の系譜をもち、十五世紀中葉に急激な塩浜・塩屋屋敷・田畠等を集積する大塩屋龍満大夫や大塩屋東殿（権禰宜荒木田重員）を一族とするために、大塩屋東家、すなわち、後の大湊太田東家は、このように豊富な製塩業関係の古文書を所蔵することになったと考えられる。それでは、太田家古文書は単純に製塩業を営んだ中世からの一名家の史料であるのかというと、問題はそう単純ではない。

太田家古文書には、十五世紀前葉に、「大塩屋惣里老分」「当郷老分」衆六人を代表とする「当郷村人中」が、「惣里一同」「談合」して沙汰をおこなうという自治的な惣結合が成立していた事実を示す「大塩屋惣里老分衆屋敷配分状」が、一二通存在しているほか、永享四（一四三二）年には、惣領主山田（荒木田）木下慶一大夫尚重が所領検断職を、「十人内大塩屋善光」「十人内荒木田重員」「十人内荒木田重富」に、それぞれ一貫五百文で売却しているのがみられる（九一・九二・九三号）。

つぎに掲げるのは、「大塩屋惣里老分衆屋敷配分状」一二通のうちの一通である（『日本塩業大系』本の八八号と、ほぼ同一。『太田家古文書目録』一四六）。

（端裏書）「ひかしとの、やしきのもん所」

定　永財配分渡屋敷事

合壱処者　在所大塩屋惣里之内

四至　限東勘解由殿屋敷　限南世古　但世古七尺可為付北仮屋々敷
　　　限西和泉殿屋敷　限北世古之在一処

右件屋敷者、自山田高柳久阿之御手、当郷村人中買得相伝而、各所令配分也、但於本文書者、依為一紙、付時之老分、預置于沙弥善光、書抜案文、相副老分評議之加判、所渡進于権禰宜荒木田重員也、雖至末代、進退領掌更ゝ不可有他妨、若不慮之煩出来者、惣里一同令談合、可止其沙汰者也、仍為後代配分之状、如件

永享二年壬子八月廿七日　　四郎大夫（花押）
六郎大夫（花押）
当郷老分　　権禰宜荒木田重富（花押）
権禰宜荒木田重朝（花押）
権禰宜荒木田実喜（花押）
沙弥善光（花押）

この文書は、権禰宜荒木田重員への惣里老分屋敷配分状であるが、端裏書に「ひかしとの、やしきのもん所（文書の意）」とあり、大塩屋東殿が権禰宜荒木田重員であることや、荒木田重富・重朝・実喜らが権禰宜であることが、明らかである。また、前述の惣領主山田（荒木田）木下慶一大夫尚重から所領検断職を買得した大塩屋善光と荒木田重富は、大塩屋惣里老分衆六人のなかに名前が見えている。そして荒木田重員（大塩屋東殿）を加えた三人は、「十人之内」とあるから、大塩屋惣里老分衆は一〇人であったと結論して間違いない。永享九（一四三七）年にも、大塩屋預所職が興光（と興晴）から大塩屋の人々の御中に一〇貫文で売られている（一一一号）。これによると、この時の正文は善光の所にあり、案文が一一枚作成されたが、太田家古文書のものはその内の一枚で、端裏書に「たう里のきんしゅしきのかいけん、ひかしとの、ふん」と書かれている。これによって、大塩屋惣里老分衆一〇人のなかに、大塩屋東殿（権禰宜荒木田重員）がふくまれていることも明らかになった。

太田家古文書を仔細に検討していくと、前述の「大塩屋惣里老分衆屋敷配分状」などは、惣里として発行した文書だと思われる。これは、領主久阿からこの直前に「大塩屋之村人中」が四五貫文で買得した屋敷を、一二人の村人にそれぞれ配分しているものであり、「領主（山田高柳）久阿屋敷売券案」（七八号）も合計五通所持している。これらのことから、大塩屋東殿（権禰宜荒木田重員）が惣里の運営に中心的な働きをしていたことが解る。

このように、太田家が大塩屋惣里老分として、惣里関係の公文書を多く持つために、製塩業についても、このように多くの文書を伝えることになったと考えられるのである。この場合、注意しなければならないのは、惣里老分衆が荒木田氏系の人物で構成されていることである。それでは、大塩屋惣里老分衆一〇人のうち、ここに見えない残りの三人はどのような人物であったのか。注目されるのは、これより早い嘉慶三（一三八九）年に、高向郷内塩屋御園が惣領主権禰宜度会神主某から、馬瀬左衛門尉知親に百貫文で売られている事実があることである（一三三号）。馬瀬氏は、箕曲郷内の馬瀬村（現伊勢市馬瀬町、馬瀬御園ともみえる）を根拠地にしていたと思われる。大塩屋惣里老分衆の自治が成立するまでの所職の移動を検討してみると、この時度会氏から馬瀬氏へ売却された所領が、後の領主永阿、ついで久阿らの所領にあたると思われる(5)。

永享八（一四三六）年になると、山田高柳馬瀬屋新左衛門殿の後室が、箕曲郷大塩屋御園内字北浜の塩浜一処を、一貫五百文で馬瀬辻兵衛太郎殿に売却しているが（一〇八号）、おそらくこの馬瀬屋は馬瀬氏の一族であり、前述の馬瀬左衛門尉知親と新左衛門は親子か、少なくとも一族であると考えてよいだろう。この史料は馬瀬屋（新左衛門殿）の死去にともない、その未亡人が相続した財産を処分したものである。しかし、この塩浜は享徳四（一四五五）年には、大塩屋東殿に渡っている（一四四号）。

のちの戦国時代の大湊で、馬瀬氏は会合衆の重要なメンバーを占めている。これは従来注目されたことがないが、太田家古文書にふくまれる馬瀬氏関係の史料（売券類）には、馬瀬氏が度会氏を称したことと、馬瀬氏のなかで、「馬瀬西殿」「ませの西殿」とも呼ばれる人物がいたことが解る（一一九・一五一号）。この事実については、大塩屋東殿・太田東殿に対する呼称が、馬瀬西殿ではないかと考えられる。大塩屋惣里は度会郡箕曲郷と高向郷の地域から構成されていたが、大塩屋惣里老分衆一〇人のうち、すでに見た荒木田氏を中心とする七人以外に、度会氏系の馬瀬氏を含んだ三人を想定することができよう。

ここに見えるこのような大塩屋惣里老分衆一〇人を中心にした自治組織の成立は、これまで大塩屋御園を支配してきた伊勢太神宮の禰宜・権禰宜層から成る領家・預所（給主）職による支配体制が崩れさったことを意味しており、いわゆる荘園体制が崩壊した事実をしめしている。しかし、この惣里老分衆一〇人の一人大塩屋東殿は、長禄四（一四六〇）年に坂一臈大夫から大塩屋領給主六分一を直銭三〇貫文で買得している（一六五号）。このことからも解るように、一般的な領家・預所職に相当する給主職は名称としても残っており、大塩屋惣里老分衆六人が、この給主職六分一をそれぞれ買得した可能性も考えられる。禰宜・権禰宜層の領主的な所領としての大塩屋御園の支配体制が崩壊したことは、他の地域におけるような下剋上的な勢力交替を必ずしも意味しないのである。しかし大塩屋龍満大夫と、その同族である大塩屋東殿による急激な塩浜・塩屋屋敷・田畠などの集積は、その圧倒的な経済力の存在を示唆しているし、太神宮の支配体制の本質を変貌させていく可能性をはらんでいたと思われる。

大塩屋御園と大湊は、明応七（一四九八）年八月二五日の大地震による津波のため、破壊的な打撃をうけ、製塩業も壊滅的な被害をこうむった。幸い文書自体は喪失・破壊をまぬがれたため、現在にまで伝来しているのであるが、これ以後の太田家古文書には、製塩業関係の史料は皆無となり、おもに地主的な存在形態や金融業的な存在形態をうかがわせる内容の売券や譲状等が多くなってくる。文書の内容から見るかぎり、太田家は製塩業から撤退したものと考えざるをえない。これは太田家のみならず、大塩屋惣里全体にいえることであり、大塩屋郷という地名も時には出現するが、十六世紀以後、かつての大塩屋惣里老分衆が自治的に支配した地域は、大湊老分・若分（大湊老若中）による自治組織である大湊会合を中心として再編成されていく。

この大湊老分衆のトップを占めたのが、やはり太田家であった。江戸時代の大湊は、行政的には大湊郷とされ、山田会合に管轄されたが、中世には、宇治六郷からなる宇治会合・山田一二郷から成る山田三方会合に対応する大湊会合を形成し、浜七郷という連合惣における盟主的な位置を占めていた。浜七郷は近世においては、大湊・今一色・一色通・神社・馬瀬・黒瀬・下野をさすといわれるが、享和四（一八〇四）年の太田八太夫重満による「大湊領元田由来記」には、大湊・大塩屋・浜五郷を合わせて七郷と呼び、大塩屋大明神を祀り、志宝屋社（塩屋社）の遷宮の際には、用材を割付けられていたとある。ところが、明応七（一四九八）年の地震津波洪水による大災害のため、塩屋村家員百八十軒余のうち、内宮権禰宜荒木田姓に属する御塩取役人百軒余が一時に大海に押し流され、塩浜・田畑も一面の荒野となってしまった。わずかに東の方中沢辺りに居住していた四五人が命ばかり助かったが、神宮に調進する御塩は途絶してしまい、仕方なく大湊に引越したと述べられている。

すでに第四章で明らかにしたように、大塩屋御園と大湊は度会郡の高向郷・箕曲郷にわたる地域に位置していた。具体的な地名を挙げると、度会郡高向郷（現度会郡御薗村高向を中心に、長屋・上条・小林の宮川下流右岸一帯の地域に比定される）の一部と、箕曲郷の故地（現伊勢市吹上・河崎・船江・馬瀬町、現御薗村大中島などの勢田川中下流域左岸一帯）の馬瀬町近辺をふくみ、主として現在の伊勢市大湊町の地域に存在していた。大塩屋村の消滅にともない、大塩屋村の故地は大湊を中心として再生していったと思われる。

このようにして、大塩屋惣里老分衆であった大塩屋東殿は、大湊会合老分衆の太田東殿に変貌を遂げた。かつて太田家古文書にふくまれていて、現在は原本から失われている文書四点のうち二点は、永禄一二（一五六九）年九月吉日の「北畠具教参宮入途等日記」（一九三号）と、天正元（一五七三）年一〇月吉日の「北畠具教・織田信長道中入途日記」（一九四号）の二冊の日記である。ところが、この二点のうち、後者は、現在大湊古文書（大湊会所文書）に含められている。これは老若の花押を有し、大湊会所文書のなかでは、「老若入用帳」と呼ばれている帳面である。大湊会所文書は大湊の鎮守である日保見山八幡宮を会合所・会所として、中世末から近世を通じて所蔵されてきたものである。上記の二冊は、賜蘆文庫本太田家古文書が影写された時点では、太田家に所蔵されていたのである。したがって、「老若入用帳」が大湊会所文書にふくめられたのは、江戸時代になってからのことだと思われるが、大湊会合において、太田家が有していた指導的な位置が、このような太田家文書から会所文書への所蔵形態の変化を生み出したのである。それゆえ、太田家古文書の伝来を考える場合に、大塩屋惣里の惣有文書と大湊会合の関係文書をふくむという側面に注意しなければならない。この意味で、太田家古文書は大湊会所文書と結びつけて、分析されるべきなのである。

第二節　中世の大湊における太田家

近年、以前から豊田武によって知られていた明徳三（一三九二）年の「武蔵国品河湊船帳」（金沢文庫文書）について、綿貫友子による詳細な内容分析がおこなわれ、それを契機に中世後期、伊勢・熊野商人が廻船によって関東との海上交通と隔地間交易を通じて活躍した事実が、大きくクローズアップされてきた。このような新しい研究動向によって、もっぱら塩業関係史料として知られてきた太田家文書についても、新しい研究視角から分析されることが必要とされている。たとえば明徳三（一三九二）年の品河湊入船帳には、「大塩屋（度会郡御薗村）」「馬漸（伊勢市馬瀬町）」「和泉（度会郡小俣町）」「通（伊勢市通町）」など、大湊（伊勢市大湊町）あるいはその周辺地からの廻船が数多くみられる。なかでも大湊の有力者太田家（泉殿）の持船が多いとされる。この太田泉殿とは、太田家古文書では、応永元（一三九四）年に「大塩屋（和）泉殿」として初めて見える人物であり、三通の塩浜の売券が文書にふくまれている。製塩業者でもあり、太田家の一族であるとして間違いないと思われるが、同時に太田家が早くから廻船業に従事していたことが、実証されたと考える。これによって、太田家古文書が有する塩浜・塩屋屋敷・田畠等の多量の売券がしめす太田家の経済力の源泉が、同家の廻船活動によるのではないかという推論が可能になったのである。

また大湊を基地にした廻船活動について、従来は大湊会所文書によって戦国期から知られてきたが、南北朝時代にさかのぼって考えられる具体的な史料をえたことにより、港湾都市大湊の運営形態についても、再考する必要が生じている。前節で太田家古文書の大塩屋惣里関係文書が、大湊会所文書の前史に位置付けられることを、すでに明らかにした。この問題について太田家の廻船活動と大湊の都市行政のありかたを中心に、検討を加えてみたい。

文明二（一四七〇）年五月、内宮領的屋浦（志摩郡磯辺町的矢）に、山田櫟木（伊勢市一之木）住人善性が雇った大湊助三郎の八〇〇石積船が、関東からの帰路漂着した事件が起こった。(6) ここに見える大湊助三郎とは、廻船業をいとなむ大湊の住人であることが明らかで、太田家古文書によっても、宝徳三（一四五一）年に、湊助三郎として馬瀬御園内に田地を持っていたことが解る人物だが（一三二号）、この漂着船、すなわち難破船の積載物の取り分をめぐって、内宮は折半を要求し、的屋領主伊雑宮惣検校的屋知泰は内宮の取り分を十分の一であるとして対立した。この時の積み荷の価値を、内宮側は数千貫であると評価し、神宮使として内宮政所大夫大中臣氏秀・的屋郷袴了使甲屋太郎二郎を派遣し、強硬に折半を主張したうえ、一七貫二百文を徴収している。この時の難破船は浴布と米とを積んでいたことが解っているが、それ以外の交易品の内容は不明である。

大湊では、応永二八（一四二一）年に荒木田尚満が、大塩屋御園惣領職を長男の荒木田尚重に譲っているが、その惣領職の内容は、「里のけんたん并より船・なかれ物」で、大塩屋御園の内つえつくほども当知行の分を譲渡するとあるところから、荒木田氏が大塩屋御園の検断権と寄船・流物の取得権を握っていたことが解る。この荒木田尚満は、応永二（一三九五）年にみえる「大塩屋領家荒木田神主尚朝并預所興長」の荒木田尚朝の子息であると思われ、大塩屋御園の領家として支配していたと考えられるから、本来は前述の的屋領主的屋知泰と比較されるべき存在である。しかし、領家荒木田尚重は、永享四（一四三二）年には、惣領主山田（荒木田）木下慶一大夫尚重として、所領検断職を大塩屋惣里老分衆十人のうちの三人に売却しているから、領主のもとに「地下老分」が存在する支配形態の的屋郷とは事情が異なり、大塩屋御園は大塩屋惣里として惣里老分衆十人による自治という行政形態になり、固有の領主（領家）は存在しなくなった。このような惣里の自治による水平構成的な行政形態は、その在り方からみて、きわめて都市的な性格をもつものであり、そのメンバーが製塩業だけではなく、関東の品河湊にまで達する廻船業に従事していた事実が明らかになった現在では、むしろ港湾都市大湊の内部構造を、そのまま示すとしてよいのではないかと考える。

それでは、つぎに大塩屋御園ないし大湊における太田家の存在形態について、改めて検討してみたい。問題は大塩屋惣里における太田家の製塩業の在り方の特質である。従来の研究史において、太田家、とくに大塩屋龍満大夫が、膨大な塩浜・塩屋屋敷・田畠等を集積したことが指摘されている。このような事実にみられるところの、太田家の製塩業の特徴とは何であろうか。

当地の製塩業が史料的に確かめられるのは、鎌倉時代に入ってからであるが、鎌倉時代後半にはすでに高度な商業化の傾向が認められる。すなわち、正応二（一二八九）年に「領家某」から「度会郡高向郷長屋御厨内塩屋御園」の塩浜（四反、但しそのうち一反は畠地）が御塩所司に一五貫文で売られていて、以後も塩浜・塩屋屋敷・塩竈等の売買が盛んである。ここでは塩浜に「在家壱宇」が付属しており、百姓名は「字菊沢・末満・為弘」であった。後の貞和六（一三五〇）年には、塩浜で採鹹・煎炒作業をおこなう百姓について、百姓職が売買されていて、製塩業における塩浜・塩屋屋敷・塩竈等の所有権と用益権とが分離していくが、鎌倉時代後期の段階では、この例のように、塩浜には百姓が付属していた。この時代の伊勢大湊地域の製塩における採鹹法は、入浜系塩田に移行する前段階と思われる塩尻法だったが、やがて、古式入浜と呼ばれる採鹹法が出現し、製塩法における進化が成し遂げられていった。太田家文書を駆使した従来の製塩史における諸研究によって、大塩屋御園および大湊地域の室町時代の製塩業が、商業ベースにのる非常に効率のよいものだったことが明らかにされている。当地における塩浜や田畠の売買は非常に流動的であるのだが、その最盛期には、田畠よりも塩浜の売買価が高く、とくに畠地の二倍以上もの価値があったとされている。そのような製塩業の繁栄のなかで、鎌倉時代末期（十四世紀）から、塩浜の地名が史料に出現してくる。なかでももっとも有名なのは、現在の伊勢市大湊町に今でも地字として残っている「鮨桶」である。現在、式外社志宝屋社（塩屋社）に近く水田として残っている鮨桶の地については、室町時代の所有者ごとの塩浜その他の配置まで、明らかにされている[7]。

太田家については、太田家古文書の売券類を整理した第四表を参照されたい。大塩屋和泉殿・大塩屋住荒木田

第四表　太田家集積の物件一覧表

年	人名	年次	塩浜	田地	畠地	屋敷	その他
一三九四〜一三九九	大塩屋和泉殿	応永一（一三九四）〜応永六（一三九九）	三処（二一・五貫文）				
一三九八〜一四〇三	荒木田重行	応永五（一三九八）〜応永一〇（一四〇三）	一処（二〇貫文）				塩浜百姓職（四貫文）
一四〇八〜一四三六	龍満大夫殿	応永一五（一四〇八）〜永享八（一四三六）	六処（三九・五貫文）	一処（五〇〇文）	五処（一三・一貫文）	六処（三四・八貫文）	塩屋二処・四間（二〇貫文）
一四三三〜一四七九	大塩屋東殿	永享五（一四三三）〜文明一一（一四七九）	一五処（一一三・四貫文）	二一処（一七九・二貫文）	六処（二七・三貫文）	七処（三六貫文）	塩浜百姓職（六貫文）・藪一処（七貫文）・大塩屋領給主六分一（三〇貫文）

注　（）内は売買価

重行（龍満大夫の父）・大塩屋龍満大夫殿・大塩屋東殿（権禰宜荒木田重員）といった太田家であることが明確な人物が集積した塩浜・塩屋屋敷・田畠類の概数を一覧したものである。このような物件の集積からうかがえる太田家の存在形態は、その資金力において金融業者である性格を否定しがたく、また単なる製塩業者というだけではなく、製塩業における独占的な大問屋の姿をみせている。すでに明らかにされた廻船業における活躍と併せて、総合的にとらえるならば、問屋業・土倉業をも営んでいたと考えられる。伊勢山田における久保倉（窪倉）や榎倉に匹敵する大商人の姿がうかがわれ、また大夫名をも備えるところから権禰宜・御師の形態をも示している。(8)門前都市と港湾都市というタイプの相違はあっても、太田家を生み出した大湊の都市としての飛躍的な発展を知ることができる。

このような十五世紀前葉における大塩屋御園・大塩屋惣里および大湊の港湾都市化は、伊勢神宮による御厨御園の支配体制と、神船としての廻船の支配体制の原理に、根本的に相容れぬ経済力による支配原理の浸透を示しており、一方では太神宮の支配体制の弛緩や解体という間隙をぬって、政治的・軍事的強制力をもって進出する北畠国司家や守護勢力との軋轢および衝突が待ち構えていた。この間の大湊がどのような政治的諸勢力の軍事的脅威に直面したのかという問題について、詳細な事情をここで記すことはできないが、寛正六（一四六五）年九月に外宮から大塩屋発向の動きがあったことについて、稲本紀昭は、理由は不明であるが、その背後に廻船をめぐる複雑な利害関係の衝突が原因していると推論している。(9)応仁文明の乱をへた後、永正六（一五〇九）年、北畠氏被官愛洲氏が大湊に発向しようとする動きに対して、大湊はこれに屈伏して一〇〇貫文の礼銭を出して無事に切り抜けようとしている。(10)この時、内・外宮はもちろん山田三方、宇治六郷神人が、北畠氏に無事を働きかけているのが知られる。戦国時代の大湊は、伊勢神宮の外港としての位置を保ちながら、北畠氏・北条氏・今川氏・徳川氏・織田氏など諸大名のそれぞれと自由な通商関係をもち、盛んな商業活動を行なっている。個別的にそれぞれの大名の御用商人として活躍する角屋のような廻船商人も出現し、ついには徳川氏との友好関係によって、朱印船貿易を許された国際的貿易商人にまで成長するのである。十六世紀の大湊は公界、ないし湊公界としての自治を通じて繁栄していくが、その自立を維持していくためには、多大の経済力と政治力を必要としたことが理解される。

第三節　太田家古文書からみた大湊会合

第一節で述べたように、太田家古文書は太田家が大湊会合の指導的なメンバーであったために、本来であれば大湊会合所の文書として会所に所蔵されるべき公共的な性格の文書を多く含んでいる。太田家古文書三六二点（現存するもので、本来は三六六点。裏文書である「大湊領元田由来書」を数えると、三六七点）のうち、『日本塩業大系』に収められたのは二〇三点であり、残る一六四点の原文書が活字化されなかった。この一六四点のうち、すでに活字化されたものとほぼ同一内容の中世の案文七通をのぞくと、その数は一五七点であり、享禄四（一五三一）年から文化一一（一八一四）年までの文書になっている。塩業大系本の太田家文書の最終部分である一九三号から二〇三号までの一一点は、永禄一二（一五六九）年以降の文書であるが、中世末から近世における太田家古文書の大多数は、活字化されないままで残されている。これらの文書は、製塩業とは直接関係がないため、省かれたものであるが、太田家古文書を通じて、太田家の全体像を知るためには、これらの文書の検討が必須のものとなる。これらの文書のうち、最も多いのが売渡証文類（約六〇点）であるのは、これまでに見た鎌倉時代から室町時代までの文書の大多数が、売券類であるのと同様だが、その内容から大湊会所文書にふさわしいと思われるものも、四一点存在し、そのなかには帳面も含まれる。それは、文化七（一八一〇）年の「船江町造船之儀ニ付駈合等願書之控」一冊であり、大湊年寄中西家・太田家が、神社村年寄と今一色村年寄と共同で奉行所に、船江町の造船問題について願い出た際の控えである（『太田家古文書目録』の三四二）。この問題は、船江町で荷船を造っているという噂があり、大湊町代が船江町に行って町代に尋ねさせることから、始まっている。船江町が造船をすると、（大湊・神社村・今一色村三郷の）その職の者が、はなはだ差障り難儀することと、船を浦付けする場所で迷惑することから、三月晦日に三郷が寄合して談合をおこない、町代を以て船江町へ駈合いをしたもので、五月五日には御番所樫坂吉左衛門・前田又六から船江町では造船は相成らぬという命令を得ている。

これ以外の四〇点の一通文書も、大湊会合を背景にした公共的な内容のものであるが、これは太田家が大湊会合の中心人物でありつづけたためである。近年、賜蘆文庫文書の大湊年寄所蔵古文書が、『三重県史　資料編近世1』に収められたが、これは太田家古文書が原本であり、これらの文書の性格を明確に言い表していると考える。すでに述べたように、本来は太田家古文書に含まれながら、現在は原本から失われている四点の文書のうち、天正元（一五七三）年一〇月吉日の「北畠具教・織田信長道中入途日記」（一九四号）は、現在は大湊古文書（大湊会所文書）のなかに含められている。大湊古文書も従来から有名であるために、さまざまな名称で呼ばれてきたが、昭和五五年に三重県教育委員会から三重県指定有形文化財に指定された時の名称によれば、「大湊古文書」であり、古文書の伝来・所蔵形態からすれば、「大湊会所文書」と呼ぶのがふさわしいと思われる。約七〇〇点の大湊古文書は、現在は伊勢市大湊町の市役所大湊支所に保存されている。

つぎに中世末から近世における太田家古文書を中心に、その内容を検討していこう。太田家古文書と大湊古文書の内容が極めて類似している事実を示す具体例として、『太田家古文書目録』の二〇四から二一七までの文書が存在する。第五表を参照されたい。これらは太田家古文書では、分類上、一〇の一から二四として整理されている二四点の文書であり、なかには断簡も存在する。『太田家古文書目録』も指摘しているように、これらは詳

第五表　太田家古文書一〇部一覧表

	年月日	文書名	宛先	分類	目録番号
1	年月日未詳	某(鳥屋尾石見守)書状	大湊衆	一〇—一	二〇四
2	(天正元年)十月晦日	鳥屋尾石見守満栄書状	大湊衆	一〇—二	二〇五
3	年未詳霜月十五日	河淳斎金子請取状	ちゃうしん坊	一〇—三	二〇六
4	年月日未詳	与左衛門金子算用状	(乗春)ちゃうしゅん	一〇—四	二〇七
5	(天正元年)十月廿四日	北畠(大河内)家使者中書状案	大湊御会合中	一〇—五	二〇八
6	(天正元年)十月廿日	北畠(大河内)家使者中書状案	大湊御会合衆御中	一〇—六	二〇九
7	慶長七年極月廿六日	大湊衆中定書案		一〇—七	二一〇
8	年未詳四月十一日	昼川清久礼銭金子請取状	大湊御老分中	一〇—八	二一一
9	年月日未詳	鳥屋尾石見守書状	常春	一〇—九	二一二
10	(天正元年)十月十三日	北畠具房奉行人房兼書状	大湊御中	一〇—一〇・一〇—一二	二一三・二一五
11	(元亀四年)九月十一日	房兼・教兼連署北畠家御教書	大湊老分中	一〇—一一	二一四
12	(元亀四年)九月十六日	房兼・教兼連署北畠家御教書	大湊老分御中	一〇—一三	二一六
13	年未詳三月廿一日	村林久長書状	大湊老分御中	一〇—一五	二一八
14	(天正元年)十月十四日	大湊老分書状案	湯浅賀兵衛尉人々御中	一〇—一六	二一九
15	(天正元年)十月十九日	鳥屋尾石見守書状	会合衆御中	一〇—一八・一〇—一七	二二一・二二〇
16	年未詳七月八日	鳥尾屋石見守満栄書状	村林太郎左衛門尉殿・大湊老分衆御中	一〇—一九	二二二
17	年未詳七月九日	大獄清大夫信兼請取状	村林太郎左衛門尉殿・大湊老分御中	一〇—二〇	二二三
18	年月日未詳	某書状案		一〇—二一	二二四
19	(天正元年)十月十四日	房兼・教連署北畠家御教書	大湊御中	一〇—二二・一〇—一四	二二五・二一七
20	天正元年十二月吉日	大湊老若・浜五郷請文案	河面三郎尉殿	一〇—二三	二二六
21	(天正元年)十月廿七日	湯浅賀兵衛尉守盛書状	高部入道殿・太田入道殿人々御中	一〇—二四	二二七

しく内容をみていくと二点が一通につながるものもあり、合計二一通の文書として整理できる。この作業には、賜蘆文庫文書の大湊年寄所蔵古文書（太田家古文書の写本）が直接参考になる。これらは、すべて大湊老分としての太田家の存在形態を示す、大湊会合としての公共的な内容の史料である。たとえば、慶長七（一六〇二）年極月二六日の「大湊衆中定書案」（太田家古文書目録二一〇、以下とくに断らないかぎり同じ）は、つぎのようである。

「大湊衆中定書案」

定法度

一　壱貫六百文　会所分
一　弐百文　かたかみ
一　百文　両奉行中間
一　弐百文　十二人中間
一　八升　三ケ寺へ

右如此也、さつしやう(雑掌)まへ〳〵(前々)ことく、二汁・二菜・酒二へん、如件

慶長七年《みつのえとら》極月廿六日　　衆中

これは、大湊会合としての諸種の経費を定めたものであり、すでに天正一一（一五八三）年には、「大湊老若中定書案」として、同種のものが「衆議」によって定められているのが見受けられる（二四六）。

このような大湊会合が必要とする経費は、基本的には大湊に入港する船に賦課された舟迎銭（入港税）からの収入によって賄われ、船一艘につき百文または、米九升を徴収するうちの二割分が大湊老若の収入とされた。大湊公界の運営上、金銭の出納は必要欠くべからざるものであるが、「与左衛門金子算用状」は、五貫文のびた銭

を受け取ったことを記し、細かな経費の項目を書き留めている（二〇七）。これは、「北畠具教・織田信長道中入途等日記」、すなわち、「老若入用帳」にみえるような帳面と組み合わせて理解するべき史料である。なお金銭の出納にあたっては、びた銭を扱うことも多く、年月日未詳だが、河淳斎は金（小判）とびた銭との金子請取状を出している（二〇六）。太田家の金融業者としての存在形態は、このように金銭の出納をあずかる会合の機能にふさわしいものであった。

つぎに、年号を欠くが、関連史料から元亀四（一五七三）年のものと解る「房兼・教兼連署北畠家御教書」二通が大湊老分中に出されている（二一四・二一六）。これも太田家が大湊老分である事実を前提にしないと、なぜ太田家に所蔵されているのかが理解できない。内容は、同年五月に山田三方年寄の福島末尊が、「福島被官悪党共」のことに関わって、北畠国司家から成敗された事件について、彼の預物を改めることなどについて、厳重な処置を命じたものである。

残る文書はすべて、天正元（一五七三）年九月から始まった織田信長の長島攻めに関連するものである。長島の一向一揆を攻撃するために、信長次男で伊勢国司（本所）北畠具房の養子北畠具豊は、桑名まで船を出すように、九月二〇日に大湊中へ命じている。この時大湊会合は、どのように対処したのか。大湊古文書を参照しながら、事態の進展を検討していくと、出船には応じたが、一〇月一四日には、要害船二艘が楠浦に残っているものの、船頭共が悉く帰ってしまってどうしようもないため、明日必ず早船を楠浦まで到着させることと、桑名表へ二艘を出船させることを、「北畠家奉行人連署状」（二二五）は命じている。同日のものと思われる「大湊老分書状案」（二一九）は、御渡海船の件について、船頭方は十日間の賃金で整えたところ、一艘は日限を過ぎてしまったため、帰ってきてしまったと説明している。このような大湊会合の対処の仕方には、織田政権ならびに北畠国司家にけっして従順ではない公界者としての自由で経済合理主義的な独特の論理が認められ、伊勢神宮の権威もあるためか、北畠家の富永政所兼執事である鳥屋尾石見守満栄は、一〇月一九日に、「日夜御会合無御粗略之通ニテ存知候」と、当時の大湊会合が、この事態に対処するために日夜会合を開いて、粗略なことが無いようにとしているのは存じているが、と丁重な調子ではあるものの、信長の勢威をちらつかせながら、今夜中に準備して、明日にも別の船を出すようにと命じている（二二一・二二〇）。同年一〇月一五日の「出銭船数覚帳」は、一五・一六・一七日の出船を記録したものである（大湊古文書）。

つぎに大湊会合と周辺の自治組織との関係を示す文書を見てみよう。上述の一〇類では、天正元（一五七三）年一二月吉日の「大湊老若・浜五郷連署請文案」（二二六）がそれで、大湊老若・浜五郷が殿様（北畠氏）に船一艘を請け負った時のもので、大湊公界と浜五郷との連帯関係を示している。

他の部類では、やはり天正頃と思われる一〇月一五日の「大湊老分中宛五郷老分中書状案」（三二四）がある。これは大湊からの折紙への返事で、多気様（北畠家）の催促による費用調達のため、今日会合をすることを知らせ、委細は面談で申上げると、丁重に答えている。同じく、この時のものと思われる一一月一六日の「大湊老分中宛五郷老分中書状案」は桑名の陣について、駄別衆賦課の問題を述べている（三二六）。これらの文書からみて、大湊を含めた浜七郷の連合惣組織は、浜五郷としての一つのまとまりをもっており、五郷老分が大湊老分に諸問題について申し入れる体制となっていたことが解る。

「みなと乗春」という人物に宛てたところから、同時期と思われる「下野・小木村中連署書状案」（三二七）は、堤殿・山田大路殿人数が領内を徘徊している事件についてのものであり、浜五郷の構成メンバーとされる下野村が小木村と共同して大湊に折紙を廻している珍しい史料である。下野村は前述の出船の際、桑名表へ召集された二艘の船のうち、一艘を九鬼方に預け、もう一艘を下野方に預けるようにと、鳥屋尾満栄が大湊衆に命じているから（二〇五の鳥屋尾満栄書状）、浜五郷の中でもとくに廻船の基地として、特別な位置にあったものらしい。そう考えると、信州松本を出自とする角屋が、下野村を基地にして、朝熊山の薪木を商品に廻船業者として台頭したといわれることなどが想起される。

以上の地域以外に、河崎は船と金融業者の存在によって注意され、馬瀬郷宿老と大湊老分との密接な絆も印象的である（三二五の馬瀬弥介宛大湊老分中書状）。河崎は大湊からの船徴発の際に、「其方（大湊）へ罷帰候舟并河崎舟一艘致覚悟追々可致渡海事」と、共に出船を促されているし（二一五の北畠家奉行人連署状）、大湊から多気殿（北畠家）へ渡す金子について、鳥屋尾石見守満元は、大湊老分衆・村林太郎左衛門尉あてに、河崎まで高向の与四郎を案内者として大獄清大夫信兼方に向かい、直接渡すように命じているが（二一二）、この金子を計量したのは、川崎孫六であり、御用金についてその都度受け取りが出されたことも解るのである（二一三の大獄清大夫信兼請取状）。

また河崎と並んで、大湊に入港する船舶が勢田川を遡って山田入りする航路上重要な船江の船方は、長島攻めの際に、書状を大湊に発し、多気様の船の儀については、重ねて仰せ付けられ、此方にも仰せ付けられたが、此方は廻船は地下中として持っていないと弁明している（三二八の船江船方中書状案）。前述した江戸時代における船江町の造船問題をめぐる大湊・神社村・今一色村との争論の経過からみても、廻船を船江が持っていないというのも納得される事実であり[11]、廻船を通じた大湊との密接な結びつきと、「大湊御老分中人々御中　参」という宛先にみられるような、身分階層的な違いが印象的な折紙である。

第四節　中世末から近世の太田家

明応八（一四九九）年の地震以後の大湊および大塩屋においては、製塩業が衰退してしまったことは、すでに述べたところである。太田家古文書においても製塩業関係の史料は皆無となる。かわって文書に出現するのは田畠・屋敷等の売渡証文類であり、太田家は地主としての明確な姿を見せている。地震以前に太田家が所有していた塩浜等は田畠等になったものが多い。つぎにあげるのは、塩浜が田地に変化した実例である。

「太田新八重就置文」（二五二）

定　大塩屋北之浜ひさこ松田之証文　在所ハ西ノ堤之内田数

四至　限東ハ北二郎兵衛殿田、昔ノ本文書ニハ三郎大夫浜と有
限南奥大夫田ヲ是も本文書ニハ狐塚ト有
限西ハ地類也　限北ハ太田殿ヨリ給候枩山

右之下地者大塩屋禰宜殿ヨリ直銭八貫文買被申候浜也

我等代田地ニ罷成候間、如此書置候、本文書雖在之、為後代如件

天正十二巳年　八月吉日　　太田新八重就（花押）

この天正一二（一五八四）年の「太田新八重就置文」に見える大塩屋北之浜ひさこ松田は、元は嘉吉二（一四四二）年の「大塩屋禰宜某塩浜売券」（四二、塩業大系本一二一号）において、大塩屋禰宜某が大塩屋東殿に八貫文で売却した大塩屋御園内字北浜の塩浜一処であった。太田重就は自分の代に田地になったと記している。このような塩浜が田畠等に開発される例は多くみられたと思われるが、新田開発にともなうトラブルもそれなりに存在したようである。太田重就が残している二通の申状は、この塩浜の新田開発にともなう馬瀬民部との争いについてのものである（二〇〇・二〇一、塩一九七・一九八号）。それによると、百姓共が田にしたいと申し出たため、堤を築き、もとは浜だったのを田地化したことが解る。天正一一（一五八三）年の「太田梶衛門宛太田重正・重道連署借用状」も、「大塩屋ひしやこ松」の田一八所とその百姓一八人の名を記しており、前述の大塩屋北の浜

ひさこ松田と同じものであろう（一五四、塩一九六号）。この文書の宛所になっている太田梶衛門については、文禄三（一五九四）年の「地主内宮神主太田梶右衛門湊領田地書出案」が残っている（二六一）。いずれも小作や百姓を付記したもので、在所は湊領田とは言いながら、馬瀬や下野領も含んでいる。彼が内宮神主で地主として存在したことが明らかである。一方、前述の太田重就は、同年置文を記し、今度の煩で自分があい果てたら、吉正（吉政）を我等の子にして跡職を与え、家を継がせることを一族の者（一〇人とその外中間共）に言い置いているが、これは養子吉正を跡継ぎに定めると共に、その母（重就の妻）が一期のうちは後見することと、衆中が意見して家が後々まで続くように頼んだものである（二五七）。

室町時代から大塩屋御園内で塩浜の所在地として知られた鮨桶は、長禄二（一四五八）年には田地として売買されている（一一三の湊中太夫田地売券、塩一五八号）。この田地は、西の境界で大刀帯浜田という塩田と隣接していたが、つぎに見る文禄五（一五九六）年頃には、すべて田地か畠地になったものと思われる。

「太田東某契約状」（二五六）

はし書なし

弥七使にて、すし桶のおこし、さるの年より、五年過候ハヽ、所当六斗宛、十年納可申候、十年過候て、畠よく候ハヽ、所当あけ可申候、弥七あるあひた百姓かへ申ましく候、仍如件

文禄五さる年三月吉日　　太田東（花押）

百姓甚七郎　　五郎三郎

これによれば、この田地の所当は六斗代で、地形的条件から見て、かなりの良田であったと思われる。文禄三（一五九四）年の七月上旬から九月上旬まで、伊勢国では太閤検地が行なわれている。伊勢一国規模で秀吉の知行割り・知行宛行いが行なわれたのが、九月二一日であるが、宮川より内は伊勢神宮の敷地として、一一月一六

日に、伊勢宇治・山田・大湊惣中に検地免除の「豊臣秀吉朱印状」が出され、宮川より内の山林・竹木・屋敷・田畠等の先規どおりの沙汰が認められている。したがって、ここの所当六斗代は、従来通りの神宮への年貢分である。後の寛文四（一六六四）年には、太田次郎左衛門尉の田地に隣接した大湊すしおき田畠が、柴谷九郎兵衛から金小判拾両壱分で、角屋七郎二郎に売られている（三〇三）。おそらくは、この太田東家の田地に隣あった田畠であろう。

土地問題についての争論や売買に関して注目されるのは、寛永一三（一六三六）年に、大湊大塩屋領のうち須崎荒地をめぐって、太田八大夫と高松源左衛門殿内半衛門との境界争い問題が生じた際、為替羽書が使用されていることである（二六三）。この羽書とは日本最古の紙幣であり、山田を中心に伊勢地方で発行されたが、大湊でも売買に使用されたことを示す貴重な史料である。この「大湊年寄中内済状」には、井坂源兵衛・高木久衛門・中西太郎兵衛の三人が連署し、「年寄中」としての花押をすえている。このような訴訟問題は、自治体としての大湊会合が処理するべき問題であったからだが、太田家は当事者であったから、ここでは年寄としての名前を見せていない。

承応四（一六五五）年には、やはり太田八大夫殿宛てに、向浜荒地についての境界を定める契約証文が年寄中から出されているが、年寄中としての花押とともに、六人の大湊年寄が連署している。そのメンバーは、太田与十郎・馬瀬五郎右衛門・井坂源兵衛・中西大郎兵衛・高木孫七郎・角屋七郎左衛門（忠直）であった。太田八大夫は数年間所務を行なっていたと述べているから、過去に年寄を勤めていたのである。ここに見える太田家・馬瀬家・角屋家が、中世以来の大湊公界の老分衆を勤めてきた廻船衆・問屋衆であることは、言うまでもない。江戸時代になっても、大湊会合年寄中の自治支配体制は、変わる事無く脈々と受継がれていった。その自治支配体制の詳細な実情については、膨大な大湊会所文書の分析に、問題を委ねばならない。

おわりに

従来は写本によってしか分析されえなかった太田家文書について、直接原本に基づいて、その全体像をあきらかにし、とくに中世末から近世における太田家について究明することが、ここでの第一の課題であった。太田家古文書を検討した結果、これまで製塩業研究の史料として、おもに分析されてきた太田家文書について、ここでは、大塩屋御薗における大塩屋惣里老分衆としての時代から、明応七年八月の大地震による津波を経過した後の、大湊会合・公界における会合衆老分としての時代まで、連続して全体的な考察を行なうことができた。それとともに、会合・公界文書としての一面をもつ、太田家古文書の内容について、都市行政にかかわる様々な事実をあきらかにすることができたと考える。

太田家の存在形態については、中世以来の伊勢神宮の権禰宜・神官の系譜を引き、廻船業・製塩業を営む大商人で、御師としての姿もみせる都市商人であったが、大湊における製塩業の衰退後は、廻船衆・地主としての性格が濃厚になってくることを実証した。港湾都市大湊の全貌については、すでに第四章で詳細な分析を加えたところであるが、太田家古文書を通じてうかがえる太田家の存在形態こそ、中世から近世にいたる港湾都市大湊の都市行政を左右するほどの影響力をもった、代表的な会合衆の姿だと思われるのである。

註

（1）阿部猛「中世塩業史に関する一考察——伊勢国度会郡大塩屋御薗——」（『日本歴史』第五四号）、近藤義郎・渡辺則文「製塩技術とその時代的特質」（『日本の考古学Ⅵ・歴史時代上』一九六七年）、恒次勉・広山堯道「中世伊

勢における製塩法の進化についての試論」(『日本塩業の研究』第一三集、一九七二年)、児玉洋一「序説・第二章中世に於ける塩の考察、第二部　塩田進化の構造的特質――とくに中世伊勢の塩浜についてみる場合――第一節～第七節」(『近世塩田の成立』日本学術振興会、一九六〇年)、岡光夫「中世の製塩業――伊勢における製塩業――」(『図説　日本文化の歴史5・鎌倉』一九七九年)、豊田武『中世日本商業史の研究』第三章「大名領国の形成と商品流通」(岩波書店、一九四四年。同著作集第二巻『中世日本の商業』所収、吉川弘文館、一九八二年)。なお他に、中世の製塩業に触れた論文で、太田家文書を引用したものが瞥見されるが、ここでは省略した。

(2) 中田四朗「室町末期の大湊――大湊会所文書を中心として――」(『地方史研究』第六二・六三合併号、一九六三年)、小島広次「伊勢大湊と織田政権」(『日本歴史』第三七二号、一九七九年)

(3) 綿貫友子「「武蔵国品河湊船帳」をめぐって――中世関東における隔地間取引の一側面――」(『史艸』第三〇号、一九八九年)、「中世後期東国における流通の展開と地域社会」(『歴史学研究』第六六四号、一九九四年)、峰岸純夫「中世東国の水運について」(『国史学』第一四一号、一九九〇年)、永原慶二「熊野・伊勢商人と中世の東国」(小川信先生古希記念論集『日本中世政治社会の研究』一九九一年)、稲本紀昭「三　伊勢・志摩の交通と交易」(海と列島文化8『伊勢と熊野の海』小学館、一九九二年)

(4) それによると、蔵主某は昔ほうごんあん(宝厳庵か)と言った出家で、龍満大夫殿の子息である。彼は甥太田善太郎重隆(龍熊殿・のちには太郎左衛門といった八大夫ひおうじ)を譲り所としていた。太田東殿充てのこの史料によって、太田東殿が太田善太郎重隆(龍熊殿)である事実が解る。大塩屋東殿が太田東殿の父であることについては、状況証拠しかないが、大塩屋龍満大夫――大塩屋東殿――太田東殿という一族の系譜が考えられ、蔵主某は大塩屋東殿の兄弟ということになろう。なお大塩屋東殿の実名は、権禰宜荒木田重員である。塩業大系本には収載されていない、永享四年八月二七日の大塩屋惣里老分衆等連署屋敷配分状(太田家古文書目録一四六)が、「ひかしとのゝやしきのもん所」という端裏書をもつが、これは権禰宜荒木田重員に渡されたものである。また当郷老分荒木田重富・荒木田重朝・荒木田実喜が権禰宜である事実も確かめられる。なお、「太田家古文書」のうち、三〇九点が、『三重県史　資料編　中世1(下)』に収められた(三重県、一九九九年)。これによると、永享四(一四三二)年一二月一五日の「木下尚重所領検断職売券」(五〇頁、『太田家古文書目録』六二、『塩業大系』九二号)の端裏書に異筆で「此東殿ハ龍満大夫重員也」とあり、大塩屋龍満大夫＝大塩屋東殿（荒木田重員）であるかのようだが、第四表の年次によって、両者は別人だと考える。

（5）惣領主山田木下慶一大夫（荒木田）尚重と高柳久阿・嫡子左衛門太郎友続から、応永二九（一四二二）年より永享四（一四三二）年にかけて、屋敷・塩浜・田畠・塩屋が売却されているが、その価格の合計が九六・五貫文である。これに所領検断職の売価を加えると一〇一貫文で、ほぼ百貫文である。

（6）「内宮引付」（『大日本史料　八・四』八三〇―八三一頁）

（7）註（1）の研究論文のうち、とくに恒次勉・広山堯道「中世伊勢における製塩法の進化についての試論」参照。

（8）伊勢神宮における御師の存在形態については、西山克『道者と地下人――中世末期の伊勢――』吉川弘文館、一九八七年、本書第六章参照。

（9）註（3）の「伊勢・志摩の交通と交易」参照。

（10）荒木田守晨「内宮引付」

（11）文化七（一八一〇）年の「船江町造船之儀ニ付駈合等願書之控」（太田家古文書目録の三四二）参照。

第六章　戦国期における伊勢御師の活動——橋村氏を中心に——

はじめに

ここで扱う伊勢御師については、すでに長い学説史が存在している。御師とは、御祈師・御祈禱師の略称で、特定の信者と師檀関係を結んで祈禱をおこない、米銭などの寄進を得た神官あるいは社僧のことを呼ぶ。伊勢では、「おし」ではなく、「おんし」と呼ばれ、檀那が伊勢神宮に参詣する際には、奉幣・祈禱・宿泊などすべての世話をおこなった。このような御師としては、熊野御師の活動が伊勢より早く展開されたために、よく知られているが、ほかにも例は多い。もともと伊勢神宮では私幣禁断とされ、一般のものが直接神宮に幣物を供えることは禁じられていたが、鎌倉時代になると、そのような事情は変わってくる。とくに中世後期に入ると、次第に御師が恒常的な師檀関係を組織して、檀那に巻数・護符・大麻・牛王紙などを配布し、御初穂料などの名目で寄進をうけるという活動が盛んになってくる。いわゆる伊勢信仰なるものも、このような伊勢御師の全国的な活動によって広まっていった要素が大きいといえるのである。

たとえば、鎌倉幕府と伊勢神宮との関係について述べるならば、源平争乱のさなか、治承五（一一八一）年一〇月二〇日に、(伊勢)太神宮権禰宜度会光倫が相鹿二郎大夫と号して、源頼朝に対面している。光倫が鎌倉に下ったのは、頼朝のために祈禱するのが目的だったが、『吾妻鏡』によると、光倫は、平家の依頼によって、東国平定の祈願のため、金の鎧が神宮に奉納されたが、度々怪異があったと、頼朝が平家に勝利する予徴について述べており、頼朝は伊勢神宮への特別な渇仰の思いを語り、所願成就の際に必ず新御厨を寄進すると約束している。この光倫は、「元徳奏進度会系図」に見える人物であり、父は生光で、子が生倫である。祖父行光の代から権禰宜で、祖父の兄が永暦元(一一六〇)年に七四才で亡くなった二禰宜度会常行という一族である。翌養和二年正月二八日、鎌倉から太神宮に神馬一〇頭と砂金等を奉納することになったが、これを預かったのが、生倫神主(度会光倫の子息)であった[1]。二月八日に鎌倉の営中において、頼朝の伊勢神宮への願文を衣冠を着して受け取った生倫は、伊勢に進発したが、中四郎維重が相副い、同じく長江太郎義景が神宝奉行として、これに同行したという。ちなみに、中四郎維重は、大中臣頼隆の子息で、親子共に頼朝が挙兵した時から参加しており、大中臣頼隆は太神宮祀官の後胤であった。長江義景は、大庭御厨の寄進者である鎌倉景正の子孫だということで、選ばれたものであったという。

この度会光倫の一族は、度会郡箕曲郷河辺村(伊勢市の勢田川中流左岸域か)に本拠地をもっていたらしく、寿永元(一一八二)年一二月一九日に、「故相可大夫口入神領(口)入料・所当物等」が譲られている[2]。頼朝は寿永三年に安房国東条御厨(現千葉県鴨川市から安房郡天津小湊の付近)を太神宮に寄進したとき、光倫に御厨を付けた。すなわち、建久三(一一九二)年の「伊勢大神宮神領注文[3]」に、東条御厨に「給主外宮権神主光倫」とあるように、口入神主職を与えた。武蔵国七坂御厨(現埼玉県大里郡大里村恩田付近)や伊豆国蒲屋御厨(現静岡県下田市付近)も同様だったが、この口入料・所当物等は、世襲的に相続されるものでもあった。ほかに頼朝の御師を勤めた者には、外宮禰宜為保(為康)や、武蔵国大河土御厨(現埼玉県北葛飾郡松伏町付近)の給主となった外宮権禰宜光親があり、内宮権禰宜長重も鎌倉に参向している。

このような御師の活動は、中世後期になると一層拡大していった。御師と師檀関係を結ぶ檀那の階層も、従来の皇室・公家・武家は言うまでもなく、一般庶民にまで増大していった。室町時代になると、檀那のことを道者と呼ぶようになり、御師と道者との師檀関係が、一種の権益となり、道者株が御師のあいだで売買されるまでに至った。江戸時代になると、全国津々浦々から参詣者が伊勢神宮への道を往来し、時には、お蔭参りや抜け参りの大群衆が伊勢に殺到するという参宮の最盛期を迎える。そのような伊勢参りの隆盛を招いた背景には、江戸時代の閉塞した一般庶民の生活状況といった歴史的な要因があったことは勿論だが、じつは伊勢御師が参詣客を全国的に組織化しえたという事情が大きいのである。戦国時代末には、外宮だけで一四五家の御師がいたというが、おもに室町時代から彼らの各地における活動の詳細が明らかになってくる。ここで取り上げる山田の橋村家文書も、その頃から始まっている。

第一節　御師橋村氏の師檀関係

御師橋村家は、外宮権禰宜で、山田三方年寄であったとされる。すなわち、伊勢神宮の門前町として形成された宇治・山田（現在の三重県伊勢市の旧市街地域、それぞれ内宮と外宮の門前を中核とした地域）のうち、豊受大神宮たる外宮の門前に位置する山田の行政組織であった三方会合の年寄を代々勤めてきた三方家に属する名家であった。その根拠地は、かつての上中之郷（現・伊勢市常盤町）で、中世から筋向橋に近い地域であった。橋村氏の御師としての活動は、「橋村大夫」「橋村八郎大夫」「橋村右近大夫」といった御祓銘によって知られるものであったが、(4) その活動の出発点については、これまで充分に明らかにされてきたとは言えない。

従来は、享禄五（一五三二）年の「中国九州御祓賦帳」（天理大学所蔵）によって、橋村大夫が石見・周防・長門・豊前・筑前・日向・肥前・豊後に師檀関係をもち、実際にお祓（御神札）や、おみやげ（帯・扇・熨斗鮑・小刀など）を檀家に届け、檀家はこれに対して、それぞれ御初穂料という名目で金銭を差し出しているのが知られていた。一般民衆との師檀関係だけではなく、戦国大名との間にも師檀関係をもっており、中国地方の吉川氏をはじめ、九州地方では肥前の龍造寺氏、龍造寺氏が滅亡した後は、鍋島氏との間に師檀関係を結んでいる。このため、橋村氏の縄張り（檀家の所在地域）は、中国・九州方面にあったと考えられてきたのである。(5) しかし、それは橋村氏の活動の半面に過ぎないことが、最近あきらかになった。天理大学所蔵の橋村家文書のうち、七九通が写真版『古文書集』に収められて出版され、十五世紀中葉から十七世紀にいたる橋村氏の活動が、はじめて公にされたからである。(6) それによって、従来は知られなかった橋村家の多面的な活動と存在形態が、知られることになった。そこで、ここでは改めて橋村氏の師檀関係について、考えることを課題にしてみたい。

初めて公刊された橋村家文書のなかで、第一に目につくのは、道者売券である。道者とは御師と師檀関係を結んだ檀那のことであるが、室町時代から伊勢では、檀那との師檀関係が一種の権益として売買された。橋村家文書にみえる道者売券は、いずれもこのような師檀関係を、橋村氏が買得した事実を示すものである。第六表は、道者売券を一覧表にしたものであるが、その起点は、長禄四（一四六〇）年に遡り、道者の所在地も但馬・越前・周防・三河・遠江・駿河・伊豆・甲斐の国々にわたっている。また、永正一二（一五一五）年から永正一四（一五一七）年の「越後国諸村御布施等の日記抜書」（三二）によれば、越後にも橋村氏は道者をもっていたし、後述するように、紀伊にも道者がいた。後の江戸時代における橋村氏の縄張りのうち、「橋村八郎大夫・小田大夫・橋村大夫」銘や、「橋村右近大夫」銘などの縄張りに含まれる、遠江・駿河・伊豆・相模・尾張・紀伊について、その大部分の地域がすでに戦国時代には橋村氏の手にあったことが、初めて明らかになったのである。こ

第六表　橋村家関係道者売券一覧表

（　）内は関連史料

番号	年月日	売主	買主	代価（貫文）	在所等	史料
①	長禄四・七・一	大西是貫・嫡子小法師	後家の方		但馬国一円	二（一）
②	長禄四・一一・三〇	三日市場兵衛三郎	宮後米屋兵衛四郎	三〇	周防国楊井新荘の彦四郎殿・同さのき殿・山ちか殿そのほか一門の一円	三
③	文明八・一二・二八	与四郎	新五	七	但馬国	五
④	文明一一・一〇・二八	うしとく四郎大夫	橋村八郎大夫	一二	越前国	六
⑤	文明一二・一一・九	三日市場新兵衛	すちかいはし橋村八郎大夫	三・五	周防国楊井新荘の彦四郎殿・さぬき殿・山ちか殿其外一門一円	七（三）
⑥	文明一三・八・一	岩淵三日市さこの兵衛	すちかい橋橋村八郎大夫	二	周防国一円、在所上のせきやせんさへもん殿同一族一円	八
⑦	文明一三・八月	下のくほの世古つ屋興直	橋村八郎大夫	五	三川之国一円在所矢作藤左衛門殿一家一族一円	九
⑧	長享二・九月	こわたや二郎大郎秀友	橋村八郎大夫	二五	遠江国山口ノ道者井口入上分米、ソノホカ道者一円	一四（二九）
⑨	延徳四・一二月	中ノ郷こわたや二郎大郎秀友	橋村八郎大夫	二	駿河国一円（後略）	一五
⑩	明応三・一二月	（下中郷二郎大郎→）高向屋二郎光助	橋村八郎大夫	二〇	伊豆国一円	一六（一九）（二〇）
⑪	明応四・四月	横橋彦七国久・清三郎国正	橋村八郎大夫	一〇	駿河国一円（後略）	一七
⑫	明応六・一二・二三	世木二郎兵衛英光	上中郷橋村八郎大夫	三・五	甲斐国一円、うつの屋	一八
⑬	明応八・二・三〇	いわふち米屋六郎左衛門吉久	橋村八郎大夫	八	遠江国一円	二一
⑭	明応九・一二・一八	益三郎大夫元安	橋村	九	駿河国一円	二二
⑮	文亀元・一二・二六	のかり彦三郎国道	橋村新二郎	四	伊豆国・相模国・駿河国	二三
⑯	文亀二・六月	（太世古八郎兵衛→）恵順	橋村八郎大夫	八	駿河国一円	二五（二六）
⑰	文亀三・一二・二一	まへの兵衛大夫満近	橋村八郎大夫	一三	駿河国一円あきあわせさと・みつの上里（後略）	二八
⑱	慶長五・三・一	五文字屋六右衛門尉光隆	橋村主膳佐	黄金二枚	三河国奥郡之住彦坂小刑部殿同一家一円	六三 六四

れ以前に、橋村氏の縄張りがどのようであったかについて、論じるための史料を持たないとはいえ、橋村氏の縄張りが、最初から中国・九州方面に限られるものではなかったこと、戦国時代の橋村氏が東海・関東方面への縄張りを拡大しつつあったことは、確認されたわけである。

まだ公刊されていないが、同じく天理大学図書館所蔵の橋村家文書には、大永五（一五二五）年正月の「御参宮人帳」ないし「御道者之日記」と題された冊子がある。これによると、橋村氏は、この年の三月から八月までに、大和・摂津・播磨・美作・備前・越前・伊賀・伊勢の人々を迎え、布施を受け取っている。したがって、これ以外にも橋村氏と師檀関係を結んだ人々の存在は多かったと考えられるとともに、中国・九州方面と東海・関東方面の師檀関係をつなぐ縄張りの存在を、ここに求めることができよう。伊勢国の地理的条件からみて、大永五年にみえる縄張りが、橋村氏にとって最も早く師檀関係が形成された地域かもしれないのである。

つぎに、橋村氏と師檀関係を結んだ道者には、どのような人々がいたのかを考えてみよう。

「横橋彦七国久・清三郎国正駿河国道者売券」（一七）

永代売渡申御道者之事

合駿河国一円

右件之御道者者、依有急用、直銭拾貫文ニ橋村八郎大夫殿へ永代売渡申所、実正明白也、此御道者之内ニ本山城之人あまた御座候間、如此令申候、たとへ我々か山城国之道者一円他所へうり渡申事候共、此うりけんニ入申候御名字人ハのき申へし、若又以後山城国へ帰住候共、此うりけんニのり申候人ハ、橋村八郎大夫殿へ末代無相違御知行あるへし（マヽ）者也、若十ケ年候間不慮之煩出来候ハヽ、本銭ニて買返可申候者也、仍為後日売券状、如件

御道者之御名字

一　山中殿御一家一円　　　一　大道寺殿御一家一円
一　あらき殿御一家一円　　一　みな川殿御一家一円
一　西辻殿御一家一円　　　一　やまノ上殿御一家一円
一　辻彦二郎殿御一家一円　一　きたの大郎三郎殿御一家一円
此外駿河国之道者我々か知行分一円うり渡申候
明応四年四月吉日
うり主横橋彦七国久（花押）
清三郎国正（花押）

明応四（一四九五）年四月、横橋国久・国正は橋村八郎大夫に駿河国の道者を売却した。その道者の中心は、右に見たように八人の武士の一家中をすべて含む人々であった。彼らの名字を調べてみると、山中殿・大道寺殿・荒木殿の三人は、伊勢新九郎長氏（北条早雲）が駿河国に下向したとき、付き従ってきたといわれる武士たちと一致することが解る。すなわち、北条早雲が妹の今川義忠室北川殿を頼って駿河国に下った時、大道寺太郎・多目権兵衛・荒川又次郎・荒木兵庫頭・山中才四郎・在竹兵衛尉ら六人が一緒だったといわれ、のちに彼らは早雲寺殿御草創の御家老衆として重んじられたが、その御家門（北条氏一族）に准じられた御由緒家のうち、三家の名がここに見えるのである。注目するべき、きわめて貴重な史料といえよう。

しかも、この史料の内容を読むと、この道者のなかに、もと山城の人が多くいるため、売却者である横橋氏が知行している山城国道者とは明確に区別するべきことまでが、述べられている。言うまでもなく、早雲の出自については定説がなく、伊勢国説・山城国（京都）説・備中国説に分かれているが、早雲の家臣が山城から来たとすれば、駿河下向以前の彼が山城にいたことは明らかである。

早雲がその名を知られたのは、駿河守護今川義忠が文明八（一四七六）年に戦死した後の内紛において、義忠と北川殿の子竜王丸（のちの氏親）を支え、上杉政憲と太田道灌とに分裂した今川家臣団をまとめるための調停策を進言し、それに成功してからだった。長享元（一四八七）年には、早雲は範満を自害させ、竜王丸を今川家の家督につけ、この功績によって、富士郡下方荘一三郷を与えられ、興国寺城（現・静岡県沼津市）の主となったとされている。また、延徳三（一四九一）年には伊豆に侵入して韮山城を奪取し、明応四（一四九五）年には小田原に進出している。この史料は、ちょうど伊勢長氏の相模進出の年にあたっている。彼の初見史料である伊東祐遠への伊豆国伊東本郷宛行状（伊東文書の伊勢宗瑞判物）で、「宗瑞」と署名している年でもある。

橋村家文書のなかに、年月日未詳ではあるが、明応年間と推定される「伊豆国三嶋の内いちか原道者名字交名」（一九）があり、これによると、「神主西大夫殿御一家一円」以下の人々や、箱根の別当坊の名が記されている。三島神社や箱根神社の領内の神主や地侍的武士層が、橋村氏の道者になっているものと思われる。そのなかの「山中の里」は、現在の三島市内にあたるが、小田原北条氏の支城山中城が置かれたところであり、前述の道者「山中殿御一家一円」の根拠地をさすと考えられる。

以上からみて、橋村氏の東海・関東地方の縄張りは、少なくとも後北条氏がこの地域に勢力を伸張しつつあった時期に遡り、後北条氏の戦国大名としての領域の拡大と歩調を共にして、進行したと思われる。天正八（一五八〇）年にも、橋村氏の縄張りの中に、駿河・伊豆・相模は含まれていたから、後北条氏の家老衆との師檀関係は継続したであろう。後北条氏と伊勢との関係について触れるならば、伊勢神宮の外港として知られる大湊の廻船問屋であった角屋には、天正三（一五七五）年四月四日の北条氏政朱印状が伝えられている。内容は、愛宕・伊勢へ差し遣わす四人が角屋の持ち船に便乗することを許可したものであり、天正五（一五七七）年五月六日には、角屋七郎次郎に異儀なく出船するようにとの虎の印判状が与えられた。また天正一〇（一五八二）年八月二三日には、勢州大湊角屋七郎次郎に、徳川家康は四百石船一艘の分国中諸湊出入役以下諸役を免許している。(7)角屋文書や大湊会所文書には、大湊の会合衆であった角屋が、今川氏や後北条氏など、複数の戦国大名の御用商人であった事実が記されていて、戦国・織豊政権時代の東海・関東地域と伊勢が、大湊を通じて海路により密接に結びついていたことを語っている。

もちろん、この地域は平安時代から伊勢太神宮の御厨領が多かったという事情も忘れることはできない。最初に記したように、鎌倉時代になって武家政権と伊勢神宮とが、伊勢御師を介した密接な関係を生じ、新たに御厨が伊勢に寄進されたという歴史的事実も、伊勢神宮と東海・関東地域との結びつきを一層強めた。道者売券にみえる地名に伊勢神宮の御厨領との関連性を認めることができるのは当然のことである。第六表では、番号7の「遠江国山口」が静岡県掛川市にあたり、かつて山口御厨のあった地域であるなど、例証となる地域は多い。ちなみに、掛川市大字本所付近には神明社があり、伊勢とは宗教的にも本末関係で結ばれていることにも注目したい。橋村氏の師檀関係に、戦国期以前の神宮とこの地域との歴史が前提とされるのは、ごく自然なことである。

ところで、従来から橋村氏が中国地方に師檀関係をもっていることは、知られてきたし、吉川氏を檀那としたことも語られてきた。つぎの史料は、それを具体的に実証するものである。

「元氏寄進状」（六〇）

太神宮へ為新寄進於長州豊田郡我々領内拾五石之地自唯今奉寄付候、弥於　御神前御祈念頼存候、委細小野宗三郎殿へ申達候、恐々謹言

慶長四　正月十日　　　　　　元氏（花押）

御師

橋村右近大夫殿御宿所

慶長四（一五九九）年正月、橋村氏は長門国（山口県）豊田郡内の土地一五石分を新たに寄進された。ここに

見える元氏が、吉川元春（一五三〇〜八六年）の次男で、吉川元長（一五四八〜八七年）の弟にあたる繁沢元氏であることは、『吉川家文書』に収められた慶長二（一五九七）年五月二五日付の、弟広家に宛てた彼の書状の花押が、この花押と一致することで確かめられる。彼は寛永八（一六三一）年に七六才でこの世を去っているから、弘治元（一五五五）年頃の生まれであろう。彼は永禄一〇（一五六七）年に周防の旧族仁保（三浦）氏の養嗣子となり、最初は宮内太輔元棟を名乗った。吉川氏の家督は、兄の元長が嗣いだが、天正一四（一五八六）年に父の元春が小倉の陣中で亡くなり、翌天正一五年に元長が日向の陣中で亡くなると、弟広家が吉川家の家督を嗣ぐことになった。元氏は、また仁保家の家督は、毛利輝元の寵臣で元氏の跡継ぎ娘と結婚した三浦元忠に譲り、天正一六（一五八八）年に石見の国人領主であった福屋隆兼の旧領を毛利氏から得て、浜田城に在って姓を繁沢と称した。後の慶長一八（一六一三）年に、毛利の称号を下付され、阿川毛利氏の祖となっている。

元氏が弟広家に家督を譲ったのは、彼が病弱だったためであるといわれているが、やはり多少の感情のしこりは残ったらしく、兄弟の仲が悪くなった。毛利輝元と兄弟の叔父の小早川隆景が間に立ち、慶長二（一五九七）年には吉川広家から芸州（広島県）内二千石分の給地を、元氏一代の間、知行地として受け取っている。防州（山口県）にも彼の知行地が三一六六石分あった。このような事情で、元氏が長州豊田郡内にも知行地を持っているのであり、広家からの知行地分与が確定した段階で、伊勢太神宮への奉幣・寄進を行なったものと考えられる。一五九六（文禄五）年には、彼は伊勢守を称しているが、これも伊勢との縁の深さを示していると思われる。

この場合、橋村氏が御師として、繁沢元氏のために神宮で奉幣・祈禱を行なったものであり、口入神主として長州豊田郡の給地から一五石分を受け取ったことになる。橋村右近大夫正兼について触れた「むかし物語」（神宮文庫所蔵）も、橋村氏が吉川家の御師だったと述べている。橋村氏が早くから中国・九州地方との師檀関係をもっていたことについては述べたが、享禄五（一五三二）年に橋村氏が周防・長門を廻って得た御初穂料は、二五〇貫文（二五〇石）にのぼる膨大なものであった。吉川氏との師檀関係は、この地域における御師としての活動に、絶大な効果をもたらしたはずである。

橋村氏が檀那としたのは、後北条氏の家老衆や吉川氏といった有力な武将や、地侍的殿原層だけではなかった。年月日未詳だが、長禄四（一四六〇）年の「一　是貫・こほうし連名但馬国道者売券」に添えられたと思われる「一　但馬国所々道者連名状」には、「たちまの国道者」として、「たいのしゃう（田結荘）」の道者の名前が連名で挙げられているが、いずれも荘内の名主百姓と思われる名前であり、なかに「れうきん　かうおや　源大夫殿」と見える。彼らは講を結んでいたと考えられる。これに続いて、「きのさきのこほう　たいのしゃう　いまつのしゃうけん　ひやうへ二郎　道者ひやうへ四郎殿　やふのこほう　山田殿　山ね殿　ほうち坊　三郎大夫殿　やすわら殿　ゆのりようけい坊」と見え、田結荘の百姓たちと城崎御坊といった僧坊の名が混じっている。いわば、僧俗が混在している訳であり、両者の間には寺僧と檀那との関係が想定されるが、講親が存在していた。

すでに西山克が詳細に論じているように、室町時代の伊勢神宮への参詣者には、初期にはとくに修験者が大きな勢力となっており、(8)彼らが先導して一般の俗人の参詣者を誘引した要素が強い。伊勢の道者売券を一覧すると、宝徳から明応期（十五世紀後半）の道者売券には、修験者あるいは修験者と推定される宗教者が、道者として売買されているものがあり、越前豊原寺（白山修験の一大霊場）や、摂津の箕面寺（滝安寺）坊中、洛中の頂法寺六角堂、能登の石動山（能登修験の霊場、現・石川県鹿島町）がそれに当たる。しかしやがて、伊勢御師たちは修験者を介在させず、一般の民衆を檀那として直接に組織しえたようである。それが、江戸時代における全国的な伊勢講の普及となって、伊勢参宮の隆盛を招いたのである。前述した但馬の道者の場合は、その先駆的な形態を示すものではないかと考えられる。

結論をいえば、橋村氏と師檀関係をもった道者は、修験者に代表される宗教者を別とすれば、この時点では有力武将や地侍的殿原層など苗字をなのる階層が多く、都市圏では商人も含まれる。郷村地域では村内の有力者を「かうおや（講親）」として組織された伊勢講（神明講）に入ることのできる上層農民だったと考えられる。

第二節　土地集積と金融

伊勢御師についての長い学説史を要約するならば、豊田武が『中世日本商業史の研究』のなかで論じた都市商人という視点と、萩原龍夫が『中世祭祀組織の研究』のなかで論じた、伊勢信仰の伝達者という視点とに代表されるといってよい。じつは、御師の活動には、この両面を切り離して考えることはできない。言葉は適切でないかもしれないが、御師は信仰の普及を通じて、米銭を中心に莫大な富を得たのである。

戦国時代の橋村氏は、第七表にみられるように、土地や屋敷地を集積している。この内容を検討すると、文明一三（一四八一）年から天文四（一五三五）年までに、橋村氏は屋敷地・畠地・藪（地）などを買得し、合わせて一一五貫一〇〇文を支払っている。この事実は、御師としての莫大な収入を考えると、資金的には何の問題もないが、土地集積の特徴を指摘するならば、橋村氏が「河崎世古」の土地を手に入れていることが注目される。河崎といえば、勢田川に沿った河崎町が想起されるが、土地の在所に「河崎世古」とあるように、ここでは橋村氏の居住地たる上中之郷町内の筋向橋から、前述の河崎方面へ東北に伸びた小路（伊勢では世古と呼ぶ）のことである。橋村氏は筋向橋を付けて呼ばれるほど、そこの近くに居住していたから、家の近辺の土地・屋敷地を買ったことになる。この土地集積には、橋村氏の屋敷に絶えず参宮者が宿泊したという事情を考えなければならない。すなわち、御師は師檀関係を結んだ檀那（道者）の家を廻るだけでなく、檀那が伊勢に参詣するときには、宿泊させるものでもあった。

大永五（一五二五）年卯月一六日に、越前における白山修験の霊場である豊原寺から三〇人ほどの参詣者があった。[9] すでに文明一一（一四七九）年拾月二八日の「六　四郎大夫越前国道者売券」には、「トイ原南谷実乗坊　同宝積坊　同本蔵坊」以下全部で一一坊の道者の名が見え、この時に橋村八郎大夫殿の手に渡っていたために、参詣者は橋村氏の屋敷に宿泊した。江戸時代の御師の邸宅がいかに広大で豪壮なものであったかは、絵にも描かれているところであるが、この頃からの急激な参宮者の増大に応じて、御師たちは旅宿としての設備や屋敷の補

第七表　橋村家関係土地・屋敷売券一覧表

（ ）内は関連史料

番号	年・月・日	売主	買主	代価(貫文)	土地の種類・面積	在所等	史料
①	文明一三・二・一九	せと物屋四郎大夫	すちかい橋 橋村新五大夫	三〇	畠地一〇反	(川さき力)	一〇
②	文明一五・五・二	横橋蔵一郎兵衛秀家	上中郷大郎大夫	一〇	藪一反	河崎世古之後	一一
③	文明一七・一一・一三	川崎　とら	橋村八郎大夫	五	屋敷地合五七つほ	北は橋村殿のやふをかきる(後略)	一二
④	文明一七・一二・一三	(川崎愛若大夫→)同大郎次郎	橋村八郎大夫	三・六	屋敷地二二つほ	北南へ四間　西東へ五間	一三 (四)
⑤	文亀三・一二月	とう四郎	橋村新二郎	三	屋敷地	東はゆわみの屋敷お限り候、南はえいしやうあんのやふ限り(略)	二七
⑥	天文三・二・九	中村観音院住持光小	伯母	七・六	畠地一反	井の口三本松(後略)	三三
⑦	天文四・一〇・四	うえち助兵衛子熊松	下中郷宇田殿内新二郎	六・五	畠地四枚	大かはらひかしは橋村殿内二郎右衛門畠を(後略)	三四
⑧	弘治三・四・一五	光秀		五七	屋敷七一〇坪	下中郷上之久保世古(後略)	三六 三七
⑨	慶長六・一一・二二	やうた(山田)しんゑもん母	けん八郎	年貢毎年八木五石つつ	家屋敷一こ	せこのはう(内膳様御きも入)	六六
⑩	慶長八・九月	橋村八郎大夫正修	三村与右衛門	判金五枚	屋敷地	下中郷北俣面五間三尺三寸(後略)	六七

充を必要としたはずである。つぎの文書も、同様な史料である。

「宝蔵坊教円紀伊国道者譲状」(三八)

ゆつり申道者之事

一　上ゆ川

一　下ゆ川

一　あたらし

一　いけのくほ

一　くき

右きの国高野のふもと道者之儀ハ、我ら久々御宿申来候へ共、向後者其方へ進之候間、御知行可有候、為其如件

永禄五年壬戌三月八日　　宝蔵坊教円(花押)

橋村内膳正殿　参

これは、永禄五(一五六二)年に橋村内膳正(正康)が、高野山麓の道者を宝蔵坊教円から譲られたことを示す史料である。宝蔵坊については、真言宗の宝蔵院十王堂が、寛文の頃に筋向橋北にあったといわれ、現在では廃寺となっている。この史料とは百年ほど隔たるとはいえ、ここに見える宝蔵坊との関係をうかがわせるのではないかと思われる。おそらく、教円は高野山との本末関係によって、高野山膝下に位置する和歌山県伊都郡内の上湯川・下湯川(現在の高野町)や、新子・池之窪・久木(高野山領花園下荘と上荘の地名で、現在の花園村)の道者を宿泊させてきたが、この時から彼ら道者は、橋村家が知行することになったものである。これ以後も、教円が道者たちを先導したかどうかは不明であるが、慶長三(一五九八)年の「五九　橋村内膳正正康居屋敷・旦那

等譲状」には、「宝蔵坊居屋敷一円　道共ニ」「高野之御旦那衆一円」「宝蔵坊ニ付候田地一円」などが、橋村右近に譲られているから、すべてを橋村氏が所有することになったと考えられる。

橋村氏の土地や屋敷の集積とともに、橋村氏の地主としての側面も忘れてはならない。第七表を詳しく見ていくと、ここで売買された土地には、年貢が記入されている。これは、神宮への上分料であり、それは米銭で納められたり、大根などの実物で納められたりであった。ほかにも、田地の斗代を書いた史料があり、それには百姓の名も付けられている。納められたのは、米銭以外は麦や粟が多い。もちろん集積された土地のすべてが、屋敷地や田畑だったわけではなく、なかには山地や谷も含まれていた。天保年間に書かれた地誌である安岡親毅の『勢陽五鈴遺響』には、文禄五（一五九六）年に、橋村氏が村山掃部から城山を買得したことが述べられているが、その城山とは、「橋村世古」の南にあり、文明年中に村山氏が多気の国司北畠氏に抵抗するための陣小屋を構えたところから、城山と呼ばれるようになったという。この事件は、文明一八（一四八六）年に、宇治と山田が争ったときに、北畠氏と手を結んだ宇治に対して、御師村山（榎倉）武則を大将とする山田が戦って敗れた事件をいう。慶長三（一五九八）年の「五八　橋村内膳正正康譲状」に記されている「若山一円同南之谷一円」のうち、若山は現在の常盤町内の小字であるから、城山と同様橋村家に近い山地だったと思われる。

橋村氏はまた、金融業者としての側面も見せている。各地からの莫大な御初穂料を伊勢に運ぶため、享禄五（一五三二）年には中国・九州地方の檀那廻りに為替が使用されているが、橋村氏が為替を使用したものとしては、永正一二（一五一五）年から永正一四（一五一七）年までの「三二　越後国諸村御布施等の日記抜書」の方が時期的に早い。これによると、檀那からの布施は大体為替と記され、三年間の合計として「惣以上合一九貫文御かわし」とある。つまり、越後からの布施料はすべて為替によって伊勢に送られたものである。伊勢で為替が使用されたのは、鎌倉時代末にまでさかのぼるから、この時代の為替使用は少しも珍しい事態ではなく、むしろ日常的な事態であったと推測される。

橋村氏が金融業者としての明確な姿をみせるのは、天正一〇（一五八二）年である。

「沢地蔵人佐朝則・山崎金七郎広行連署銀子請取状」（四四）

本所江御取替候銀子之事

合壱枚者

右請取申候、驪而可有御算用候、仍如件

天正十年卯月五日　　山崎金七郎広行（花押）

沢地蔵人佐朝則（花押）

橋村新太郎殿　参

この時、橋村新太郎（正房）は本所（織田信雄）に銀子一枚を取り替えている。織田信長の次男信雄は、永禄一二（一五六九）年に北畠家の養子となり、天正三（一五七五）年に伊勢国司家を嗣いでから、田丸城（現度会郡玉城町田丸城山）にあって「御本所」と称したことは、『伊勢国司紀略』などに見える。田丸城が天正八（一五八〇）年に焼失したのち、信雄は飯高郡細頸（現松阪市）に築城し、この松ケ島城（現松阪市松ケ島町字城ノ腰）に居住していた。天正三（一五七五）年に、彼は山田三方衆中に宮川上下渡しの渡船料を寄付している。右に引いた史料より一ケ月あとに、橋村新太郎（正房）が従来通り、親の橋村内膳（正康）に代わって、宮川津料を預け置かれることを命じられている。[10] この頃から橋村氏は山田三方年寄として、都市山田の行財政に重要な位置を占めていたことが解る。北畠家と橋村氏との密接な関係は、北畠家の家臣であった北伊勢の長野殿様や雲林院殿様が、橋村氏の道者であった事実によっても、明らかだろう。

豊臣政権下の山田奉行については、天正一三（一五八五）年の橋村家文書に、町野左近がみえる。[11] 橋村氏は山田大路氏と共に、ここでは奉行のもとで請銭問題の紛争の処理に当っている。

また、天正一五（一五八七）年から文禄二（一五九三）年までに、一〇通の金銀預かり状を橋村正房が書いているが、相手は「南条殿」「南条勘右兵衛尉殿」に始まり、天正一七（一五八九）年から「南伯様」「南条伯耆守殿」になり、天正二〇（一五九二）年には「南条虎熊殿」に変わっている。[12] 南条殿とは、南条元続のことで、伯耆三郡・羽衣石城主である。虎熊は元続の子南条元忠で、天正一九（一五九一）年に父の死により、六万石を嗣いでいる。伯耆は中国地方に属するから、以前から橋村氏の縄張りである。橋村氏が南条家から金銀を預かっていたのは、それだけではなく、南条元続が元は吉川氏に仕えていたという縁によるのかもしれない。ここでは南条氏は秀吉の家臣であり、その金庫番を勤めていたものである。

第三節　山田三方と上中之郷老若

中世後期の宇治・山田が、住民の自治的な行政組織によって運営されていたことは、よく知られている。江戸時代には、宇治六郷（上二郷・下四郷）が五四家からなる会合年寄一二人、山田一二郷が二四家からなる山田三方年寄によって構成されていた。もともと、山田三方は、江坂方・須原方・岩淵方の三方から成っていたために、そう呼ばれたというが、その起源はそれほど明確にされているわけではない。

その初見は、延慶四（一三一一）年四月から同年（応長元年）閏六月にいたる、伊勢釈尊寺と「外宮御在郷山田須崎并継橋郷岩淵居住職掌神人等」との争論において、まず山田三方のうち、岩淵居住職掌神人等の地縁的結合組織が出現するものだとされている。[13] そして永享二（一四三〇）年の「祭主・内造宮使宛奉書」に「三方土一揆」と見えるのが、山田三方の明らかな初見史料であり（「御前落居奉書」）、この永享年間に続発する三方土一揆の過程において、都市山田の自治組織が形成されていくのである。宝徳二（一四五〇）年二月七日に、外宮と内宮との合戦をめぐって、「山田長三人」が宇治の長三人と和睦したことが「氏経卿神事記」に見えるのは、それぞれ宇治・山田の都市自治組織の代表をさすものであろう。また、文明一四（一四八二）年に、宮川下流の左岸部に位置する度会郡湯田郷（現・度会郡小俣町）をめぐって、山田三方と内・外宮との間に争論が起こっている。この湯田郷は北畠氏から太神宮が寄進されたものであったが、その知行をめぐって山田三方と内・外宮とが争論を生じ、外宮側は山田三方に対して湯田郷を返却するとまで主張している。その際に、「山田三方」「三方寄合」「三方老分」といった記述が見え、都市山田の自治的な行政組織であることが解る。(14)

山田三方は、延徳二（一四九〇）年から永禄元（一五五八）年にかけて、都市山田の座を支配したことを示す書下し状を発行している。その初見はつぎのようである。(15)

定　たふの新座之事、以三方老若衆議、定所如件

延徳二年庚戌十二月吉日　　三方（花押印）（花押印）（花押印）

（曽根）彦左衛門殿

ここでは、山田三方という都市自治体が、老若の衆議をもって、太布の新座への曽根（谷）彦左衛門殿の加入を許可している。あるいは、従来存在した太布座に対して、この定め書きが新座の設置につながるものであったのかもしれない。

同様な山田三方の書き下しは、明応二（一四九三）年の酒座、明応六（一四九七）年の布座、永正二（一五〇五）年の油座、永正六（一五〇九）年の鎌座、天文一九（一五五〇）年の御器座、大永六（一五二六）年と天正六（一五七八）年の麻座、について存在しており、ほかに山田の座として、相物座・鰯座・紺座・米座・瀬戸物座・麹座・紙座・立物座・魚座などが見える。(16) 当時の山田には、岩淵町の三日市場（下市場）・下馬所前野町の五

日市場・岡本町の六日市場・八日市場町の八日市場（上市場）があり、[17]山田における商工業や商品経済が発展していた状況を知りうると共に、都市自治体としての山田三方が諸座についての支配権をもち、そこからの収入を得ていた事実に注目しなければならない。

同様な都市の行政組織としては、宇治と大湊の会合があり、摂津・和泉の境界に位置する堺も公界の会合衆によって、都市自治を行なっていたことは、[18]宣教師の本国への報告によって、海外にまで知られるほど有名であった。山田三方の会合衆としては、前述した一四八六（文明一八）年の宇治と山田との紛争で、山田側の大将は村山（榎倉）武則だったが、ほかに参加した御師には、福井・春木・久保倉・三日市・堤・橋村・山田大路・二見・福島・桧垣・久志本・喜多・上部などがあり、ほぼ山田三方の構成員をうかがい知ることができる。享徳元（一四五二）年八月三日の内宮庁宣に、「山田住人榎木蔵（中略）一円仁令押領之条」（氏経卿引付二―一四）とあるほど勢力をふるった榎倉氏に対して、同じ上中之郷の橋村氏も山田三方内で影響力をもっていたことは、前述したように、この後宇治と北畠氏に敗北した村山（榎倉）氏から城山を買取っていることから推測できる。

室町時代末期の山田一二郷の地域は、①中島、②辻久留・二俣・浦口（上三郷）、③上中之郷、④下中之郷、⑤八日市場、⑥曽禰、⑦大世古・一之木、⑧一志・久保、⑨宮後・西河原、⑩田中・中世古、⑪下馬所・前野、⑫岡本・岩淵・吹上（下三郷）であったが、江戸時代には中島・辻久留・二俣・浦口を一郷にまとめ、船江・河崎を一郷として加え、寛永三（一六二六）年には船江・河崎に妙見町を加えている。[19]

織豊政権の時代になると、統一政権の出現によって、宇治・山田・大湊の各都市自治体にも、さまざまな規制がはめられることになったが、文禄三（一五九四）年に太閤検地が伊勢に行なわれた際にも、伊勢惣国検地とは言いながら、宮川より内は太神宮の敷地であるとして、検地が免除されている。この豊臣秀吉朱印状は、伊勢の宇治惣中・山田惣中・大湊惣中に宛てられたものだった。[20]

江戸時代になって、山田奉行が設置されるようになっても、この自治性は基本的に保たれたが、近世における山田三方の年寄が、二四家に世襲的に安定して受け継がれるまでには、まだ多少の曲折が必要であった。慶長九（一六〇四）年には、山田奉行の長野内蔵允（友秀）・日向半兵衛尉（一成）あてに、「七三　橋村市大夫正慶申状」が出されているが、これは橋村八郎大夫との争いを訴えたものであった。この橋村家の内紛は、山田三方でも大きな問題になった。同年の「七四　了旬長次外四名請状写」によれば、橋村一族内の争いについて、両奉行の意見により、了旬長次・牧権右衛門・幸福左二右衛門・春木隼人・足代五郎右衛門の五人が使者として紛争の解決に当っている。幸福・春木・足代は三方家であるが、山田奉行の指揮下に、問題の処理に従事したのである。

問題は、慶長八（一六〇三）年四月八日に橋村内膳正房が死去した後、新しく惣領になった橋村八郎大夫正修と、兄弟衆である橋村才右衛門尉正滋・同右近正兼・同市大夫正慶が敵対したことにあった。したがって敵対関係は、新惣領橋村八郎大夫正修・正房後室対、兄弟衆たる正滋・正兼・正慶との間に生じたのである。八郎大夫方は、才右衛門に対して同名中として一切出入りあるまじきことと、同名中并内衆として一人もはずれて和談申すまじきことを厳命している。内紛の理由の一つは、一族の橋村熊兵衛の離別問題にあったと思われるが、八郎大夫と兄弟衆との争いの理由は、橋村家のひかえ屋敷の問題だった。橋村市大夫正慶が山田奉行に訴えているところによると、[21] 地下の寺屋敷の内に小家二つを作ったところ、八郎大夫がその寺屋敷を控えとして借りた。またその小家二つの道の通りは、八郎大夫の屋敷内であるのを、通してくれないため、ひかえの地類へ道を開けたところ、八郎大夫方よりその道をふさいだために迷惑しているというのである。このような事情からも解るように、橋村家の内紛は、橋村惣領家と庶子家との知行関係をめぐって起きており、従来ならば、惣領家が控え屋敷として知行してきた所を、庶子家が自由に造作をしたため、紛争が起きているのである。

ちょうどこの時、江戸幕府は伊勢御師の従来の特権を否定する方針を命じてきた。慶長八（一六〇三）年九月九日付の徳川家康朱印状に、「参宮之輩者可為旦那次第事」と書かれていたためである。[22] この方針では、従来の伊勢御師と檀那との師檀関係が、否定されることになるために、伊勢御師は一斉に反対した。とくに山田三方は、同年九月一七日に連判状を作って、橋村八郎大夫（正修）・榎倉二郎大夫以下二四名の署名を連ねて、反対運動を展開している。[23] その結果、参宮の輩は旦那次第たるべきこと、とされていた朱印状の一項を、「参宮之輩者可為先規法式事」に改めさせたのである。慶長一〇（一六〇五）年には、山田三方で制定した「御師職式目一七カ条」が山田奉行の証判を得て成立した。これは、御師の権限や師檀関係、御師間の紛争防止にかかわるものが中心で、従来の御師の既得権益を保護し、その公法化を目的としたものであった。

前述した橋村八郎大夫正修と同名衆との内紛は、慶長九（一六〇四）年一二月には、山田奉行の指導のもと、山田三方老分（年寄）たちの扱いによって、仲直りを命じられている。[24] 以後の山田における御師家の一族の内部構造が、どのような変遷を遂げていったかは、個々の家の事情によって様々であったと思われるが、その一端を垣間見せてくれる同タイプの史料が、橋村家文書に三通残っている。

「清左衛門外二十名連署銀子借用状」（七七）

借用申銀子之事

合而百七十六匁此利分弐わり也、但右之内八十八匁兵左衛門殿分、同八十八匁橋村熊兵衛殿分、合而百七十六匁也、右之銀子三方へ渡し申候、仍借状如件

慶長十五年かのへいぬ《かのへいぬ》霜月吉日

榎倉（花押）　右近（花押）　甚内（花押）

橋村（印）　利兵衛（印）　孫七郎（印）

平左衛門（花押）　広田（花押）　熊兵衛（印）

源左兵衛（花押）　　勝大夫（印）　　長兵衛（花押）
久大夫（花押）　　織部（印）　　与三大夫（花押）
九兵衛（花押）　　弥七郎（花押）　　五郎八（印）
兵庫（花押）　　善蔵（花押）　　清左衛門（略押）

慶長一五（一六一〇）年、清左衛門以下二一名が連署して、銀子一七六匁の借用状を出した。この時兵左衛門と共に橋村熊兵衛が銀子を貸している。この銀子は、じつは山田三方に渡されたのであった。前述したような、伊勢御師の既得権を守るための山田三方の活発な運動を考えれば、山田三方が多くの活動資金を必要としたことは明らかである。この二一名のうち、慶長九（一六〇四）年の「七一　河崎世古斎講中十一名連署請状」によって、善蔵が河崎世古の住人と解り、慶長六（一六〇一）年の「六一　中山勝大夫の内うらくち安衛門尉吉次薮売券写」によって、勝大夫は中山勝大夫と知ることができる。また広田や中山や橋村織部は、「考訂度会系図」によって、度会国正を祖とすることが知られる橋村氏の分家である。右近については、前述の橋村右近であり、橋村は橋村惣領家（本家）の当主八郎大夫正修であることは、ここに見える印が「吉賓」であることによって確かめられる。

「清左衛門外十九名連署銀子借用状」（七八）

借用申銀子之事
合八拾八匁也、但此利足ハ壱ヶ月ニ付而、壱匁五分四リつつニ申定候、何時成共はやり銀にてさん用可申者也、為後日如件
慶長十六年辛亥十二月廿三日
榎倉（花押）　　利兵衛（花押）　　孫七郎（花押）

橋村（印）　広田（花押）　弥七郎（花押）
源左兵衛（花押）　兵庫（花押）　甚内（花押）
右近（花押）　九兵衛（印）　熊兵衛（印）
平左衛門（花押）　主馬（花押）　長兵衛（花押）
久大夫（花押）　織部（花押）　与三大夫（印）
五郎八（印）　清左衛門（花押）
源左兵衛殿　兵左衛門殿
利兵衛殿　又左衛門殿
孫七郎殿　甚大夫殿
清左衛門殿　治衛門殿
参

前年とほぼ同じメンバーが、銀子八八匁を借用した。この銀子の用途が何であったかは、史料には明記されていないが、これも山田三方運営のための資金だった可能性がある。宛先の清左衛門以下八人が、この銀子を分担したものと思われる。上段の清左衛門以下四人は連署しており、下段の四人はこれ以外の人物である。清左衛門以下一九名が連署して、清左衛門以下八人宛てに借用状を出しているのは外でもない。彼らが自分達の組織を運営するために必要だったのである。この時、利子は月に一匁五分四厘ずつとある。つまり、八人が一一匁ずつ出した利子だから、一割四分に当たる。

「忠左衛門外十九名連署銀子借用状」（七九）

借用申銀子之事

あハせて百目也、但利息壱ケ月ニ付而弐匁つつに申定候、其方御用次第ニ時之はやり銀子にてさたし可申候、仍借状如件

慶長十八癸丑年十二月吉日

(連署者　省略)

橋村殿　主馬殿

右近殿　織部殿

慶長一八(一六一三)年に出されたこの借用状も、連署しているのは、ほぼ同じメンバーである。慶長一六(一六一一)年の時のメンバーに比較すると、広田に変わって、忠左衛門が名を連ねているだけの違いである。したがって、慶長年間には、榎倉や橋村を中心にした恒常的な組織が整っていたことになる。慶長八(一六〇三)年には、徳川家康朱印状に対する山田三方連判状によって、三方会合年寄たる二四家がほぼ固定し、慶長一〇(一六〇五)年には、山田三方の御師職式目が公法として幕府から公認された。いわば慶長年間は山田三方が近世的秩序のもとに再編成されていく時期に当たっていたのである。参宮する檀那が町宿に泊まることは禁止され、正保四(一六四七)年には違犯した宿主と十人組にそれぞれ五〇貫文の過料銭を出させ、承応三(一六五四)年には追放して過料銭を出させる規定を作っている。(25)

右にあげた三通の借用状を検討してみると、上中之郷内の三方家である橋村と榎倉を除けば、明らかに他の御師家は三方家ではない。なぜならば、三村清左衛門をはじめ、中西平左衛門・広田・広田与三大夫(松室与三大夫の可能性もある)・中山兵庫・中山甚内大夫・榎倉長兵衛・橋村右近大夫・橋村久大夫・橋村織部・松村主馬など、すでに見た三通に連署連判している人物は、すべて上中之郷の御師だからである。(26)したがって、彼らは三方会合老分(年寄)である橋村内膳家・榎倉靱負家を頂点とする上中之郷の御師だということになる。三方を町単

位で支える下部組織としての上中之郷老若の構成者であり、その中には橋村家や榎倉家の分家、すなわち、かつての御同名中が多く含まれる。やがて彼らのうちの一家（師職名橋村主水、御祓銘橋村肥前大夫）は町内部の行政を司る、いわゆる町年寄家として固定していったと考えられる。

おわりに

御師橋村家文書のうち、長禄四（一四六〇）年から慶長一八（一六一三）年までの「古証文」とも題された一通文書七九通（その内訳は、道者売券二九通・土地屋敷地売券二三通・その他の受取状・預かり状・寄進状などから成る）を中心に、戦国時代の伊勢御師の活動を検討した。橋村氏が後北条氏の家老衆や吉川氏（繁沢元氏）の御師であったこと、南条氏らの金庫番であったこと、などの新しい事実を発掘することができた。何よりも、山田三方に占める橋村氏の重要な位置や、三方と上中之郷老若の存在形態などを明らかにすることによって、戦国期から近世初頭にかけての都市山田の変貌を解明できたことは、中世都市論のうえからも重要であると考える。

公界としての山田については、最近明らかにされてきたが、さらに宇治・大湊や、堺などとの関連を検討する必要があると思われる。公界、すなわち戦国期の自治都市は、外部世界に向けて開かれた地域だった。やがて、参宮者の増大にも関わらず、その開放性と都市としての活力は失われていったが、私はその歴史的意味を大切に問いなおしていきたい。

註

（1）　萩原龍夫『中世祭祀組織の研究』（吉川弘文館、一九六二年）四九四頁以下参照。但しここでは、光倫と生倫を同一人物としている。つぎにみるように、光倫は寿永元年一二月には死去している。「元徳奏進度会系図」は『神宮禰宜系譜』所収（皇学館大学、一九八五年）。
（2）『光明寺古文書』巻之九、「権禰宜度会某譲状写」。
（3）『神宮雑書』、『鎌倉遺文』六二一四。
（4）新城常三『新稿　社寺参詣の社会経済史的研究』（塙書房、一九八二年）、恵良宏「中世の御師の活動」（『伊勢国の歴史』所収、皇学館大学出版部、一九八五年）参照。
（5）天理図書館善本叢書和書之部六十八巻、天理大学出版部、一九八六年。なお、以下の引用史料の番号や文書名は、これによっている。
（6）一八七一（明治四）年に、明治政府の方針で御師は廃止されることになった。廃止直前の御師の実態については、明治一二年調査の「旧師職取調帳」がある。橋村氏の旧師職銘・御祓銘・檀家数については、神宮文庫所蔵の「安永六年外宮師職諸国旦那方家数改覚」を収めた『神宮御師史料　外宮篇四』（皇学館大学出版部、一九八六年）を参照。
（7）「北条氏政朱印状写」三通については、角屋文書、『南紀徳川史　第七冊』（『三重県史　資料編　近世1』六五〜六七号）。「徳川家康朱印状写」については、角屋文書、名古屋大学付属図書館所蔵、（同六八号）。
（8）西山克『道者と地下人――中世末期の伊勢――』（吉川弘文館、一九八七年）一七四頁以下参照。同書末尾の「中世伊勢御師道者売券一覧表」を参照。
（9）大永五（一五二五）年正月吉日の「御道者之日記」（天理大学所蔵「橋村家文書」）。
（10）天正三年一一月二日「北畠信意寄進状」（三日市太夫文書、神宮文庫所蔵、『三重県史　資料編　近世1』一二四号）。但し、これには「宮川橋賃双方永代寄進」とあるが、明治まで、宮川には橋はなかった。「四五　藤波慶忠津料預ケ置契約状写」（天理大学所蔵「橋村家文書」、『三重県史　資料編　近世1』一三六号）参照。
（11）「四六　山田大路方八・橋村内膳佐正康連名請状」（同「橋村家文書」）。
（12）「四七　橋村正房銀子預り状」から「五七　橋村正房銀子預り状控」まで参照（同前）。南条氏については、『大日本古文書　吉川家文書之一』所収、「六一三　南条元続起請文」などを参照。

(13) 大永五（一五二五）年正月吉日の「御道者之日記」（同前）。
(14) この問題については、飯田良一「中世後期の宇治六郷と山田三方」（『三重県史研究』第七号、一九九一年）が、詳細である。
(15) 神宮文庫所蔵「徴古文府」所収、『三重県史　資料編　中世1(下)』八二三〜八二五頁参照。
(16) 西山克前掲書九〇・九一頁参照。
(17) 中世の山田の市場については、藤本利治『門前町』（古今書院、一九七〇年）参照。
(18) 堺については、第三章参照。
(19) 「宮川夜話草」および「三方会合旧例」（藤本利治校注「近世山田町方資料」所収、『日本都市生活史料集成　九　門前町篇』、学習研究社、一九七七年）。
(20) 文禄三年一一月一六日「豊臣秀吉朱印状」（神宮徴古館農業館所蔵、『三重県史　資料編近世1』所収、一六三号）。
(21) 「橋村家文書」の「七三　橋村市大夫正慶申状」。この正慶は、「考訂度会系図十二」によると、「兄正房為猶子」「橋村弾正祖有別系」とある。本来は正修《まさなが》の叔父だった（『神宮禰宜系譜』、皇学館大学、一九八五年）。
(22) 慶長八年九月九日付け「内宮二郷年寄宛徳川家康朱印状」（神宮文庫所蔵宇治会合年寄文書、『三重県史　資料編近世1』所収、四九一号、一九九三年）。
(23) 神宮文庫所蔵「三方会合記録」四。慶長八年九月一七日、「外宮御師連署誓約状」（三日市大夫文書、『三重県史資料編　中世1(下)』所収、三重県、一九九九年）慶長一〇年極月吉日、「御師職式目」（同前）。
(24) 「橋村家文書」の「七四　了旬長次外四名請状写」参照。
(25) 『三重県史』（三重県発行、一九六四年）一三五頁参照。
(26) 「神宮御師名鑑」参照（『瑞垣』一一二号、神宮司庁、一九七七年）。

第二部　都市論と長者論をめぐって

第七章　豊田武の都市論・会合衆論について

はじめに

戦後の日本中世史において、最初に著わされた都市論としては、豊田武のものが筆頭にあげられるだろう。豊田武は、よく知られているように、広い研究範囲にわたって探求をすすめた中世史家であったから、その著作はいわゆる社会経済史に属する商業史・流通史のみでなく、武士団研究や荘園史・村落史、また宗教史におよんでいる。その都市論の出発点が、社会経済史にあることはもちろんとはいえ、その都市論に読者が都市のみにとどまらぬ周囲の農村との関わりや、中央と地方との有機的な連関性を読み取り、都市民ないし都市に出入する人々の生活について、経済・政治・宗教・文化面におよぶ全体史的な広がりと色彩を感じるのはこのためだと考えられる。豊田武よりほぼ一〇年早く都市史や産業史に取り組んだ中世・近世史家に小野均（晃嗣）がいる。その都市論は『近世城下町の研究』（一九二八年）や「近世都市の発達」（『岩波講座日本歴史』一九三四年）などの仕事として、現在に残されているが、豊田武は小野晃嗣の友人でもあり、その都市論に、最初から近世都市への明確ながれを見て取ることができるのは、このような学説史的な背景のなせるわざであると考えられる。

豊田武の中世都市論は、『豊田武著作集』全八巻のうちの第四巻に集められて、刊行されたため、その全容を見渡すことがたやすくなった。ただし、その都市論の起点ともいえる、「黎明期の都市二題」(『歴史学研究』一七、一九三五年)は、豊田が「平野と末吉家」を書き、徳田釼一が「中世の桑名」を書いてまとめられたという共作であるためか、ここから省かれているのが残念ではあるが、その重要性や都市論における位置付けについては、あとで述べることにしたい。(1) 本書の構成は、つぎのようになっている。

第一編　堺
　はしがき
　一　堺の発達
　二　封権制の確立と堺
　三　堺の文化
　四　織豊政権と都市
第二編　中世都市論
　一　中世都市論
　二　中世末期における摂河泉地方
　三　自由都市・堺
第三編　日本の封建都市　序説
　一　封建都市の成立
　二　初期の封建都市
　三　自由市とその限界

四　領国都市の建設
五　封建都市の景観
六　都市の行政機構
七　封建都市の商工業
八　封建都市の解体
第四編　近世都市論
一　封建都市の変容と都市共同体
二　城下町の機能と構造
三　市民（自治）意識の形成過程
四　封建都市から近代都市へ

解説

原田伴彦

このように編集されて、まとめられているものの、それぞれの都市論が書かれた時期には、相当に幅がある。なかでも、「第二編　一」の「中世都市論」（初出は、『歴史と生活』四ノ三、一九四一年）がもっとも早く成立したもので、前に私が論じた松本新八郎の『中世社会の研究』所載の各論文が、一九四二年から一九四八年にかけて執筆されたものであるのと比較すると、これよりも一年早く成立したもので、前述の「黎明期の都市二題」と並んで、いわゆる戦前の暗い谷間の時代における都市論であるのが注目される（私の松本新八郎論は、『大阪樟蔭女子大学論集』第二七号、一九九〇年）。簡潔にまとめられた論稿ではあるが、ここでの豊田の論調は、戦後におけるその仕事の基調をなすものであり、戦前における欧州経済史の蓄積にもとづいた都市論の伝統を受け継いで、日本の中世都市の自由市的・自治的機能をもつ二つの条件（租税の金納化と租税請負制の発達）をあげるとともに、欧州の自由市と日本のそれとを比較して、その相違と限界を指摘するとともに、日本の自由市がむしろ近世の自治都市へつながるものとするなど、終始一貫した歴史家としての姿勢を示している事実は、この論稿が発表された世相と照らしあわせて考えると、私には何よりも驚嘆するべきものに思われる。

一九五二年に出版された『日本の封建都市』は、豊田武の都市論の体系化されたものであり、ここでの私の分析においても、主要な研究対象として取り上げるべき内容をもっている。また、個別的な都市論の成果としては、あまりにも有名な『堺——商人の進出と都市の自由——』（一九五四年、増補版一九六六年）があり、豊田の都市論が具体的な分析のなかで随所に展開され、「会合衆（えごうしゅう）」が一躍ひろく世に知られるようになった著書としても記念すべきものとなっているが、あとで詳しく論じるように、「会合衆」の読み方について問題を残したままになっている。最後に豊田の学識のゆたかさと構想の明確さを反映するかのように、第四編には近世都市論としての城下町や都市共同体、都市論自体を問題にしたもの、市民（自治）意識を問題にしたものが、収められているのは、都市論研究のあるべき姿を示すものとして、見事といえよう。つぎに、都市と都市民の歴史をめぐって、二、三の問題点を論じていくことにする。

第一節　都市の概念と類型について

豊田武の都市論の体系化された著作である『日本の封建都市』において、豊田は都市の概念規定と類型化を試みている。それによると、都市の類型を歴史的に把握する方法として、古代都市・封建都市・近代都市の三つにわける方法が挙げられるとしている。古代都市は、古代東洋的都市とギリシア＝ローマ的ポリス諸都市であり、両者の差は、その内部に手工業生産を蔵するか否かにかかっているという。封建都市は封建制度の崩壊と近代国家の成長によって成立する近代都市以前の都市であり、前に触れた「日本の中世都市」で、豊田が述べている中世都市に加えて、近世都市をふくめた内容で、城下町ばかりでなく、港町・宿場町など、封建時代に成立した諸都市を悉くその中に包含させた内容となっている。具体的にその分析のなかで論じられているのは、門前町（寺内町）・宿場町・港町・城下町である。

しかし、巻末に収められた原田伴彦の解説が明らかにしているように、豊田武の都市論の嚆矢となった論文は、前述したように、徳田釼一との共作である「黎明期の都市二題」（『歴史学研究』一七、一九三五年）に収められた「平野と末吉家」である。ここで豊田は、摂津平野荘の庄官（原田伴彦は庄屋と述べているが、荘官の誤り）であり、かつ門閥家であった末吉家の文書を中心に、平野の都市的発展の歴史をたどっている。封建都市のなかで、荘園制を土台にして成立したとされる中世都市の典型的な実例を初めて解明したものであり、近世初頭に海外まで雄飛した大商人末吉家の発展が、租税の請負（平野荘年寄としての年貢徴収）・商業および運送業付高利貸付業・鉱山採掘および貨幣鋳造に基づくものであることを分析している。原田伴彦の「この論稿は、量的にいえば小論であるが、その趣旨は簡にして要を得ているばかりでなく、堺以外の十六世紀の自由都市に着目することにおいて、そのころ不毛的状況にあったともいえる中世末都市研究の分野に一石を投ずる画期的なものであったと評価しうる。」という批評が、まことにふさわしい成果となっている。豊田武は平野を堺の雛型であると称しているが、度々大火に会い、大坂夏の陣において二万戸が焼失したとされ、その後の新しい都市計画に基づいて元和年中に町割りがなされたため、中世については、どちらかといえば史料的に恵まれない都市である堺に比べて、末吉家文書を有する平野を手がけることにより、みずから後年の堺研究への道を切り開いたものであり、平野と堺との都市連盟ともいうべき両者の有機的な連関のありかたの解明は、現在にいたるまでの中世都市論に、深みと広がりを与えている。

また、これも本巻には収められず本著作集第一巻の『座の研究』に収められた「都市および座の発達」(一九四八年発表)のなかの「(一)都市の発達」において、豊田武は中世後期に発達する純封建都市の都市自治について、フランスの法制史家シェノンが、自由市について規定した(一)〈単純解放都市〉、(二)〈自治都市〉、(三)〈共和都市〉、の分類をあげている。それによると、(一)は主としてフランスの中部にみられる都市で、従来の如く領主または国王の奉行によって統制されながら、しかも諸種の特権を得て自由な境地を開いたもの、(二)は主として巴里以北よりフランドル地方にかけてみられる商工都市であり、特権階級による専制的自治体であった。(三)はフランスの南部にみられるもので、市民が自治のすべてに参与し得る点、きわめて共和的な色彩をもつものである。豊田によれば、日本の都市にあっては、(一)の段階にあるものが多く、封建時代の後期には殆どすべてこれに化したわけであるが、それでも一時なりとはいえ、堺・博多・大湊など、商工業者の特権階級による専制的自治のみられる(二)の自治都市の性格をもつものがみられたのは、自由市の歴史においても注意すべき現象であるとしている点が、何よりも注目される。

この豊田武の都市自治についての提言は、その後の中世都市の研究史において、充分生かされてきたとはいえない。もっとも豊田自身も、『日本の封建都市』(一九五二年)のなかでは、都市の発展段階について、荘園制下の都市(京都・奈良・宇治山田・鎌倉)がなお古代的な性格をおびていたこと、初期の封建都市は門前町や宿場町・港町の発達を経て、大名領下の城下町の成立過程において多くこれに収斂していくこと、安土桃山時代から近世前期の鎖国にいたる時期が、日本の都市の歴史のなかでも最も興隆期にあたるが、この城下町を中心とする建設都市について、「領邦都市」という新しい概念規定でとらえているように、中世の諸都市(豊田のいうところの初期の封建都市)に力点をおいていない傾向があり、「領邦都市」は原田伴彦の指摘によれば、ドイツの中世末のテリトリウムの概念を援用したものと思われるから、日本の都市についてのヨーロッパとの比較評価の基準も揺れていたと考えられる。

豊田がふたたび中世都市論に取り組むのは、一九五四年に発表された『堺――商人の進出と都市の自由――』においてである。この有名な著書において、豊田は堺の自由都市の性格について、具体的な分析を通じたいくつかの結論を与えている。それによると、「ヨーロッパの中世都市は一般に、領主の監督を受ける自治都市、住民中の有力者が専制的に町政を運営するもの、住民の総意によって運営されるものの三類型にわかたれるが、堺などはまさにこの第二の類型に属するものというべきである。」として、文章を終えているのは、前述のシェノンによる都市自治についての分類を基礎にした、より一般的な分類による結論となっていると思われる。「わが国の自由市といわれるものは、けっして北伊や南仏の都市の如く共和的色彩をもったものではなかった。堺や博多にしても、主として巴里以北よりフランドル地方にかけて興った商工都市と同じく、特権階級による専制的な自由都市ともいうべきもの」であるとしているところからは、以前の特権的な商工業者による専制的な自治都市であるとした堺の位置付けに比較して、堺を自由都市と表現しているのが注目される。

たとえば、一五六一（永禄四）年に堺を訪れた宣教師パードレ・ガスパル・ビレラは、「ベニス市の如く執政官によって治めらる」と報告しているが、ヴェネツィアがドージェ（総督）の専制支配を排して自由都市を志向し始めるのは、十一世紀以降であって、一三一〇年以来十人委員会が市政を運営していたが、一五三八年にその委員会のなかに三人委員会ができて実権を握るようになったという事実に、堺を比較したものであり、堺の場合の執政官とは、畠山高政のような武将であるが、このような支配者の権利は極めて弱く、その実際の政治は、堺の住民から選ばれた年寄衆によって運営されていたから、この点は「ベニス市」（ヴェネツィア）の組織と多少似通ったところはあるとしている。ヴェネツィアの国家体制は、最下部に大評議会があり、その上に元老院と十人委員会があり、またその上に内閣すなわち、行政府があるという整然とした組織をもっており、ピラミッドの頂点に、形式的にドージェとその顧問官がくるが、それは無力化したものであったというのである。結論としては、堺を共和都市（住民の総意によって運営されるもの）ではなかったとして、その自由都市（自治都市）としての限界を認めている点は、一貫している。

豊田武が比較史的な観点をもって都市研究を行なっていたことはいうまでもないが、具体的にヨーロッパの都市に言及しているのは、宣教師の証言があるからとはいえ、ここに見えるヴェネツィアと堺との事例だけである。イタリアでは十二世紀末、すでに北中部地域において、二〇〇から三〇〇にのぼる自治的な都市（国家）を有していたといわれるが、イタリアが最も繁栄した時期は十五世紀であり、それは十四世紀に始まるルネッサンスの時代にあたっている。ヴェネツィアもちょうどこの時期に最盛期を迎えた。その頃のイタリアは、同時代に生きたグィッチャルディーニの「フィレンツェ史」や「イタリア史」が示しているように、ナポリ王国・フィレンツェ共和国・教皇領・ミラノ公国・ヴェネツィア共和国の五大勢力の均衡の上に立っていたが、一四九四年におけるフランス王シャルル八世のイタリア遠征（「イタリアにとり最も不幸なる年、そしてうち続く不幸の始まる年」）を契機にして、イタリアの繁栄は、アルプス以北の諸国家に移行していくのである。最盛期のヴェネツィアは、貿易のために、世界各地に年額一〇、〇〇〇、〇〇〇ドゥカート（金貨）を輸出し、ほぼ二〇％の利益をあげていた。一七、〇〇〇人の水夫を運ぶ三、〇〇〇の小船、八、〇〇〇人の乗員を要する三〇〇隻の大船があり、四五隻のガレー船が海上に交易護衛のために常に契約されていたという（ドージェ・モチェニーゴの遺言、一四二三年）[2]。スケールにおいて、当時の堺と規模が異なるかとも思われるが、貿易商人日比谷了珪も海賊等からの防衛のために、部下約三〇〇人を堺に擁していたという。環濠都市としての堺と水都ヴェネツィアとの都市景観的な対照をふくめて、豊田武の提言による、このような比較は、さらに実証的なかたちで、続けられねばならないと思われる。

このようなヨーロッパを基準にした中世都市の評価は、その後の都市研究の常道となって大きな影響を及ぼすことになった。たとえば、佐々木銀弥は「日本中世都市の自由・自治研究をめぐって」(3)のなかで、一九六〇年代までの都市研究について、日本に自由都市・自治都市が存在したのかどうかという評価をめぐって、研究者を三つの立場に分類している。すなわち、最も肯定的な自由都市論の立場にたつ高尾一彦、限定的な自由都市論の立場にたつ豊田武・脇田晴子、自由都市の存在を否定する立場を占める原田伴彦・永島福太郎・林屋辰三郎らである。

しかし、いずれの研究者の論調も研究のそれぞれの諸段階を象徴するような内容であり、三者のあいだにそれほど決定的な差異は認められないのではないかと私は考える。第一に、現在では、ヨーロッパにおける都市史研究の動向自体が、大きく変化してきており、研究の進展によって、これまで、日本の自由都市・自治都市のモデルとされてきたヨーロッパの中世都市の実態や実像じたいが明らかに変貌してきている。これについて述べることを通じて、これからの都市論のよってたつべき基準を、確かめていきたいと考える。そのことを通じて、豊田武の都市論の学説史的な位置付けも、初めて確定できると思われる。

第二節　比較史的観点による都市研究の現状

ヨーロッパにおける都市研究の現状というような課題は、本来、私の手にあまる大問題なのであるが、誰でもが認めるように、かなり以前から日本の西洋史における都市史研究者のあいだで、研究視角の転換が始まっており、それが日本史の側にも影響を与えるかたちになってきていた。魚住昌良・水野絅子・鵜川馨による「ヨーロッパ中世都市研究の動向」(『日本史研究』二〇〇号、一九七九年)に基づき、その大勢について要約すれば、つぎのようになる。鵜川馨はイギリスの一九七〇年代以降の都市研究の動向について、中世都市研究はやや大陸よりも立ち遅れているものの、都市史に関する目録の刊行と歴史的都市の地図の作成がつづけられていることは同様であるとし、またイギリス独自の傾向として、「都市考古学」(urban archaeology)の展開をあげている。

また、魚住昌良・水野絅子による大陸(西ヨーロッパを中心とする)、なかでも西ドイツ、フランスを中心とする中世都市史研究の動向の紹介は、最近の顕著な現象として、研究視角の大きな転換がみられることを述べている。それによると、「研究視角の転換とは、一口で言えば、従来の、遠隔地商人の役割に力点をおいた中世都市成立・発展論が〈中世都市〉=近代社会の萌芽、したがって封建社会の異物と考えた図式の再検討であり、また、都市だけを孤立して捉えてきたことを反省して農村との関連を再吟味するなかで、都市の担手たちの在地性にも注目しようとする方向である」という。

このような研究視角の転換は、遠隔地商人の活動を強調して、「商業のルネッサンス」と中世都市形成の相関関係を指摘したベルギーのH・ピレンヌや、商人ギルドー誓約団体ー都市共同体という線で、領主権力に対抗する中世都市成立論を構想したドイツのH・プラーニッツらの通説の影響力が薄れてきたことを意味しており、その方向は早くは第二次大戦後からみられたものであり、都市の実証的研究や個別的研究の盛行によって、都市の多様性や封建的性格、すなわち中世都市が必ずしも封建社会と矛盾する性格のものではないことや、都市と農村とが対立するものであるばかりでなく、相互に密接な連関をもつものであることが、次第に明らかにされてきたからであろう。ここでは述べられていないが、イタリアの中世都市の研究においても、自治的な都市(都市国家)コムーネ(commune)が、多少とも周囲の農村地帯に拡がる領域(コンタード)をもつ領域国家の形態をとっていたことが、基本的な構造として明らかにされていた(4)(清水廣一郎『イタリア中世都市国家研究』岩波書店、一九七五年)。

このような研究史の転換による都市概念の多様化によって、従来は注目されなかった小都市や農村とさほど違わない都市的地域が注目されるようになったのが、顕著な変化のひとつである。この点については、日本でもすでに佐々木銀弥が、文献史料に恵まれた主要都市ばかりを研究対象としてきたことの盲点を指摘していたが、網野善彦の精力的な研究が中心となって[5]、都市的な場の研究、すなわち関渡津泊など地方の中小都市の研究が著しく進んだのが最近の成果である。また、これまでは城下町といえば、近世社会の成立を前提として論じられるのが常であったが、松山宏が中心となって先導した守護城下町の研究をはじめとして[6]、戦国大名の城下町研究が急激に進展しつつある[7]。いずれも、考古学による発掘上の成果をともなっているのが、最近の都市研究の特徴である。

ヨーロッパにおける多義的な都市研究の動向は、現在においても基本的に変わらず、模索がつづけられていると思われるが、伝統的なコミューン運動から都市の成立をあとづけようとする分析視角も、基本的には揺らいでいないと思われる。一九九〇年八月二六日からスペインの首都マドリードのコンプルテンセ大学で開催された第十七回国際歴史学会[8]（17th International Congress of Historical Sciences）の中世史部会においても、八月二八日の部会では、さまざまな形態をもつヨーロッパ各地域のコミューン運動が取り上げられ（The Rural World and the Communal Movement, 日本からは藤木久志が報告）、日本やビザンツのそれと比較されたし、九月六日から八日まで、ドイツのボンにおいて、ボン大学日本文化研究所主催で開かれたサマー・セミナー[9]においても、ベルリン自由大学のK・シュルツが、ヨーロッパにおける都市とコミューン運動について、日本のそれとの比較を含めた報告を行なったことからも、ヨーロッパにおける都市研究の現状として、これを紹介することができる。

なお、K・シュルツは、中世都市の指導者のなかに、不自由民に出自をもつミニステリアール層が多く存在することと、かれらが時には市民たちの先頭に立って、自分の主人である都市領主に対抗した事例を多数検証して、ドイツの歴史学界において大きな成果をおさめた歴史家である。[10]このような都市における不自由民ないし被差別民の存在は、豊田武の都市論のなかでは、ついに究明されることはなかった。[11]その問題は、原田伴彦の都市研究において、改めて検討されることになったのである。その成果は、『日本封建都市研究』(一九五七年)の「第一編　中世都市の研究　第七　中世賎民の一考察――特に河原者と商工業の関係を中心として――」などで、論じられている。

ひるがえって日本の都市研究の動向を考えてみると、これまでに記したような、豊田武が戦中戦後において開拓してきたさまざまな都市史研究の方向は、中世の都市史研究において先進的なヨーロッパのそれと比較して、基本的に正しかったと言わざるをえない。日本の中世都市の場合、従来から農村における村落共同体、すなわち郷村ないし惣村との組織的同一性、なかでも宮座と商業座の相似性は早くから指摘されていたし、農村と都市が密接な連関性を有するものである事実は、早くから指摘されていた。そもそも、このような分析視角による都市研究を開拓したのは、平野の研究について論じたように、豊田であったのである。もちろん、ヨーロッパの都市史研究において、現在も続けられている模索は、新しい分析視角や都市概念の枠組みを必要とするものであり、安易に従来の学説や研究の成果に回帰するということを許さない性質のものであるが、分析視角の転換にも耐え得る研究史の蓄積を、私たちはもっているのである。

第三節　町衆の自治組織、会合衆について

これまでに述べてきたように、ヨーロッパの都市研究からの圧倒的な影響を受けて、発達してきた日本の都市研究において、出発点にあったのは、M・ウェーバーの都市論を基底にした市民の共同体とする見方であり、都

市を都市共同体という側面から分析するという伝統的な視角も、これによってきた。豊田武の場合、都市民の歴史において重要なのは、都市民の組織について、〈会合衆〉論を提起したことである。会合衆についての最初の分析は、「中世都市論」のなかで、平野の杭全神社を中心にした村落共同体から、市場と商業の発達による都市化によって、後の「糸乱記」「末吉文書」にみられる会合衆が行政権を握るにいたり、自治が強化されていき、自由市的性格をもつことを述べたのが最初である。（実際には、会合衆として見えるのは、堺のそれである）。これと同時に、伊勢の宇治山田についても、はじめ禰宜が行政権を握っていたが、国民の参宮熱の高まりによって、御師が増加し、しだいに行政権が御師に移り、御師の代表者の会合たる宇治六郷および山田の三方がその自治的勢力の中心をなしていたことと、その外港たる大湊も廻船問屋よりなる会合衆が都市行政を握っていたことを明らかにしている。このように、会合衆論は最初から、必ずしも堺についてのみ論じられたものではなかったことに注意しなければならない。

しかし会合衆が一躍有名になるのは、『堺――商人の進出と都市の自由――』において、都市民の階層について、「会合衆」論が提起されてからである。それによると、会合衆の組織は、寺院の集会にその源流をもっていると思われるから、〈えごう〉と読むのが本当であろうとして、その史料的初見は、『蔗軒日録』の一四八四（文明一六）年八月一日の条であり、堺の総鎮守であった三村社（開口神社）の八月一日の祭礼の日、この祭礼の頭に、会合衆内のカスエ・イツミ屋の両人がなっているもので、当時の会合衆は十人であったとしている。このカスエ・イツミ屋は、材木屋三宅主計と和泉屋道栄のことと解っていて、いずれも豪商である。

ところで、この三村社ないし三村宮の八月一日の祭礼とはどのようなものであろうか。『蔗軒日録』には、「一流社三村祠祭礼」とある。『住吉大社神代記』には、開口神社は開口水門姫神社と記され、古くは水門（津・港）を護る社として、堺の中心的な漁村である開口村に祭られ、海岸近くにあったことが想定されているが、社伝によると、一一一三（天永四）年に開口・原・木戸の三村の氏神を合せ祭ったとみえるのが、一応の参考になると思われる。もちろん、開口神社は式内社であり、主祭神は塩土老翁神としているが、三神のうちに平安中期以降に流行した牛頭天王（素戔嗚尊）がみられる。「念仏寺年中行事次第」（開口神社文書）によると、一三七五（永和元）年ごろ、開口神社の神宮寺である念仏寺の八月一日の祭礼の頭役は、「御霊会頭役寺僧廻年役也」とあり、寺僧の廻年役とされていたが、ここに見える御霊会頭役とは、開口神社（三村社ないし三村宮）の八月一日の祭礼のことなのである。この祭礼は、のちに八朔祭と呼ばれているが、念仏寺が一四二七（応永三四）年に将軍足利義持の祈願寺となり、幕府の保護を受けるようになったことや、一四三一（永享三）年以後に、堺南荘が幕府の直轄領たる御料所になったという背景から、室町幕府が重んじた陰暦八月一日の八朔の行事の名称が、付けられたものであろう。実際には、この祭礼は、開口神社にかつて所蔵されていた絵馬に描かれているように、鉾型の山車などが、それぞれの町内ごとに曳かれているから、京都の祇園祭にみられるような、御霊会の性格をとどめた町衆の祭礼であったのである。しだいに堺は住吉神社との宗教的な紐帯から自立しつつあったが、住吉神社の神輿が堺に渡御する六月晦日の祭礼（堺渡御祭）も、引き続いて行われていた。

「大寺縁起」によれば、七四六（天平一八）年に行基が開口社に念仏寺を創建し、八〇六（大同元）年に空海がここに宝塔を建て、大日如来を安置したと記されている。九五一（天暦五）年には、念仏聖空也も参詣したとされ、当地は真言・念仏の霊場として大いに栄えたという。実際に念仏寺の存在が史料的に確かめられるのは、鎌倉時代になってからのことであるが、堺の住民達の崇敬を集めており、念仏寺の堂舎が堺北荘内に存在していた。後の『蔗軒日録』の一四八六（文明一八）年二月一二日条の記事に、堺北荘の経堂が「地下之公界会厥（所）也」とあるが、この念仏寺の堂舎が公界の会所となっていた事実については、第三章で詳しく述べたところである。このように、南北朝時代には念仏寺の寺僧の廻年役とされていた八月一日の御霊会頭役が、文明の頃には会合衆内から選ばれた二人が、その頭を勤めている。これ以前の一四一九（応永二六）年二月に、室町幕府は相国寺の塔頭崇寿院に堺南荘を与え、住民の地下請とし、屋地子（家屋税）棟別七三〇貫文を定めているから、このころには、堺の町衆・会合衆が祭礼の中心的な担い手となっていたものと考えられる。

豊田武が会合衆を寺院の集会に起源が求められるから、〈えごう〉と読むのが本当であろう、とした背景は詳しく説明されていないが、このような事情があるのであり、一見正当であるかのように思われる。しかし、歴史的な用語の正しい読み方は、史料的に実証されるか（史料に仮名が出現すれば、一番確実である）、少なくともその地でその読み方が伝承されていないかぎり、推測だけで断定できるものではないと考える。そのような、いわばオーソドックスな立場からすれば、〈会合衆〉の読み方は、〈かいごうしゅう〉（クヮイガフシュウ）であり、〈会合〉の意味は、「相談、討議などのために人が集まること。その集まり。集合。寄り合い。」ということだから、堺の町衆だけの固有名詞ではなくなる。すなわち、会合衆とは堺の寄合衆（議会員）を指す名称ということになり、その階層や存在形態はさまざまであったとはいえ、平野や宇治・山田・大湊でも、会合衆は寄合衆（議会員）であったと考えられるのである。

この問題を解くもうひとつの典拠は、一六〇三（慶長八）年に日本イエズス会によって成立した『日葡辞書』であろう。よく知られているように、ザビエルが鹿児島に上陸したのが、一五四九（天文一八）年であり、キリスト教の布教のために、宣教師たちの献身的な活動がこれ以後はじまったが、その活動のために必要な手段として、日本人達の協力を得て、ポルトガル語の説明を付けた日本語辞書が長崎学林（コレッジョ）で刊行されたのである。ザビエルの日本上陸以後わずか半世紀あまりのことで、驚くべき早さだといわなければならない。言うまでもなく、宣教師たちは国際貿易都市であった堺には足繁く出入りしており、堺に教会施設も設けている。堺についての記述も残していて、同時代者としての貴重な証言となっている。

ところが、この『日葡辞書』に〈会合衆（えごうしゅう）〉の項目がないことが、豊田説の提言以来、堺を研究する者の頭を悩ませてきた。しかし、「会合　クヮイガゥ」（Quaigǒ）の項目なら存在するのである。すなわち、それは「あることを処理し相談するために催される大勢の人々の集会」のことである。ちなみに、「会　クヮイ」とは、「茶の湯への招待」であり、「公界　クガイ」（Cugai）も「公の所」として、収録されている。文明年間から明らかになる会合衆・町衆の自治組織は、『蔗軒日録』にあるように、「公界」と表現したほうがふさわしく、「地下之公界会所」とは、堺の市議会場と解釈したほうが正しいと思われる。そもそもは、開口神社（念仏寺）の御霊会の祭祀組織に起源をもつ会合衆であるが、戦国時代には、会所での会合に加えて、茶の湯の流行により、茶会が会合衆・町衆の親睦を深める機会になっていた。そのような町ぐるみの茶会についての記録（「天王寺屋会記」など）が出現してくるのは、天文年間、つまり十六世紀後半からである。茶の湯そのものは、奈良や京都において、より早く流行をみたが、その芸術ないし生活文化としての完成が成し遂げられたのは、堺の町衆によってであった。

武野紹鷗（一五〇二～五五年）、千宗易（一五二二～九一年）、今井宗久（一五二〇～九三年）は全て堺の町衆であったし、天王寺屋財閥とでも呼ぶべき豪商である津田宗及をくわえた宗易・宗久・宗及は、天下の三茶人として、茶の湯を茶道の完成に導いたほどの人物でもあった。織田政権の成立後の一五七四（天正二）年に、信長が堺の有力者十人を招き、京都の相国寺で茶会を催したとき、紅屋宗陽・塩屋宗悦・納屋今井宗久・茜屋宗左・山上宗二・松江隆仙・高三隆世・千宗易（利休）・油屋常琢・天王寺屋津田宗及が、その名を連ねている。かれらは堺の会合衆であり、すべて茶人・文化人としての名声を博した人々であったが、納屋衆（倉庫業）や貿易商人、高利貸しや為替業を営む豪商でもあったのである。会合衆の近世的存在形態が、ここによく現われていると思われる。

おわりに

最近の中世都市研究は、これまでの文献史学的な研究を主流とする傾向から離れて、空間と都市景観からのアプローチが目立っており、(12)方法的にも、民俗学や考古学・地理学・建築学・美術史や図像学・あるいは文学など、あらゆる隣接分野からの開拓が進展している。このような新しい研究動向は、新しい都市像を生み出していくのだろうか。社会経済史から社会史への転換というような、単なる流行にとどまらぬ、長期的な展望を切り開くものであろうか。ちなみに、社会経済史の〈社会〉とは、社会史の〈社会〉でもあるから、社会史の盛行は、社会経済史を完成に導く道でもある。

いまはただ、新しい方法が従来の文献史学的な研究によっては、とうてい到達できない都市に住む民衆の存在形態を、解き明かしつつあるという一点によってだけでも、積極的に評価できることを明言しておきたい。そして、このような新しいアプローチが、豊田武にみられるような従来の研究成果と着実に結びついたとき、新しい都市像の構築がはじめて可能になるだろうと考える。

比較史的な視点としては、豊田武の時代と同様に、ヨーロッパにおける都市研究との比較に止めざるをえなかったが、ヨーロッパにおける都市概念が、「人間定住史の一章」(13)としての都市像を、時間的・空間的に限定された枠組みで捉えようとする方向に進みつつあるとすれば、いわゆる非ヨーロッパ世界における都市研究との比較も、これからは当然ながら必要となってくる。中国や朝鮮、イスラムやスラブ世界などの都市についての新しい研究成果との比較によって、日本の中世都市研究に新鮮な刺激がもたらされることを、期待するものである。

註

(1)「平野と末吉家」は、豊田武著作集第二巻『中世日本の商業』四七一〜四七五頁、吉川弘文館、一九八二年。「中世の桑名」は、徳田釼一『中世に於ける水運の発達』三二八〜三三二頁、章華社、一九三六年。豊田は、一九四四年に『中世日本商業史の研究』(岩波書店、増訂版、一九五一年)を著わす際に、著書内にこれをまとめたものだが、豊田の都市論の起点としてのこの論稿の位置は、不明確にならざるをえなかった。

(2)『西洋史料集成』平凡社、一九五六年。

(3)『社会経済史学』第三八巻四号、一九七二年。のちに『日本中世の都市と法』所収、吉川弘文館、一九九四年。

(4)魚住昌良「ヨーロッパ中世都市像の転換」(ICU『アジア文化研究』一一、一九七九年)では、清水廣一郎の仕事や、森田安一「中世都市チューリヒの支配構造」が紹介されている。

(5)「中世都市論」(『岩波講座日本歴史』7 中世3』一九七六年。のちに、『日本中世都市の世界』筑摩書房、一九九六年)、『無縁・公界・楽』(平凡社、一九七八年)。

(6)『守護城下町の研究』(大学堂書店、一九八二年。『中世城下町の研究』(近代文芸社、一九九一年)。

(7)最新の研究動向については、仁木宏「城下町と自治都市—空間・景観をめぐって—」(『国史学』一四三、一九九一年三月)を参照。

(8)『歴史学研究』六一八号、参照。

(9)河音能平「ボン日本中世史研究会議寸感」(『歴史評論』四九七)。

(10)その研究の紹介としては、前述の「ヨーロッパ中世都市研究の同行」(『日本史研究』二〇〇)のほか、魚住昌良「中世都市におけるミニステリアール層—シュルツ学説を中心として—」(『山梨大学教育学部紀要』五、一九七四年)や「ヨーロッパ中世都市像の転換」(ICU『アジア文化研究』一一、一九七九年)参照。

(11)豊田は、被差別民の問題については、一九五三年に「部落民の差別されるようになった歴史的事情」(日本人文科学会編『社会的緊張の研究』)を、一九六四年に「中世賤民の存在形態」(『日本大学史学会研究彙報』八)を、一九七三年に「散所と河原者」(『日本歴史』三〇〇)を、発表している。同著作集第七巻『中世の政治と社会』吉川弘文館、一九八三年。

(12) 代表的なものとしては、高橋康夫・吉田伸之編『日本都市史入門』Ⅰ・Ⅱ・Ⅲ、東京大学出版会、一九八九年・一九九〇年がある。

(13) 「ヨーロッパ中世都市研究の動向」参照。

第八章　安良城盛昭の奴隷制社会論について

はじめに

人はどのようにして歴史と出会うのか。ごく単純な意味での好奇心や知識欲から出発する歴史であっても、人と歴史との出会い方には、個々の好悪をまじえた個性的ともいえる差異が存在するもののようである。歴史の見方ともいえる歴史観についても、これは同じであり、歴史学を志す研究者が、みずからの歴史観を構築していく際に、かれにふさわしい歴史観や理論・学説とどのような出会い方をするものなのかは、偶然性に基づく一面があるようでもあり、またそれなりの価値観の個性的な差異による選択をへた必然性があるとも思われる。

戦後の歴史学において、きわだった個性的な歴史家であった安良城盛昭の理論や学説との出会い方について述べるならば、私は歴史学を学びはじめた真先に、安良城説と出会いながら、同世代の少なからぬ人々が遭遇したような強烈で深刻な影響を経験してこなかった。一九六〇年代から安良城説がすぐれて論理的で個性的な学説であることを理解しながら、それによって中世史を読み解く手がかりにするという体験はしてこなかったのである。その理由については、論述のなかで詳しく述べるつもりであるが、一言でいうならば、それが日本社会についての後進性を強調する理論に思われたからであり、当時の私は、むしろ中世社会に先進性を見いだそうとする歴史観・理論の方に、みずからの歴史探求をすすめる手がかりを求めていたからである。

いま、戦後における諸学説の歴史を繙いてみると、発表直後の安良城説は、一方では大きな反発を呼び起こしたようであるが、けっして学界で孤立した位置にあったのではなく、世界的な諸学説の潮流からみても、むしろ時流にかなっており、歴史学における主流を占めうる内容をもっていたと考えられる。彼が主として理論的な拠り所にしたのはマルクスを中心とする著作であり、それは戦後には歴史学のいわばバイブルとして隆盛を誇っていたからである。彼の古代を総体的奴隷制、中世を家父長的奴隷制というウクラードから説明するという学説についても、マルクスの著作に見られる記述の日本史における理論的な適用をめぐって、度々論争が繰りかえされるほど学界の主要な関心事であったうえに、ちょうど一九五〇年代から世界的に奴隷制理論が復活し、重視されるようになってきたからでもある。しかしながら、その後の諸学説の展開の経過からいえば、日本の中世社会を奴隷制理論から説き明かそうとする立場は、むしろ少数派に終わったと言わざるをえない。

それにもかかわらず、現在の私は、彼の学説が説き明かそうとしていた諸問題について、いまだに解明すべきアクチュアルな重要性が存在すると考えている。また歴史学がウクラード論によって立つのではなく、むしろ社会史的な傾向を深めている現在こそ、逆説的に、安良城説によって明らかにされた研究成果を歴史分析に生かせるのではないかとも考える。あとで詳しく述べるように、すでにこのような分析視角から奴隷論や奴隷制論を展開した仕事も、発表されているのである。これは奴隷論の新展開というべきであり、新しい視野のもとに、身分制論が理論化される機運が熟してきているとも考える。

第一節　アジア的生産様式論と安良城学説

四〇年間にわたって研究活動を展開した安良城盛昭の学問には、彼みずからが要約しているように、時期によって、ほぼ四つの体系的な研究テーマが存在している。すなわち、二〇代における太閤検地研究、三〇代における幕末・明治・大正期における日本地主制史研究、四〇代における沖縄史研究、五〇代に大阪に移ってからの、沖縄における被差別民研究の成果を基礎とした本土の未解放部落の史的研究であり、天皇制研究こそが自らのライフスタディであるという。このように広範な研究テーマをもち、その各々が密接な相互関連性を有する学問体系に対して、全体的な評論を加えることは、ここでは困難であろう。そこで、彼の学説のなかで、前近代史に言及した部分を主に取り上げ、とりわけ中世史に関した論説について評論したいと思う。彼のようなタイプの歴史家の場合、このような論評を通じても、彼の理論の全体像が自ずから問題の中心になってくると予想されるからでもある。

このような分析視角から安良城盛昭の学説を検討してみると、彼が太閤検地研究と要約した二〇代における「太閤検地の歴史的前提」（『歴史学研究』一六三・一六四号、一九五三年。のちに安良城『日本封建社会成立史論』上、岩波書店、一九八四年）と、「太閤検地の歴史的意義」（『歴史学研究』一六七号、一九五四年。のちに、安良城『幕藩体制社会の成立と構造』、御茶の水書房、一九五九年）に始まる諸論文が、研究の出発点でもあり、彼の歴史観や歴史理論を最もよく示していると考えられる。そこでは、日本社会の歴史的発展の諸段階について、古代の律令体制社会（＝総体的奴隷制）→中世の荘園体制社会（＝家父長的奴隷制）→近世の徳川幕藩体制社会（＝農奴制）という明確な区分が示されている。安良城説について論じる場合、中世から近世にかけての移行論、すなわち太閤検地によって実施されたという小農民自立政策、統一的封建権力による奴隷制的生産関係の体制的否定という太閤検地封建革命説（のちに封建的変革説に訂正）が中心的に議論されるのが普通だが、古代から中世への移行論、すなわち古代の律令体制社会から中世の荘園体制社会への移行の特質も、これに劣らず重要であろう。まず第一に、古代中世移行論について見ることにしたい。

安良城説の古代中世移行論としては、歴史学研究会の一九五六年度大会で、「時代区分上の理論的諸問題」という共通テーマで報告された「律令制の本質とその解体——石母田・藤間・松本三氏の見解の検討を中心として——」（一九五六年度歴史学研究会大会報告、『日本封建社会成立史論』上）があり、また古代家族や奴隷の存在形態に直接かかわる古代籍帳を分析したものとして著名な「班田農民の存在形態と古代籍帳の分析方法——石母田＝藤間＝松本説と赤松＝岸＝岡本説の学説対立の止揚をめざして——」（『歴史学研究』三四五号、一九六九年。のちに『日本封建社会成立史論』上）がある。論文名からも明らかなように、前者の論文は、戦後の歴史学をリードした石母田正・藤間生大・松本新八郎の学説を検討し批判したもので、彼らの学説を中心にして、学風の異なる赤松俊秀・岸俊男・岡本堅次の学説をも併せて検討したものが、後者の論文である。両者はいずれも、安良城独自の古代社会論ないし中世への移行論といったものになっている。

このうち後者の論文の内容は、神野清一が詳しく論述しているように、安良城盛昭の「編戸＝造籍」学説と要約されるものであり、古代籍帳分析の学説史のうえからも重要な意味をもっている。(1) それによると、八世紀の籍帳分析を通して行われた古代家族をめぐる従来の議論の根底には、そこに記載されている戸が、いったい当時の再生産単位の実態を示すものなのか、それとも古代家族の実態とはずれるものなのかという問題が存在していた。この言わば籍帳の資料的価値にかかわる議論は、戦時中の石母田正・藤間生大両説に代表される実態説と、敗戦後にむしろ有力となった岡本堅次・岸俊男両説に代表される擬制説とに大別される。実態説はいわゆる郷戸再生産単位説であり、擬制説は房戸再生産単位説である。これに対して安良城説は、結果的には実態説（＝郷戸再生産単位説）であるとしてよいが、戸の分合という事実について、初めてそれが律令国家の編戸＝造籍の本質をあらわすものであると指摘した点で、籍帳には自然発生的な戸が記載されているという認識を前提とする先行諸学説とは、籍帳に対する分析視角が異なっているという。

神野清一は、安良城学説を限定的に受け入れる立場から、明らかな事実に即して言えば、籍帳の郷戸は徴税（口分田給与と点兵なども含む）のための単位として、律令国家が在地の現実に照らして把握したものという程度でしかないのではなかろうか、として、当時の再生産の基本単位は、権力的に戸口調整された戸＝郷戸であったとする、安良城説に疑問を呈している。また、戸の分合についての安良城説が発表された前年に提起された吉田晶の『日本古代社会構成史論』について、安良城説と共通する点が少なくないが、共同体に視座を据えていることと、奴婢を問題にしていることに優れた特徴があると評価したうえで、具体的実証的に戸の分合と奴婢の割来・割往について分析している。それによると、八世紀初葉の段階で先進地域の一般戸の奴隷所有をみとめる先行学説には根拠がなく、いまだ首長的所有の段階に止まっていたとみる方が妥当のように思われるとしており、従来からのアジア的生産様式論を確認した結果になっている。

安良城盛昭による前者の「律令体制の本質とその解体」という論文において、目的とされるのは、日本における総体的奴隷制の最後の段階と考えられる律令体制社会の特殊な構造とその解体の仕方を、石母田・藤間・松本の見解を検討して問題の所在を明らかにすることである。ここで安良城は、マルクスの『資本論』草稿である『資本制生産に先行する諸形態』を理論的武器として、古墳時代以後の日本社会は総体的奴隷制の時代であり、その最後の段階が律令体制社会であることと、それに続く荘園体制社会は、もはや総体的奴隷制ではないことを明言している。

当時の歴史学界では、日本の封建社会成立の画期を異なって把握する四つの見解が併存していた。すなわち、第一に律令体制成立を画期として日本の社会が封建社会にはいったと考える見解、第二には鎌倉幕府の成立をもって、日本の封建社会成立の画期とする見解、第三に、南北朝の動乱の結果成立してくる室町幕府の成立をもって、日本の封建社会の成立とする見解、第四に、戦国期の動乱を経過して封建社会が成立したと考える見解、の四つであった。結論的には、安良城は第一・第二・第三の見解を批判し否定したうえで、第四の見解をもって封建社会成立の画期としたのであるが、その時代区分上の理論的な根拠は、前述のマルクスによる血縁共同体としてのアジア的共同体の分析と総体的奴隷制についての彼独自の理解に拠るところが大きかった。

この問題を本当に理解するためには、吉村武彦が分かりやすく解説しているように、戦後の古代社会論にかかわる主要な学説史をふまえておかなければならない。(2) それによると、戦前の日本マルクス主義古代史学の到達点であり、今日まで影響力を持続していると評価される日本型奴隷制論が最初に位置している。日本型奴隷制論は、いわゆる「世界史の基本法則」を前提として、生産諸力の発展の不均等（異質的社会関係の混在＝連関）から、奴隷制の日本的特殊形態を分析し、「規定的奴隷たる奴婢制とその発展を槓杆として起った部民（変型的奴隷制）との必然的な連関＝結合」と規定する。ここでの奴婢制は家父長的家内奴隷ないし「労働奴隷」と規定されている。

この理論的蓄積を受けて、一九四七年になって、マルクス『経済学批判要綱』の一部の「資本制生産に先行する諸形態」が『歴史学研究』に訳出され、それまではモンテスキュー『法の精神』に依拠した「政治的奴隷制」の概念が使用されていたが、「諸形態」以降は、「総体的奴隷制」の概念が使われるようになり、史学界の大半に受け入れられ現在にいたっているという。一九六〇年代の後半から七〇年代にかけては、日本でアジア的生産様式論争が盛んに行われ、アジア的生産様式を原始共同体的生産様式とみなす見解が主な潮流になっていったという。このような戦前から戦後にかけての学説史をふまえて、初めて安良城理論が華々しく登場した理由と、その学説史的な位置づけを納得することができるのである。

それでは戦後の古代社会論についての学説史において、安良城理論が有する独自の理解とは何であろうか。前述の「律令制の本質とその解体」において、安良城はつぎのように述べている。すなわち、「総体的奴隷制」は、二つの生産関係の相互規定を構造としている。つまり、天皇・寺社・官僚が個別的に奴婢を持っている。この奴隷制的生産関係が基本的な生産関係であるが、もう一つは、こういう個別的な奴隷所有者が権力の構成員となっている専制国家を通じてアジア的共同体成員としての班田農民を支配している。この両方の関係が統一されて存在する、相互に規定しあって存在する。これが「総体的奴隷制」の一形態としての律令体制社会の構造である、と。また、石母田正・藤間生大・松本新八郎の見解との相違については、安良城が一般班田農民の下においては原則として奴隷所有がありえないのだと理解することに対して、三人は「総体的奴隷制」というものは家父長的奴隷制を基礎にしているのだから、班田農民が奴隷所有者たりうると考えるところだという。安良城は、班田農民の階級分化を通じて班田農民相互間に家父長的奴隷制が展開してくると、律令体制社会が現実に壊れてくるという問題が解けないのではないか、と述べている。また、律令体制社会を単純に家父長的奴隷制を基礎にしていると考えるとすれば、奴隷の解放つまり家父長的奴隷制の解体が、律令体制社会解体の基本的契機にならざるをえないという問題が生じるが、今までの研究はそのように追究されていない、と指摘して、石母田・藤間・松本説に立つ場合、この問題を理論的に処理する必要があると論じている。

これに対して、石母田正は「在地首長制」という範疇を新たに提起することで、従来の日本型奴隷制論では追究が不充分であった「班田農民」を取り巻く氏族制的・共同体的社会諸関係を解明しようとした。これが新しい総体的奴隷制論であるという。それによると、(1)国家と公民との関係において成立する生産関係、(2)在地首長層と人民との間に存在する人格的な支配＝隷属として存在する生産関係、を指摘し、(1)が律令制国家として圧倒的に社会を支配した段階においても、第二次的・派生的生産関係であり、(2)の生産関係が第一次的・基本的である、という。

しかし、吉村武彦が述べているように、奴隷としての奴婢は「全人口の約一割存在したと想定されているが、律令制国家の経済的基礎をになうのは一般の百姓であり、その核は公民である。日本的な奴婢制の存在構造は、古代社会の身分秩序に重要な影響を与えたが、究極的には公民の歴史的性格が日本古代社会の質を決定する。日本型奴隷制論のような相互規定論は方法論的にまちがって」いる、とするのが、学説史の展開から見て現段階では妥当であろう。

吉村が結論的に提示しているように、前近代の階級社会を規定する生産関係について、奴隷制と農奴制以外に第三の範疇としての隷農(隷属農民)制論を提起し、そこに新しい理論的可能性を見いだす道も、すでに切り開かれている。すなわち、「日本古代は古代アジア的生産様式にもとづく社会であり、その直接生産者は隷農である。しかし、律令制国家の分業体系や刑罰体系にとどまらず、王権の形態や社会編成の面において、奴隷制の展開が重要な意義と役割をになった社会であった。われわれはこの両面を統一的に認識して、はじめて日本の古代社会の特質を理解することが可能となる。」というのである。奴婢の売買を歴史的前提として、六九一(持統五)年三月癸巳詔にみられるような、公民としての百姓の売買が存在するといった歴史的事実の確認こそが、重要であると思われるのである。

第二節 「奴隷包摂社会」論と網野善彦批判

一九九四年度の歴史学研究会大会は、「歴史における〈奴隷包摂社会〉——奴隷論の新展開——」をテーマとして設定し、中近世を対象として、中世スペイン史・オスマン帝国史・日本中世史それぞれの専門家が大会報告を行なった。(3)主催者側の主旨説明にもあるように、大会報告はスペイン・オスマン帝国・日本の中世社会における奴隷の多様な存在形態を明らかにすることを意図して提起されたものであった。すでに述べたように、奴隷(制)論が歴史学の主要な関心を寄せるテーマであったことは、過去にも何度かあり、その意味では今回が初めてというわけではない。これまでと違って新しいのは、奴隷論の分析視角だったと考える。従来の「発展段階説」に従えば、古代奴隷制社会・中世封建社会・近代資本主義社会という図式的把握が普通であり、奴隷の存在は主として古代社会に限定して論じられがちであった。しかし奴隷現象は古代社会に限定されるものではない。奴隷を包み込んだ社会が、古典古代から十九世紀まで地中海世界で持続したのみならず、十六世紀には奴隷がアメリカ大陸に移植されたとの近年の欧米学会での問題提起などにより、奴隷論はかつてない時間的・空間的広がりをもってきている。

たとえば、十六世紀から十九世紀に約一〇〇〇万人の黒人奴隷が、アメリカ大陸に「強制移民」として「輸出」され、西ヨーロッパの産業革命や現在の南北問題に大きな影響を与えたし、国連の社会経済委員会は第二次大戦中の従軍慰安婦を military sexual slave と定義している。したがって奴隷論は現代史の問題としても成立しうる。しかも中近世の奴隷は一部に例外があるものの、多くは社会の下層に位置するマイノリティであり、アウトローの世界や社会史との関わりも深い。奴隷論は、従来のパラダイムの再検討につながる可能性を秘めたテーマである。このような認識と新しいパラダイムをめざして、歴史における「奴隷包摂社会」(society with slave) 論は提起されたものであった。

三報告は全体的に密接な関連を有するとはいえ、外国史と日本史とでは、奴隷の存在形態にも違いがあるし、安良城説の検討を目的とする本稿においては、ただちにスペイン史やイスラム史における奴隷論を問題にはしがたいため、二報告については「三　比較史的観点による展望」で後述することにして、日本中世史における奴隷論をめざした磯貝富士男による「日本中世社会と奴隷制」と題した報告について、論じることにしたい。

磯貝報告が最初に述べているように、磯貝の奴隷制論は、かつて「世界史の基本法則」を特殊日本において検証するという発想のなかで提示された安良城盛昭の日本中世＝家父長的奴隷制社会説の検討のうえにたつもので、安良城説の検討から導きだされた課題からつぎの二つのテーマに絞って議論を提起している。

（1）　奴隷供給源をめぐる問題。これには社会内供給と対外的供給との区別があることを指摘し、それぞれどのような場合があり、それぞれを条件付けた要素はなにか、を考える。両者のうち、社会内供給が圧倒的であったという立場から、その仕組みや奴隷転落の増加した時期についての諸条件（自然的・社会的条件など）について明らかにする。

（2）　奴隷制と社会全体との関係。日本中世社会における奴隷制の存在については、多くの論者が認めているところであるが、社会全体との関係で、その意義確定の作業は放置されたままである。日本中世社会を奴隷制社会とみなしうるかという論点を意識しつつ、家族・村落・地域・社会全般、の諸レベルでの奴隷制秩序を検討する。

また、「奴隷」の概念規定については、すでに安良城盛昭による五規定からなる定義がある。それは、日本中世社会の「下人身分」を奴隷とみなす「日本中世社会における家父長的奴隷制」という論文のなかで、戦国大名家法に現われる「下人身分」の五つの側面を論じたものであるが、①他人の所有の対象　②下人の無所有＝所有の非主体　③下人の被給養＝非自立　④下人に対する非給養＝非自立の強制　⑤苛酷な支配の対象というのが、奴隷の五つの基本的側面だと結論している。これに対して、これは奴隷身分の理念型であり、もっと単純化して、その身柄のみが生活諸条件・諸関係から切り離されて売買・譲渡・質入されうるなど永続的所有の対象となっていること、それが所有者と被所有者という二者間に成立していれば、その被所有者は奴隷身分とされているといってよい、としている。

以上の理論的・学説的前提のもとに、前述の（1）奴隷供給源の問題（2）奴隷制と社会全体との関係という二つのテーマに絞って、分析が展開されていくが、それが磯貝報告における「I奴隷供給システムと気候の冷涼化（1戦国織豊期宣教師たちの見た日本型奴隷制・2日本中世の奴隷制拡大再生産構造・3小括）」「II中世社会と奴隷制（1家族内身分秩序と奴隷制・2領主の地域支配と奴隷制——奴隷制包摂領主制・3奴隷制的主従制）」という構成を通じて述べられている。それによると、奴隷供給源の問題については、戦争捕虜奴隷化が第一に挙げられ、それは元寇や秀吉の朝鮮侵略などの公的戦争と倭寇などの私的戦争からなる対外戦争、あるいは国内戦争において、敵や敵地の人間を捕虜として奴隷化することである。第二は、犯罪者あるいはその家族を奴隷化することである。第三に、経済的理由による奴隷化であり、鎌倉後期以後の日本では、奴隷転落が増加していくが、その理由の中核には、一二三〇年の大凶作に端を発した寛喜の飢饉において良民の人身売買が黙認されていた例にみられるように、気候の冷涼化にともなう慢性的飢饉状況があったという。西洋中世社会では、封建制形成（feudalism と荘園制）と奴隷制後退とが対応していた。これには十三世紀以降教会が異教徒の奴隷化は認めたが、キリスト教徒同志の奴隷化を原則的に禁止する傾向を強めたという、条件の違いもある。日本では逆に公的協同体的秩序維持機能が衰退し、経済的圧迫下での窮迫者救済システムとして、奴隷化慣習が定着していった。

つぎに奴隷制と中世社会という問題については、中世の家族内身分秩序における奴隷制、領主の地域支配秩序における奴隷制、主従制身分秩序における奴隷制、が分析されている。ここでの分析は、個々には従来から論じられてきた学説史のうえでの諸成果によっているが、奴隷制が中世社会に規定的な存在形態であることや、封建制的な社会関係、ことに主従制関係の中核であったことが論じられており、全体として中世封建社会が奴隷制社会であったという構想を示している。その意味で、大会テーマとして設定された「奴隷包摂社会」論という視点とは異なる「奴隷制社会」論になってしまっているが、中世奴隷制社会論という意味では、全体的な構想において、中世社会が家父長的奴隷制によって規定された社会であるとする安良城説を、分析視角においても実証的にも、豊かに発展させた内容だと評価できると思われる。

ここで磯貝説の重要な理論的な前提である気候の問題については、磯貝による別の新稿である「日本中世史研究と気候変動論」が、日本の中世社会における気候の変動について、詳細に論述しているところである（『日本史研究』三八八号、一九九四年一二月、「数量・統計を考える」特集号、参照）。たしかに一部の例外を除けば、従来の歴史家はあまりにも自然的条件について、考慮することが少なかったと思われる。磯貝説は奴隷転落の条件を、ストレートに当時の気候変動と結びつけるが、江戸時代になっても大飢饉の背景に、当時の気候変動が大きく左右している事実が認められることからも、歴史的条件として気候変動を重視する必要がある。しかし、このような際に餓死したり、転落していくのは、社会的弱者であるから、社会的条件、すなわち公的協同体の秩序維持機能の衰退現象という社会システムについてこそ、分析の焦点が置かれるべきであったと考えられる。私は奴隷論については、やはりマイノリティの存在として把握するべきだと思うのである。

しかしながら、このように提示された大胆な中世社会論によって、近年の自由民たる百姓の存在形態をイメージして提出された、どちらかといえば楽観的な中世社会論は、大きな軌道修正を迫られていると考えざるをえない。そこでつぎに、安良城盛昭による仕事の一環として提起された網野善彦批判について検討しておきたい。おそらく安良城説は、現段階においては、網野説ともっとも対照的な位置にある中世社会論だと思われる。

一九八五年に安良城が発表した「網野善彦氏の近業についての批判的検討」は、網野による『日本中世の民衆像——平民と職人——』と『無縁・公界・楽——日本中世の自由と平和——』を、それぞれ批判検討したものである。(4) 前者の『日本中世の民衆像』批判において、問題とされているのは、網野説が日本中世社会の「百姓身分」に属する「平民百姓」を「自由民」としての側面からその特質を解明しようとするのに対して、安良城が「百姓身分」に属する日本中世の農民はたしかに「自由民」であるが、「アジア的な自由民」であり、本質的に「非自由」であることが重視されるべきだとする、百姓論が第一点である。安良城説では、「下人身分」が「不」自由である、ということになる。

また、網野が「中世都市論」において、美濃・加納の三つの楽市令の内容を検討し、一五六七・六八（永禄一〇・一一）年のそれには存在した「譜代相伝の者たりと雖も、違乱すべからず」の文言が、一五八三（天正一一）年の楽市令になると消え去っている事実に注目し、「西洋の社会が、本源的な「自由」を多様なアジールを通して、「自由都市」に定着させ、一年と二日の都市居住による農奴の解放という慣習を強固に確立して、近代的自由への道をひらいたのに対し、日本の公界はたしかに逃亡農民をうけいれ、「譜代相伝」の人々を迎えてはいるが、ついにその解放を一個の慣習法にまで高めることなく潰え去った。公界、楽市を一旦はそれとして認めて自らの支配下にとりこみ、強力な武力によって骨抜きにしつつ、織豊政権は城下の町に公界を吸収しつくし、新たな近世的権力を樹立した。（中略）中世都市から近世都市への転換は、そこに象徴的に示されている。」と述べているのに対して、(5) これは網野の全くの誤断であり、一九五九年に安良城が公刊した『幕藩体制社会の成立と構造』のなかで紹介した、一六五四（承応三）年の岡山藩の譜代解放令を具体例に、これが譜代を含めて人身売買を禁止した一六一九（元和五）年の幕府法の延長線上に位置していることと、近世社会においても「下人」は広汎に存在するが、その基本形態は年季奉公人であり、「百姓」が一時的にとる地位・状態であり、奴隷身分としての中世の「下人身分」は、近世社会では本質的に解消してしまっていること、とを論じているのが第二点である。

ちなみに、網野説では「譜代相伝の者」（譜代相伝の下人）は、ヨーロッパ中世の農奴と同列に考えられているから、日本の近世において、すでに奴隷が解放されているという認識において、両説が一致することは言うまでもない。しかし、何よりも両説が異なるのは、網野説が自由都市論として、日本中世の都市が農奴を解放しえたかどうか、という問題を問いかけているのに対して、安良城がそれを理解しないで、近世権力による譜代解放令でもって、これに応えている点だと私には思われる。この相違は歴史観において決定的だと考えざるをえない。

また、後者の『無縁・公界・楽』批判において、問題とされているのは、原始の自由と結びついたイメージによる無主・無縁＝「無所有論」批判であり、「無縁所・公界」についての具体的・実証的な分析をともなった根底的な批判である。このような網野批判は「網野善彦氏の近業についての批判的検討（再論）――網野氏の反論に反論する――」や、「天皇の長期的・持続的存在についての分析視点をめぐって――網野氏の批判にこたえる――」「式目四二条解釈と「移動の自由」」において、度々繰りかえされ、ついに『無縁・公界・楽』に対して、「無縁所」・「公界」＝「公廨」・「随意」において、無縁・公界についての安良城説ともいうべき解釈と、日本中世における「自由」にあたる「随意」を提起するまでに到っている。その詳細について、ここで立ち入ることができないのは残念であるが、別の機会に譲るしかない。

安良城も批判しているように、網野説が論理的・実証的に多くの問題点を抱えているのは事実であるが、それでは安良城理論が現段階の中世社会論として有効に機能しうるか、といえば、従来の安良城説による中世の荘園体制社会・家父長的奴隷制論のみでは、とうてい無理であろう。これまでに、私が機会がある度に論じてきたように、日本における家父長制論そのものが、近年の女性史学の発達により、無限定に成立しえなくなっている事情があるからである。また、安良城説が主にウクラード論や身分論で成立しており、中世社会全般についての、社会経済史的な、或いは政治史的な視点による具体的な分析や実証を欠いていることが、それによって中世史像を描くことを困難にしていると考える。たとえば、安良城は鎌倉時代中期にいたっても、自然経済＝自給経済社会であると断定していると思われるが、その立場では都市が各地に成立するのは、戦国末から近世初期の段階ということになる。したがって、中世都市論など全く問題にならないわけであるが、このような分析では、都市論・都市史に限っても、敗戦直後の研究段階に後戻りしてしまうことになる。

そのような理由で、安良城説そのものにも大きな問題点が認められると考えるが、原理的に安良城が提起した中世百姓の非自由民論や中世下人（通説では農奴や奴隷を含む）の不自由民論は、私たちが中世の民衆史に取り組む際の指針として、存在理由があると思われる。かつて私も述べたように、中世の百姓たちは自らの生存権そのものを賭けて、荘園領主や幕府、地頭領主や守護・国人領主らと対決してきた。かりに中世百姓が自由を勝ちとることがあったとしても、それはこのようなぎりぎりの戦いを通して獲得したもので、最初から百姓が自由を認められていたのではない。安易に中世百姓について自由民論をとなえることはできないと考える。

第三節　比較史的観点による展望

戦後の中世史を代表する歴史家達の仕事を、私はこれまで取り上げてきたが、他の誰よりも、安良城盛昭は比較史的な歴史理論のもとに論理を展開した歴史家である。そもそも彼が理論的な出発点としたアジア的生産様式論や総体的奴隷制論が、古代の奴隷制社会には、ギリシャ・ローマ型奴隷制社会とアジア型奴隷制社会という二類型が存在するという、世界史的な思想・理論にもとづいていた。安良城の没後出版された『日本封建社会成立史論　下』(6)には、短文の「家父長的奴隷制の世界史的地位」が収められている。この研究ノートのなかで、安良城はつぎのように述べている。すなわち、「商品経済にもとづくギリシャ・ローマ型の奴隷制と異なって、アジアにおける奴隷制は自然経済にもとづく家父長的奴隷制であって、インド・ヴェトナム・中国・朝鮮・日本が皆然るところを諸研究は示している。そしてまた、ポスタンが示したイギリス中世のファムロス、榎川一朗氏が精力的に紹介したフランス中世の奴隷、また中世旧ロシアの奴隷もまた、家父長的奴隷にほかならなかった。このようにして、家父長的奴隷制はギリシャ・ローマ型奴隷制とならぶ世界史的範疇なのである。」という。同書の後半には、付編として、安良城の没後、その業績を偲んで開催された一九九四年一月二九日のシンポジウム「戦後歴史学と安良城理論」の記録が載せられているが、その冒頭が榎川一朗による「奴隷制論」と題された報告であるのは、このような安良城の理論的立場からみて、まことにふさわしいといえる。

ここで榎川一朗は安良城理論と対照させて、中世ヨーロッパにおける奴隷制研究の歴史について述べている。それは主にドイツとフランスにおける学説史であるが、そのなかで奴隷の定義について、「奴隷の定義は人権感覚に比例して緩かになる」と指摘し、フランス史学における奴隷の定義はきわめて緩かであるが、それは人権感覚の厳しさに由来し、ひいては人権尊重を出発点とする真の民主主義にもとづく、としていることが注目される。すなわち、奴隷制理論の今日的意味は、歴史のなかに人権感覚を持ちこむところにあると理解されるのである。歴史家が人権感覚を持てば持つほど、歴史を通じた人間の隷属形態や差別形態に鋭敏に反応し、その存在理由を明らかにするものだというのである。安良城理論の今日的意味がそこにあることは、確かであろう。

ただし、すでに指摘したように、安良城説では都市論・都市史を背景にした隷属民の分析が充分にされているとはいえない。例外的に、安良城が一六四二（寛永一九）年の伊勢山田三方の定文「山田主従作法之事」について触れたところがあるが、それは、奴婢・所従・下人・被官とよばれていた日本中世社会の「下人身分」に属するものが、このように所有主体になりえない（所有の非主体）とみなされていたことを明示する、興味深い在地法の事例が存在するとして、伊勢山田三方の五ケ条の「主従作法」を引用しているところである。その第一条には、「一、殿原以下の被官の事、主人に扶持を得申すにおいては、その身、同じく子供の義は申すに及ばず、身上迄も主人の下知次第たるべし、たとえ当時扶持を請けず、一度扶持を得、妻を育み候者の末は、子々孫々に至迄、その主の心に任すべし、但しその身に応じ、扶持の多少に依るべき事。」と記されている。

これについて、安良城説では、「その身」「子供」「身上」にいたるまで、「主人の下知次第」ということは、例え主人に人身売買されても仕方ない、子々孫々にいたるまでの永代所有権を主人が持っていたことを指し、被官の身上（財産）が問題になっているから、ようやく奴隷から半奴隷・半農奴になってきてはいるが、いつ身上が主人によって召し上げられるかもしれないから、農奴にはまだなりきっていない存在であるとしている。しかし、私見によれば、これは単純な主従の作法を意味しているだけで、封建的な主従関係を示してはいるが、被官が奴隷的存在である、とまでは言えないと考える。

なぜならば、安良城説では一言も触れられていないが、山田三方とは戦国時代から近世を通じて存続した伊勢山田の自治都市組織であり、その構成メンバーは侍分ではあるが、じつは伊勢神宮外宮の神官（権禰宜）・御師であり、その実態は都市商人・豪商であったからである。この第一条をみるかぎり、主従の作法とは一旦主人に仕え、扶持を得たら、世襲的に主人の下知に従うべきであるという、封建社会ではごく当たり前の作法を述べているに過ぎないと思われる。他に二例の史料をあげているとはいえ、これだけの史料から、主人の被官に対する人身売買権や財産処分権を断定するのは、行きすぎであろう。主人が御師たる商人であるから、その被官は実態としては、手代や奉公人に相当する身分であり、全国的な範囲をしめる御師の檀家回り（道者回り）の実働部隊であったり、戦国期から江戸時代をつうじて隆盛をきわめた伊勢参りの道者（観光客）を、御師の豪壮な邸宅に宿泊客として迎える際の労働力としても活躍したであろうと思われる。御師のなかには、中世から有名な榎倉・久保倉などの土倉、高利貸商人も重要な位置を占めていたのである。

このように、安良城説でみるかぎり、中世都市においては、隷属民の存在が充分に実証されているとは認めがたい。しかし、橡川一朗が『ドイツの都市と農村』において論述しているように、(7)中世以来ドイツの都市や農村は、奴隷を所有する「家父長制」社会であり、都市の市民も「家父長」的性格をもち、「奴隷」を支配したことが、明らかにされている。私は第七章で豊田武の都市論を論じた際に、K・シュルツのドイツ歴史学界での仕事を紹介し、それは中世都市の指導者のなかに、不自由民に出自をもつミニステリアール層が多く存在することと、かれらが時には市民たちの先頭に立って、自分の主人である都市領主に対抗した事例を多数検証したことであり、都市論における大きな成果である、と述べた。また、第七章で日本の都市論のなかで、このような都市における不自由民ないし被差別民の存在を検討したのは、原田伴彦による都市研究であったことを指摘した。北フランスにおいては、十二世紀までには、農民の奴隷所有が解体したのに対して、ドイツの家父長制は十九世紀まで続いたとされるから、比較史的な観点からすれば、フランスよりもドイツの歴史研究が日本と相似性を示すことは、いうまでもない。

ここで前述した歴史における「奴隷包摂社会」論にもどって、スペインやイスラムにおける奴隷論を検討しておきたい。(8)関哲行は一九九四年度歴史学研究会大会報告である「一五世紀末～一六世紀のスペインの都市社会と奴隷――アンダルシア都市セビーリャを中心に――」のなかで、W・D・フィリップスの研究成果に依りながら、奴隷の基本属性をつぎの四点に要約している。(1)奴隷は戦争や売買などによって出身社会から強制的に切離され、異質な社会に投入された「外国人」マイノリティである。(2)奴隷は、所有者の人格的支配下に置かれ、法的能力をほとんど或いは全くもたず、所有者によって売買・譲渡された。奴隷は居住地だけでなく、生殖機能すら所有者によって管理された。(3)奴隷労働としては、「生産的労働」と家内労働の二形態があり、前者は手工業・農業・鉱山労働・商業、後者は家事・軍事・雑役など多様な形態をとった。特定の地域・時代を別とすれば、家内労働の比重が高く、労働形態は所有者の自由裁量に委ねられた。(4)奴隷解放は奴隷の社会的適応の第一歩を意味するが、十分な適応のためには数世代を要した。これらの基本属性のうち、日本においては、(1)の「外国人」という属性が、必ずしも当てはまらないことを除けば、他の属性については、ほぼ妥当であろう。この報告においては、実に詳細な都市における奴隷論が述べられており、一五六五年当時の当市が人口八〜一一万(うち六三二七人の奴隷が確認される)、一五八八年には人口約一三万人を数えるスペイン最大の都市であり、十六世紀のセビーリャがリスボンとならぶヨーロッパ最大の奴隷都市でもあった事実が明らかにされている。とくに当市において重要な産業であった奴隷貿易、ヨーロッパ・アフリカ・アメリカを包む奴隷貿易の世界システムの問題が、多面的に論じられている点が重要であろう。

　鈴木董「伝統的オスマン社会における奴隷の諸相」は、同じ歴史学研究会の大会報告で、イスラム世界における奴隷現象を追求したものである。そこでは、「イスラム法」上、ラキーク(奴隷)の法的地位が(1)奴隷の子、(2)戦争捕虜、のいずれかであることにより生じ、(1)の場合、奴隷を母親として生まれた者が、生得の奴隷となることが、述べられている。イスラム世界では、奴隷が政治権力者、時に支配者となることも珍しくなく、奴隷が異文化世界から来た多種多様な民族的背景を有する人々からなり、法的にもモノとヒトの間に属し、明確に差別された人々であったにもかかわらず、奴隷・解放奴隷に対する社会的な偏見差別とムスリム社会への同化についての障害はさして大きくなかったとされることや、オスマン朝における奴隷の軍事的・行政的役割の重要性が述べられていることは、スペイン史における奴隷論と大きく異なるところであり、歴史における「奴隷包摂社会」論の広がりと奥行きの深さを、如実に示すところとなっている。

　最後に、アジア的生産様式論を論議の出発点としたために、ギリシャ・ローマ世界における奴隷論について、全く触れてこなかったが、最近の成果として管見に入ったもののみあげておきたい。その一は、э・л・カザケヴィチ著、一柳俊夫編訳『古典期アテナイの市民・非市民・奴隷』[9]であり、古典古代社会の市民・非市民・奴隷の法的地位の相違を、徹底的に検証し明らかにしている。その二は、本村凌二著『薄闇のローマ世界――嬰児遺棄と奴隷制――』[10]で、古代ローマの奴隷制において、奴隷の供給源の多くが遺棄された嬰児、いわゆる「捨て子」に由来するという大胆な仮説を論証したものである。いずれも従来の奴隷制論の枠組みに拠りながら、それを越える新しい可能性を示した研究成果として注目される。

おわりに

安良城説による総体的奴隷制から家父長的奴隷制、そして農奴制へというウクラード論は、現在ではいずれもそのままでは、歴史理論として有効に機能しえなくなっている。しかし、安良城説が歴史分析のなかで明らかにしようとしていた日本社会の後進性や奴隷・農奴や非人の問題が、理論的に説き明かされたわけではない。奴隷制理論に対しては、歴史における「奴隷包摂社会」論が、有効な視座を提起してくれると思われるが、つぎの課題は、むしろ実証面における分析や検討の問題である。これらの問題が歴史家の人権意識にかかわる問題であるとすれば、その課題の重要性ははかりしれないのである。

註

(1) 神野清一『日本古代奴婢の研究』名古屋大学出版会、一九九三年。なお、この安良城説の学説的な位置付けについては、吉村武彦・加藤友彦「古代家族論」(日本歴史学会編『日本史研究の新視点』吉川弘文館、一九八六年)参照。

(2) 吉村武彦「古代の社会構成と奴隷制」(歴史学研究会・日本史研究会編『講座日本歴史』2・古代2、東京大学出版会、一九八四年)。
(3) これについては、一九九四年度歴史学研究会大会報告「歴史における〈奴隷包摂社会〉」(『歴史学研究』六六四号)参照。ほかに『歴史学研究』六五八号・六六六号も関連する。
(4) 安良城による網野批判の論文は、『天皇・天皇制・百姓・沖縄——社会構成史研究よりみた社会史研究批判——』吉川弘文館、一九八九年。網野の著書のうち、前者は岩波書店、一九八〇年。後者は平凡社、一九七八年。
(5) 『岩波講座日本歴史』中世三、一九七六年。のちに『中世都市の世界』所収、筑摩書房、一九九六年。
(6) 岩波書店、一九九五年。
(7) 吉川弘文館、一九八九年。
(8) 『歴史学研究』六六四号、参照。
(9) エミリア・リヴォヴナ・カザケヴィチ(グレイス)著、御茶の水書房、一九九五年。
(10) 東京大学出版会、一九九三年。

第九章　水走氏再論

――畿内型武士団の特質と構造――

はじめに

中世史において、武士論の研究が盛行している。(1)これまでも、武士論が盛行したことは度々あるが、従来のそれは、職能論と在地領主制論という全く異なった分析視角から、それぞれ別々に論究されるのが常であった。(2)すなわち、武士の発生期については主に職能論から、その展開期については主に在地領主制論から論究が進められ、二つの分析視角は別個のものとして、ほとんど交錯することが無かった。この分析視角の相違は、武士の発生期と展開期という時間的条件だけでなく、次第に武士タイプの地域性という空間的条件にまで及ぶ問題に発展していった。すなわち、畿内地域を中核とした西国における武士については、主に職能論から論じられ、東国の武士については、主に在地領主制論から論じられる傾向がみられた。したがって、二つの異なる分析視角が解きあかした武士像を統一的に構成することが、武士論研究の何よりも重要な課題であったと思われる。それでは、最近の諸研究は、中世武士についての統一的な全体像を提示しているのだろうか。

最近の諸研究において顕著なのは、職能論からする武士理解で、(3)在地領主制論を通じた武士研究は以前に比べて減少している。戦後の中世史学界を華々しく彩った在地領主制論が後退するとともに、社会経済史的研究に代わって、社会史的視点からする武士の職能論的研究が一斉に開花した感がある。とくに中世国家論の進展を通じて、武家政権たる鎌倉幕府の研究が進められ、公家政権たる朝廷との統一的理解が図られるとともに、中世の王権との関わりという問題が追求されるようになったことが重要である。そのため、かつての職能論がもっていた時間的・空間的条件の枠組みを越えて、現在では、職能論が大きな影響を及ぼすようになっているのである。

また職能論そのものについても、一つの大きな変化がみられる。それは中世武士の職能についてのケガレ論の一般化である。発生期の武士について、職人論・職能論からするアプローチが試みられた結果、社会史的職能論の立場から、中世武士のもつ広域的暴力団としての、また職業的な殺し屋集団としての否定的な側面や罪業性が強調されるのが、最近の傾向である。このような指摘自体は、けっして新しいものではないのだが[(4)]、従来は在地領主としての武士が担った、古代的世界から中世的世界への形成という階級的革新的な歴史的役割と、それにともなう英雄的光輝に隠れて、武士論の主要な論調となることはなかった。この意味で、この職能論の変化は、武士論における一つの大きな転換点を示している。

以上のような最近の学問的成果がもたらした新しい論点をふまえて、ここでは畿内在地領主の典型的な存在形態を示す具体例として著名な河内国の水走氏について、再び分析を加えてみたい。

第一節　水走氏研究と問題点

武士ないし武士団についての論述は、近世江戸時代を始めとして回顧すると膨大なものがあり、武士(団)研究の歴史も、戦前戦後をつうじて多大な蓄積をもっている[(5)]。その概略をみると、武士論については前述した職能論がむしろ起点にあったことが解る。しかし、ここで最も問題とするべき戦後の歴史学については、石母田正の『中世的世界の形成』が明らかにしているように、中世は農村から出発するという命題のもと、いわゆる領主制理論が具体例をともなって論じられ、戦後の武士論研究の基調を形作った。石母田正においては、東大寺領伊賀国名張郡黒田荘（現・三重県名張市）を舞台に、滅びるべき古代的勢力としての荘園領主東大寺に対する中世的勢力としての在地領主制形成のための苦闘の歴史が詳述され、在地領主制の敗北が語られている。このような古典的ともいえる領主制論に対する批判から出発した戸田芳実らは、新領主制論をうちたてるが[6]、戸田がその新しい理論形成のため、具体的分析対象のひとつとしたのが河内国水走氏であった[7]。

これ以前にも林屋辰三郎が、鎌倉幕府の御家人を豪族的御家人・土豪的御家人・名主的御家人の三つの類型にわけ、河内国水走氏については、西国に典型的にみられる土豪的御家人であるとして分析を加えたことがあったが[8]、戸田は林屋の問題提起を受けて、『布施市史』の編纂過程で得られた、水走氏についての調査研究を基礎に、戦後の中世史研究にとってエポックメイキングな新しい領主制論を構築したのである。このいわゆる新領主制論は、一九六〇年代から七〇年代において、中世史学界で主要な潮流を形成したが、とくに戸田の仕事のうち、『日本領主制成立史の研究』所収の「在地領主制の形成過程」が、理論的に見た場合詳細であり、重要だと考えられる。そこでは、屋敷を中心にした在地領主の開発過程とその構造が論じられているが、とりわけ開発所領の土地所有形態の特質についての事例として挙げられているのが、平安末期の天養年間（一一四四～四五）に、河内国河内郡水走の地を開発した領主藤原季忠であった。

季忠は本来純粋な農村の土豪ではなく、皇室領の大江御厨の一現地管理人（執当職）であり、漁民と漁業を管掌し都との密接な関係をもった有力者であって、先進地域の分業流通関係のなかから成長してきた点で、畿内的な特殊性をもつ領主であった。戸田は、その特殊性の問題は別の課題として、開発領主としての側面だけをとりあげると、問題を限定している。後述するように、ここで畿内的な特殊性をもつとされた在地領主水走氏（藤原氏）の存在形態については、その開発地「有福名水走開発田」（現・東大阪市水走）が、本宅である生駒山地西麓の河内郡五条（以前の枚岡市河内町五条の専宗寺の東、現・東大阪市五条町）とは直線距離にして約三キロメートルへだたっているが、本宅敷地と同じ領主直属地（開発相伝の本領）として安堵された事実が明らかにされている。いわゆる宅の論理である。しかし、戸田芳実においては、屋敷地を中心にした領主の土地所有のもう一つの側面である、領主の家に包摂される農奴的隷属農民の問題や、在地領主の農民支配の問題は、充分には論じられなかった。

これらの問題を、荘郷長者職の性格を解明するという全く新しい視点から論じたのは、河音能平による「畿内在地領主の長者職について」であり、建長四（一二五二）年六月三日の「藤原康高譲状写」にみえる「以南惣長者職并四ケ郷郷務」の内容が、旧平岡南郷にあたる四ケ郷（横小路・六万寺・四条・河内の四大字）の郷務、すなわち郷司職と、それに対応する四ケ郷全体の鎮守梶無神社（延喜式内社で東大阪市六万寺町三丁目に鎮座し、舟岡明神を祭る）の神主職と表裏一体をなすものであることを明らかにした。この場合、「平岡社務」は、おそらく直接には、「水走私領壱所」と「大江御厨山本河俣両執当職」の二つの所領形態に相対応するものであったと考えるべきであろう、としている。(9)

この時点までは、「大江御厨山本河俣両執当職」のうち、河俣は現在の東大阪市川俣付近で、式内社川俣神社のある辺りとされ、山本については、地名の同一性から八尾市山本町付近とされていた。河音説は、井上正雄の『大阪府全誌』（巻五）に拠り、山本執当職について、従来の戸田芳実説を改定したものだった。たしかに、八尾の山本は、宝永元（一七〇四）年の大和川の付け替え以後、新田開発によって当地を開いた山中荘兵衛・本山重英の頭文字を取ったものであり、平安時代以降の大江御厨の地名ではありえない。私はこれについて、「山本七ケ郷」ともあるところから、山本とは生駒山麓の平岡三ケ郷（出雲井・豊浦・額田の三大字）と平岡南郷の四ケ郷とを併せた地域であることを、明らかにしている。[10] 河音能平によれば、水走氏は非開発型領主として出発しながら、河内郡有福名水走開発田を本領として開発領主化した在地領主だとされているが、この論は、戸田芳実による大江御厨と水走氏研究の成果を、正当に受け継いだ立場である。

このように、武士や武士団の研究史についてみると、全体的な分析視角において戸田説との基本的な相違はその後もみられなかったが、武士団編成の構造や特質について、従来とは異なる研究がみられる。たとえば、五味文彦は、「守護地頭制の展開と武士団」のなかで、中世在地領主の典型は開発領主といわれるという立場から、開発領主について公文級領主と下司級領主の二類型をあげ、水走氏を前者と規定している。[11] また武士団の構造については、惣領制的武士団と代官的武士団、および党的武士団という三つの類型によって説明している。東国を中心に発展した三浦氏や千葉氏のような惣領制的編成をとり、下司級領主の武士団が惣領制的武士団である。西国を中心とする地頭代・預所あるいは守護代などの武士団は、地頭や荘園領主の所務代官としてあらわれることから、代官的武士団と規定するが、その特質は第一に惣領制的武士団に包含され、その一部を構成する性格をもっていた点であり、第二にはその活動範囲がひとつの荘園に限定されるものではなく、いくつかの荘園の年貢の請負、数カ国に及ぶ悪党的活動から知られるように、広範な経済活動と流通機構への深い関与を特色とする点であるという。

なかでも注目されるのは、代官的武士団は公文級領主の支配の展開過程で見いだされるが、その成員構成について、中核的成員（公文級領主）と流動的成員（山僧や梶取等の流通機構の担い手と周辺の荘郷の公文級領主）からなるとする点だと思われる。なぜならば、この武士団の編成方式は、流通機構の担い手との富を媒介にした結びつきであり、公文級領主と周辺の公文級領主との党的編成であるとするからである。一方で、下司級領主の惣領制による所領の分割譲与の結果、分出する庶子系の武士団のなかにも代官的武士団が見いだされるとし、鎌倉中・後期になると守護や北条氏と結びついて、代官的武士団を形成する庶子系領主が多くあらわれたと述べている。水走氏武士団については、公文級領主で代官的武士団という規定以上の詳細な分析はないが、この問題については、水走氏武士団の全体の分析を通じて、この説の適用が妥当かどうかが、具体的に試されることになる。

さらに網野善彦は、武士の登場というテーマに関して、武士のとらえ方には領主制論と非（反）領主制論という異なった見解があることを指摘し、問題は地域的な相違でもあるとして、東国の場合は兵と侍、西国の場合は職人的武士団という概念規定によって分析しているが、それを具体的に視覚化しているのが、地理学の日下雅義の復元図である。(12) それによって、中世の東国については、利根川・霞ケ浦周辺復元図や東国武士の館（神奈川県海老名市の上浜田遺跡）の復元図を、同じく西国については中世の河内地方の復元図や西国武士団の環境、すなわち水走氏支配圏の復元を知ることができたのは、大きな成果と言えよう。ここにおいて水走氏は、肥前国の松浦氏に典型的にみられるような、海の武士団として、すなわち大江御厨を舞台とする海民の統轄者として出発したと位置付けられているのだが、開発領主としての本拠である五条の屋敷についても、「水走氏屋敷概念図」が明らかにされている。河内平野の歴史については、地質学の側から、縄文海進の時代に遡って、大阪湾が陸地に深く入りこんでいた段階から、次第に潟や湖に変わり、大坂平野が拡大していく過程が明らかにされていたが、より具体的で詳細に河内地域の地形的環境が明確にされたことによって、従来は不明瞭であった中世河内の歴史が解明される可能性も拡げられた。

以上のように、水走氏については、諸説によって、開発領主・土豪的御家人・公文級領主（代官的武士団）・職人的武士（団）といった異なる規定がされている。いずれの立場も、水走氏武士団が畿内的な特質をもつ事実を認めているると考えるが、武士論の規定としては、それを充分には形象化し得ていない。武士団の畿内的な特質についてて明らかにした成果としては、三浦圭一による「中世における畿内の位置——渡辺惣官職を中心に——」が代表的な仕事であったが、最近では丹生谷哲一が、公家に対する奉仕者としての御家人という位置付けで、水走氏について分析している。(13) 問題の所在は、御家人あるいは武士の公的・官人的性格という論点にまで達している。畿内型武士団としての水走氏の問題について、私は『門真市史』中世編のなかで、おおよその分析を行なったが、その後水走氏について論じた仕事も見られるところであるし、何よりも新しい武士論による視点を通じた水走氏武士団の特質と構造の再検討を、つぎに試みたいと考える。

第二節　中下級官人から開発領主へ——水走氏武士団の形成期

水走氏の祖とされる藤原季忠の出自については、詳しい史料があるわけではない。のちの「水走家系譜」によると、季忠は大舎人允とされている。大舎人允とは中務省に所属した左右大舎人寮の官人で、分番して宮中に宿直し、供御や雑使を勤める大舎人を管轄するのが職務であった。律令制では、大舎人は蔭子孫と位子（内六〜八位の嫡子）三等に分け、上等の者から採用され、左右大舎人寮に八〇〇人ずつ所属することが、規定されていた。季忠が活躍した平安時代末の十二世紀になって、この規定がどこまで適用されたかは疑問であるが、つぎに述べる事実とも併せて、彼が中河内出身の中下級官人で有力者だった事実は確認できると思われる。季忠が京都在住の官人であった事実を証明すると思われるのが、永久三（一一一五）年の「下総権守平某家地売券」である。それによると、左京七条一坊一五町西一行北八門の宅地一所が売買されているが、この地はもとは散位藤原朝臣季忠の手から、女子に渡した地であると記されているからである。したがって、これ以前の季忠は京都に居住していたと推定され、大舎人允という系図の記載の正しさを裏付けていると思われるが、この時までに娘に屋敷地を譲っている。やがて季忠は、出身地である中河内に居をさだめたと推測される。

河内国の地理的条件は前述したが、河内江には古代から「供御堤外赤江、堤内赤江」の二ヶ所が、朝廷の供御の魚鳥を貢進する供御江に定められ、これが天長八（八三一）年に廃止されると、「竹門江、賀沼絶間江、大治江」の三ヶ所が供御江に指定された。『延喜式』に、宮内省内膳司に所属する朝廷の供御の御厨として、「河内国江御厨」が畿内近国諸国の御厨とともに記載されているが、これらの三ケ所の供御江は、江御厨内の水面を構成していたと思われる。弥生時代（一〜二世紀ころ）から六〜七世紀ころの河内平野の景観については、すでに明らかにされているのだが、河内江は「草香江」と呼ばれ、六〜七世紀ころになると、生駒山麓に草香津（『日本書紀』所載。記紀には、別称として「白肩之津」、「盾津」のちに「蓼津」）という船つき場が存在していた。これは現在の東大阪市日下町一帯にあたる。鎌倉時代末の水走氏の譲状には、「草香郷半長者職　同郷務」が相伝されるべき所領所職のなかに見え、この地が水走氏の勢力範囲下にあったことを示している。この地を拠点として平安時代から活躍した武士団に、草香党がある。

たとえば、『平家物語』巻八の「法住寺合戦事」は、寿永二（一一八三）年一一月に、木曽義仲が後白河法皇の御所法住持殿を襲った時の物語であるが、そこには、源蔵人仲兼の郎等で、河内国の住人日下の加賀坊という法師武者が登場する。この日下坊については、延慶本『平家物語』には「草刈ノ加賀房源秀」、『源平盛衰記』には「草香党に加賀房」とあり、生駒山宝山寺の出身かと推論されている。[14] かれが仕えた源蔵人仲兼は宇多源氏の出身で、後白河院判官代源光遠の子である。源光遠は後白河上皇の側近で、治承三（一一七九）年三月二六日には、河内守に在職しており、同年一一月一七日までその任にあった。源仲兼は、丹後局（高階栄子）と後白河法皇のあいだに生まれた第六皇女、宣陽門院の蔵人であった。『平家物語』には、法住寺殿を守る源蔵人仲兼・河内守仲信兄弟が、木曽義仲軍に対して百騎ばかりで戦ったが、散々に討ち滅ぼされて、七・八騎になり、最後には三騎で南に落ちて行ったとある。加賀坊も逃れる際に、討たれてしまうのである。ここにみえる仲兼の弟河内守仲信については、検討が必要である。広本系には「河内守光資（また光助）」とあり、これは『尊卑分脈』に仲兼弟に「光輔」とあるのに該当する。もし『平家物語』の河内守源仲信が源光輔のことであるならば、建久元（一一九〇）年八月三日に河内守に在職しており、小槻広房の国司在任を経た建久七（一一九六）年一二月二六日から河内国司に再任されている。このような検討によって、源平争乱期の草香党が、元河内守源光遠の子息である宣陽門院蔵人源仲兼と後の河内守源光輔兄弟に属して戦っていた事実が、明らかになったと考える。

ここで注目されるのは、鎌倉時代の水走氏の所領目録に、「大江御厨山本河俣両執当職并御承里券　氷野河并広見池、細江等」とあることである。すでに述べたように、延喜五（九〇五）年には河内国江御厨が設置されていたが、元永二（一一一九）年七月の官宣旨には、延喜五年の国司請文に任せて、大江御厨の四至と供御人の名前や在家と免田の地所および池・河等を調査検注し、報告するようにということが、河内国司（源顕俊か）あてに命じられている。大江御厨と供御人を統轄する職としては、長元四（一〇三一）年に大江御厨司の存在が知られ、永承三（一〇四八）年の関白藤原頼通の高野山参詣の際に、御厨司忠光が下司等を率い、そのもとで大江御厨夫三十人が水夫として水先案内を勤めたことは有名な史実である。次いで、治暦三（一〇六七）年には、大江御厨執行職、嘉承三（一一〇八）年には、大江御厨惣官職が御厨子所符によって任命されていたことが解る。

藤原季忠は天養年中（一一四四）に庁宣を申し賜り、開発の大功を遂げたと記されている。大治（一一二六～三〇）長承（一一三二～三四）の里券とは、この頃から水走氏が大江御厨内の開発を通じて、百町をこえる私領（河内郡有福名水走開発田）を獲得し、御厨の管理や経営に従事した際の関係書類で、大江御厨山本河俣両執当職に任命されたことと直接結びつくものだと考えられる。水走氏の開発事業によって、人工的な手が加わった後の大江御厨内の水面が、具体的には、「氷野河并広見池、細江（池）等」と記されているとして間違いないと考えられる。

一三～一四世紀ころの当地の景観（地形環境）について、日下雅義は、建長四（一二五二）年の史料「藤原康高譲状写」を例につぎのように説明している。

現在、東大阪市内に川俣という地名があるが、史料にみえる「河俣」は川俣付近から東方の加納にいたる、河川の分流地帯一円を指すと思われることと、「氷野河」「広見池」「細江」などは、北部の三箇付近から灰塚、川俣を経て御厨にいたる広い水域を、景観の違いに基づいてこのように呼んだもので、たとえば「広見池」は広々とした見晴らしのよい池、「細江」は土砂をほとんど運ばない河川（楠根川）の河口部が沈水した状況などがそれであること、などである。

網野善彦が水走氏を西国に特徴的な職人的武士団の典型として論じているのと同様に、日下説も水走氏は御厨を拠点として活動していた海民の統轄者として位置付けているのだが、鎌倉時代の大江御厨地域の景観を明らかに示し、「大江御厨山本河俣両執当職」の解釈についても、「山本」とは特定の集落ではなく、「山の麓」を意味し、現在の豊浦・四条あたりを指すとしているのは、河音能平説とも一致している。河俣執当職の川俣については、従来通り現在の東大阪市内の川俣神社（式内社）付近と考えてよいが、日下説の「河俣」の説明により、地域的な広がりをともなって考えられねばならない。

つぎに、戸田説以来、新領主制理論の典型的な実例とされてきた、本宅を中心にした領主水走氏の農民支配および隷属民支配のありかたは、どのように考えたらよいのだろうか。この問題については、藤原季忠の子、藤原康忠の時代を中心に検証したい。

第三節　長者および御家人としての水走氏

藤原（水走）季忠が大舎人允であったのに対して、子息の康忠は系図では前右馬允を冠し、康綱と康高は左衛門尉を冠している。いずれも、畿内武士にふさわしい官職である。康忠について述べるならば、一般的に馬寮という役所の官職が、水走氏という武士団の長にふさわしいことは言うまでもない。水走氏の五条の屋敷にも、「三間壱面厩屋一宇」が存在していたが、問題はそれだけであろうか。

河内国は、淀川水系や旧大和川水系と結ばれた河内江を有するため、中世になっても低地や湿地帯が大半を占めていた。このような地理的条件において、水路が縦横に発達していたために、船による交通が日常的な交通手段を占めていたことは間違いない。しかしその一方で、京都から高野山を結ぶ東高野街道が生駒山脈の山麓沿いに伸び、生駒山を越えて大和国奈良と難波とを結ぶ奈良街道が中河内地域を横断していた。水走氏の本拠地である五条屋敷や水走氏が社務職を勤める枚岡神社が、この二つの古道が交差する地点の近くに位置する事実が、偶然ではないことは言うまでもない。水走氏は陸路を通じても京都・奈良や難波と緊密に結ばれていたから、馬による交通手段も必須のものであった。もともと河内国においては、河川に沿って多くの官営の牧が営まれ、牛馬の名産地ともなっていた。たとえば、仁平二（一一五二）年八月二六日に、刑部卿平朝臣忠盛が会賀・福地両御牧の預所を勤めているが、会賀御牧は現在の藤井寺市から羽曳野市と松原市におよぶ地域に比定される広大なもので、福地御牧もその近辺にあったと推定されている。平忠盛はこの時、院（鳥羽上皇）御厩別当として両御牧の預所を勤めていたものである。(15)

同じ南河内の例であるが、仁治二（一二四一）年頃、河内源氏の氏寺通法寺領の山林が、近隣の輩によって樹木を伐採され、牛馬などが放ち入れられ、寺辺が荒廃していることが問題になっている。(16)牛馬等の放牧のために、山野を不法に占用することが珍しくなかったと思われるのである。

水走氏の場合、建長四（一二五二）年の「藤原康高譲状写」に「母木寺本免下司職」とあり、以後もこの所職は水走氏の財産目録に見えるが、この母木寺については、『枚岡市史』（第三巻史料編一）が、東大阪市の下豊浦にあったとしている。水走氏は「豊浦郷公文職」を所有しており、すでに述べたように豊浦郷は額田・出雲井両郷と共に、かつての平岡郷を構成していたから、水走氏の本拠地そのものである。『日本書紀』に「母木邑」がみえるが、河内国河内郡の内とされているのも、一応の参考になろう。(17)一方で八尾市恩智中町五丁目にある神宮寺（感応院。近世末まで恩智神社の神宮寺であった）の観音堂に祀られる十一面観音（平安時代の作で、国指定重要文化財）を、当地辺が古く母木里と称したとの伝えにより、俗に母木観音といっている事実がある。これにより母木寺を神宮寺にあてるよりも、豊浦説の方が妥当だと考える。この母木邑が、『日本書紀』によると、「河内母樹馬飼首御狩」、すなわち馬飼部の首長が居住する所だったとされる事も、無視できないと思われる。河内郡豊浦郷が母木寺のあった地域だとすると、当地の馬飼育の歴史は相当古くに遡ると言わなければならない。おそらく生駒山麓部の広大な斜面から河内江と呼ばれた湖の沿岸部にかけて、古代から広範囲に馬の飼育が行なわれていたと考えて間違いないだろう。水走氏は生駒山麓から尾根筋にかけて、四ケ所の山林を所有していたが、そのような山林の地域が牧場に使用されたという可能性も考えられる。

水走康忠の時代において特筆されるのは、寿永三（一一八四）年二月に、水走氏が源義経をつうじて本宅を安堵され、御家人兵士役を勤仕している事実であるが、これは兵糧米使が様々な口実を設けて康忠の代官を追い出し、濫妨を行なって所務を違乱したために、源康忠が申文を言上したものであった。(18)

このように、平安時代の末から鎌倉時代初めにかけて、水走氏はかつて戸田芳実が長者的富豪層と呼んだ社会的分業に従事する領主タイプから、開発領主化を遂げ、畿内地域の領主としては比較的早期に、鎌倉幕府御家人として武士団を統率することになった。この時期の水走氏の領主としての存在形態については、「源康忠解状案付源義経外題」と「源義経書状案」の二通しか史料が残っていず、あとは十三世紀半ばの藤原康高時代の譲状に見える所領所職の目録から推論するしか方法がない。すなわち、水走氏にとっての武士団形成期という問題について、肝腎の史料が欠けていることになる。

この問題に関連して、近年、五味文彦は絵巻物についての方法論というかたちで、興味深い論考を発表している。[19]それは『粉河寺縁起絵巻』に描かれた武士の館について、考察を加えたものである。そこに描かれた絵が院政時代から鎌倉初期にかけてのものであることを確認したうえで、第一話の主人公が猟師であり、第二話の主人公が武士であることについて、殺生を業とする人々と信仰との関わりが、絵巻の基本的なテーマであったとしていることは、最も重要な点であろう。

すでに十数年前に、義江彰夫は、地方の領主一般が武力・検察力を常備し、在地領主＝武士に発展するうえで、十二世紀半ば頃が大きな画期をなしたと述べ、『信貴山縁起絵巻』と『粉河寺縁起絵巻』とを比較しながら、自説を裏付ける傍証としている。[20]それによると、『信貴山縁起絵巻』は十二世紀前半の鳥羽院政前期の頃に制作されたといわれ、山城国山崎の長者の住居や長者の従者を連れての旅姿が描かれているが、武具を備えた侍の間や櫓や堀、あるいは武器を身につけた従者など、武力を示すものは一切描かれていない。これに対し、『粉河寺縁起絵巻』は、十二世紀後期の後白河院政の頃の作品といわれるが、これに描かれている河内国讃良郡の長者の家には、前に堀がめぐらされ、門の上は櫓として弓矢がおかれ、門前には鎧・弓箭・太刀を身につけた侍が控え、邸内にも大きな厩舎と侍の間らしき建物があり、鎌倉時代に広くみられる武士の館と同じように描かれている。さらに長者の旅姿を描いた箇所にみえる数人の従者はみな鎧・弓箭・太刀をもった武装の侍である。いずれの絵巻も、描かれた長者は、当時の特殊な存在とみるよりも、縁起説話の主人公になりうるだけの一般性を備えた地方の領主とみねばならないから、この武装のあるなしは、それぞれの絵巻が作成された十二世紀前期と十二世紀後期という時代の差を示すものとみるのが自然であろう。いいかえれば、この両絵巻は、このわずか数十年の間に、畿内の領主の一般像が、武装せぬ存在から武士と武具を常備した在地領主に転じたことを雄弁に物語っているということができる．というのが、義江彰夫の論旨である。

この論旨について、私は山崎の長者が平安京と密接に結びついた港湾都市山崎を背景に成長し、石清水八幡宮に奉仕する神人（商工業者）である、という事実を考慮しなければならないと考える。第一・二章で明らかにしたように、鎌倉時代には、山崎郷は八人の長者衆によって率いられる水平的な都市的支配体制になっているからである。(21) 鎌倉時代以降の史料から、山崎の長者衆を個々に検討してみると、たしかに武士的存在形態も見られるのであるが、山崎郷内は鎌倉時代末には、西国街道に沿った十一保の都市的集落を形成しているから、水走氏の五条屋敷にみられるような個別の防備体制ではなく、都市としての防衛体制が問題であったと考える。したがって、両絵巻を比較する場合は、都市と農村という場の違いを考慮しなければならない。以上のような事実を前提にして、再び五味文彦が論述するところを検討していきたい。

それによると、『粉河寺縁起絵巻』にみえる「河内国讃良の郡に長者ありけり」と記された長者の実像について、絵巻の第一群たる長者の門前風景と館のなかに入って描かれている厩とから、これが武士の館であることが、第一点である。絵巻の第二群は、館のなかで貢納物の収納がなされている場面で、長者の富が農産物としての米も描かれてはいるが、圧倒的に山野河海の産物が多い事実から、長者を大江御厨の領主だとすることが、第二点である。論証の過程で、河内国一宮たる平岡社を、讃良郡にあるとするなどの事実関係についての誤解がみられるが、いうまでもなく、平岡社は河内郡に位置している。しかしながら、水走氏は大江御厨山本・河俣執当職として、河内国内の池河津などの広大な水面を所領とする御厨の現地管理人たる位置にあり、所領内には摂津国の一部もふくまれていたと考えられる。『門真市史』において私も述べたように、水走氏は北河内の門真市や大東市地域にも支配権を及ぼしていたから、この絵巻が水走氏をモデルとして構想された作品であったとしても不思議ではない。この讃良の長者については、讃良郡で最も大きな神社であった高宮神社・高宮大祖神社（いずれも式内社、寝屋川市高宮）の神主職を世襲し、国衙領高宮郷を領主的に支配した開発領主高宮氏（坂上氏）であるという『大阪府史』の説もあり、高宮大祖神社（大杜御祖神社）境内が白鳳時代にさかのぼる高宮廃寺の地である事実と併せて、今後とも精密な検討が必要とされる。讃良長者が水走氏か高宮氏か、いずれをモデルにしていたとしても、両者は平安時代後期に開発領主としての展開を遂げた、同タイプの領主であったと考えられる。

なお北河内の地域には、弘安二（一二七九）年頃の人と伝える、備中守藤原実高という交野郡寝屋の長者の没落伝説をもりこんだ、お伽草子の「鉢かづき姫」の舞台である寝屋村（寝屋川市寝屋・明徳一―二丁目）も存在する。[22]ここには長者屋敷跡が残り、寝屋長者が信仰したという木造の十一面観音が西蓮寺観音堂に伝存している。お伽草子にみえる寝屋長者の物語は、室町時代末から江戸時代初めに骨格ができたもので、万治二（一六五九）年の松会堂蔵板写本を見ても、すでに時代背景が錯綜し、『粉河寺縁起絵巻』の讃良長者の物語と、単純に比較することはできない。両者は時代背景が全く異なるとも思われるが、寝屋長者は鎌倉時代後期の人で、北面の武士の格式をもつ、ともされている。北河内が長者伝説を育みやすい地域であることは、充分に考慮されなければならない。また寝屋長者は農業・山林業で巨富を蓄えたようだが、長者の奥方が摂津国鳴海里芦屋長大夫の娘照見で、芦屋の長者は田畑五千町あり、大船持ちであったが、永正頃海賊の鳴海太郎の巻き添えにあって家名が断絶したとされる箇所は、旧淀川水系と旧大和川水系のあいだに位置し、大阪湾から瀬戸内海へのルートと近接した北河内の地理的条件をうまく反映しているという意味で、とくに注目されるのである。

第四節　水走氏武士団の構造と特質

すでに第一節で問題として提起したように、水走氏（武士団）の存在形態を説明するために、林屋辰三郎による土豪的御家人や、戸田芳実による封建領主ないし在地領主（開発領主）、また五味文彦による公文級領主・代官的武士団や、網野善彦による職人的武士団という規定が提起されていた。網野説による職人的武士団は、現在のところでは、西国に特有な形態とされているが、網野自身が東国武士にとっての湖沼河川における水運の問題や、伊豆（北条氏）・相模（三浦氏・和田氏）の海運の問題を指摘しているところから、水運や商業に従事することが問題の本質を示しているかどうかには疑問も残る。もちろん畿内近国を中心にした商業流通経済の進展度は、東国とは明らかに異なるから、東国と西国で、武士団発達の社会的環境は同じではない。さらに言えば、問題は畿内近国に特有な、京都を中心に高度に発達した軍事・経済・政治の構造にあると考えられるのである。

また水走氏を公文級領主とした五味文彦説には、大きな疑問が残る。たしかに東国の一郡規模さえ珍しくない大規模な武士団の領主は、下司級領主が一般的で、武士団は惣領制的編成をとるから、比較的小規模な畿内近国の武士団とは区別される。しかし、このような大規模な惣領制的武士団は、西国にも存在しているし、鎮西ではむしろ一般的であるから、武士団の規模は、東国と西国とを区別する指標にはなりえない。つぎに、水走氏を公文級領主とする規定であるが、これはなぜ公文級なのであろうか。水走文書を通覧してみると、建長四（一二五二）年六月三日の「藤原康高譲状写」および「藤原康高譲渡証文目録写」には、「母木寺本免下司職」「松武荘下司職」と並んで、「平岡社務并公文職」「豊浦郷公文職」が併存しており、公文職が水走氏の所職を総括するものではありえないことが解る。たしかに、水走氏においては、下司職という記載が鎌倉時代末期に消滅する。それは、元弘二（一三三二）年二月二十日の「藤原康政譲状写」においてであり、「林灯油公文職」「母木寺本免公文職」「同新免公文職」「五条郷公文職 同郷務」が並んで記載されている。しかし、これも一時的な現象であり、室町時代になると、再び下司職の記載が見える。水走氏の場合、下司職と公文職との区別があいまいで、実証的に検討するかぎり、公文級領主であると結論する根拠はない。公文級領主という規定が、あくまでも理論的に提起された領主制のモデルであるならば、明確な概念規定が欲しいところである。いずれにしても、下司職と公文職が混在する水走氏の所職所領形態を分析するには、実証的に無理があると思われる。

河音能平がすでに問題提起しているように、畿内近国における在地領主・開発領主の存在形態の特徴として、宗教的祭祀権としての荘郷長者職を所有するという事実があり、その場合、長者職は郷司職や下司職と一体のものであるから、その意味でも、水走氏武士団を公文級領主の代官的武士団とする見解は、平安時代から鎌倉時代における水走氏の存在形態と符合しないことになる。

また、西国を中心とする地頭代・預所あるいは守護代といった武士団が、一般に地頭や荘園領主の所務代官としてあらわれることが多いところから、提起された代官的武士団という規定は、水走氏を第一に特徴づける大江御厨山本・河俣執当職という所職の範疇にはそぐわないと思われる。なぜならば、皇室領大江御厨は、正確には、天皇家を荘園領主としているのではなく、蔵人所御厨子所の管轄下にあり、天皇家の家政機関の一部を構成する所領であったからである。平安時代も終わりの十二世紀半ばになって、御厨経営が不安定化したために、かつて都で朝廷に仕えていた中下級官人で、河内国の在庁官人でもあった有力者藤原氏を、御厨の現地管理人に起用したものであった。水走氏が武家の御家人となっても、朝廷を中心にした公家政権が統轄する国家機構の一部としての、大江御厨の現地管理人としての立場は変わらない。鎌倉時代の御厨子所別当は内蔵頭の兼職となっていたため、大江御厨も内蔵寮領となっていた。元弘三（一三三三）年の内蔵寮領目録（宮内庁書陵部所蔵）にも、「河内国河俣御厨三千疋三月分　河内国大江御厨田代二百余町　同御厨摂津国渡部被補惣官任料百五十貫文　同御厨内津村郷」と見える。水走文書でも、至徳元（一三八四）年には、「河俣御厨執当給同真垣名并舜見跡悉」とあり、かつての河俣執当職が給与化している。

水走氏武士団は、本来、京都を中心とした軍事・経済・政治の構造と切り離しては考えられない特質をもっていた。とくに鎌倉時代後半以降、京都を中核として、商業・流通経済が著しく発達していったが、水走氏が発展していく根拠や背景もそこにあったと考えられるのである。いま水走文書によって、鎌倉時代半ばの藤原康高時代の水走氏武士団の構造を推論するならば、「所従眷属人別一類」によって、武力が構成されていたと思われる。その実態は鎌倉時代末の藤原康政時代の例によるならば、「下人等」一三人によって代表され、南北朝時代の藤原忠夏時代の例によると、所従等一六人と各々子孫等によって構成され、下部五人と各々子孫等によって構成されていたほか、若党も存在した。

水走氏武士団の支配領域は、山本七ケ郷として、現在の東大阪市の横小路・六万寺・四条・河内・出雲井・豊浦・額田の各町の地域があるほか、鎌倉時代末には、五条郷公文職（同郷務）と草賀郷（現日下町）の半長者職と郷務とを新しく包括している。当然ながら、かつての武士団草賀（日下）党も、この頃には水走氏武士団の組織下にあったものだろう。これら生駒山麓の西部地帯について、十二・十三世紀において、集落が大いに繁栄した事実が発掘成果によって明らかになっている[23]。その集落は、堤防内に囲まれた水田跡をふくみ、その一方で、土錘が多数出土する事実から、住民が農業と漁業に従事していたと解る。また、鎌倉時代の後半頃に、水走氏が新たに別当職を獲得した花園山殖（植）槻観音寺が旧枚岡市植付町（現・東大阪市西石切町二丁目）にある。ここの境内には、尼妙阿追善のための石造十三重塔（現在は十一重）があり、永仁二（一二九四）年の年紀があるが、これは水走氏一族の建塔だと推定されている。この地域には、ほかに永仁七（一二九九）年建立の十三重塔が出土した興法寺や、文永一〇（一二七三）年の紀年瓦が出土した神感寺跡（東大阪市上四条町）もあり、鎌倉時代後半におけるこの地域の社会的繁栄を知ることができる。

おわりに

水走文書によって、水走氏の所職所領の変遷を考察するかぎり、水走氏がその支配圏を拡大していったのは、十二世紀前半における水走氏初代・藤原季忠の開発領主としての時代が第一であり、十二世紀後半から十三世紀半ばにかけては、大江御厨山本・河俣執当職をもつ御厨の現地管理人であり、生駒山麓西部の山本七ケ郷を中心に支配する長者・領主である水走氏は、社会的結合形態としての水走氏武士団を成立・発達させているのが実証できる。その所領構造は、鎌倉時代後半から南北朝時代にかけて、一層多面的な構造を示し、地域的にも拡大していくが、室町幕府の支配が安定した応永年間には、むしろ伸悩み状態になっている。

正平九（一三五四）年八月二七日に、源憲康以下源姓と藤原姓の一〇名が、水走下野守忠名跡のことについて連署証文を出しているが、これは水走氏一族だと思われる。そして、この源憲康は、これ以前の同年三月に、河内国惣大判官代職・八上郡内金田長曽根郡司書生以下所職等を安堵してほしいとの申状を出している、河内国一在庁古市（伊賀）憲康と同一人物だと考えられる(24)。古市憲康は、これらの所職（金田・長曽根両郷）をめぐって和田蔵人（助泰＝助康）に敗北したのだが、いうまでもなく、相手は和泉国大鳥郡和田荘を本拠とする和泉国御家人和田助家の息子であり、古市憲康の一族北重康の甥および養子として、所領を譲られたものであった。ここには、古市氏のような伝統的な在庁の没落と和田氏のような新しいタイプの武士団の興隆が認められる。水走氏の場合、この時、水走忠夏が亡き兄忠名の跡を継いだが、一期の後は忠名の遺児藤原多門丸が跡を継ぐべきことを、水走氏一族が取り決めているにも関わらず、忠名は所領を自分の子息らに譲ったために、水走氏武士団の結束は崩壊した。

水走氏の場合、南北朝内乱期には、早世した水走忠名の子息水走忠直が、南朝方に属したものらしく、河内国河内郡玉串荘内松高貞久両名の知行や、忠名跡の知行を保証した長慶天皇綸旨を得ている。これゆえか、室町時代の水走氏は多くの所領所職の知行権を喪い、東高野街道沿いの国人領主としての立場にあったが、昔日の勢力は失われ、東寺領備中国新見荘の代官として活躍する水速氏（安富因幡入道）や、彼の甥平岡などの存在を知ることができるほかは、枚岡神社の祀官をつとめる地元の名族として終始したのであった。

註

（1）たとえば、元木泰雄著『武士の成立』（吉川弘文館、一九九四年）参照。

（2）高橋昌明「武士の発生とその性格」（『歴史公論』「武士支配の成立」、一九七六年）

（3）代表的なものを一点挙げれば、野口実著『武家の棟梁の条件――中世武士を見なおす――』（中公新書、一九九四年）がある。

（4）たとえば、清和源氏の源満仲が出家する説話に、武士の罪業性が象徴されていることが、従来から指摘されてきた。最近では、阿部猛「初期の武士団」（『鎌倉武士の世界』、東京堂出版、一九九四年）参照。

（5）学説史をまとめたものとして、関幸彦著『武士団研究の歩み――史学史的展開――第Ｉ部（戦前編）』・『武士団研究の歩み――学説史的展開――第Ⅱ部（戦後編）』（新人物往来社、一九八八年）がある。

（6）黒田俊雄は領主制理論の再検討・再構成から出発した戸田芳実・河音能平らの説と、領主制を媒介としない自説とを、ともに荘園制＝封建制説と分類している（「中世史序説」、『岩波講座日本歴史　中世1』、一九七五年）。

（7）これについては、戸田芳実が一九六〇年代から相前後して発表した「中世の布施地方」（『布施市史』第一巻第四章）、「中世の封建領主制」（『岩波講座日本歴史　中世2』、一九六三年）、「在地領主制の形成過程」（『日本領主制成立史の研究』第六章　岩波書店、一九六七年)、「御厨と在地領主」(木村武夫編『日本史の研究』所収、ミネルヴァ書房、一九七〇年)といった諸論文が、直接関連する主な仕事である。なお、伊藤邦彦「中世河内国水走氏の領主支配について」(『東京都立工業高等専門学校研究報告書』一一号所収、一九七五年)も詳しい。

(8)「鎌倉政権の歴史的展望」(『古代国家の解体』所収、東大出版会、一九五五年。のちに日本史論聚三『変革の道程』所収、岩波書店、一九八八年)。

(9)『中世封建社会の首都と農村』所収(東大出版会、一九八四年)。

(10)『門真市史　第二巻』六九～七二頁参照(一九九二年)。

(11)『岩波講座日本歴史　中世1』、一九七五年。

(12)『朝日百科日本の歴史1　中世1　源氏と平氏』『同　別冊　歴史の読み方2　都市と景観の読み方』、一九八六年・八八年参照。

(13)三浦論文は『ヒストリア』三九・四〇合併号、のちに『中世民衆生活史の研究』(思文閣出版、一九八一年)所収。丹生谷論文は、「鎌倉幕府御家人制研究の一視点―散所御家人を通して―」(『日本中世の身分と社会』所収、塙書房、一九九三年)参照。

(14)水原一校注『平家物語　中』(新潮日本古典集成、一九八〇年)三〇一頁参照。

(15)平安遺文二七六八号。拙稿「平安末・鎌倉初期における河内国衙支配について」(『大阪樟蔭女子大学論集』第一九号、一九八二年)および『門真市史　第二巻』二二三頁参照。

(16)「六波羅下知状」、鎌倉遺文五七八八号。

(17)『角川日本地名大辞典　大阪府』(角川書店)、『日本歴史地名大系　大阪府の地名II』(平凡社)参照。なお伊藤邦彦が言うように、応永二三(一四一六)年三月の「水走長忠本領惣領職当知行分注進状写」(水走文書)に「一、河内郡散在田畠諸職等内/母木寺領本免下司職」とみえるから、母木寺は河内郡内にあった。註(7)参照。

(18)源義経と後白河法皇との緊密な関係を考慮すれば、本来は京都型武士であった水走氏が畿内における武士団としては、早期に御家人になったことも理解できる。また、水走氏の水上交通上に占めた位置が、平家と瀬戸内海で対戦しようとする源義経にとって、重要だったと思われる。義経の畿内近国支配については、木村茂光「鎌倉殿御使

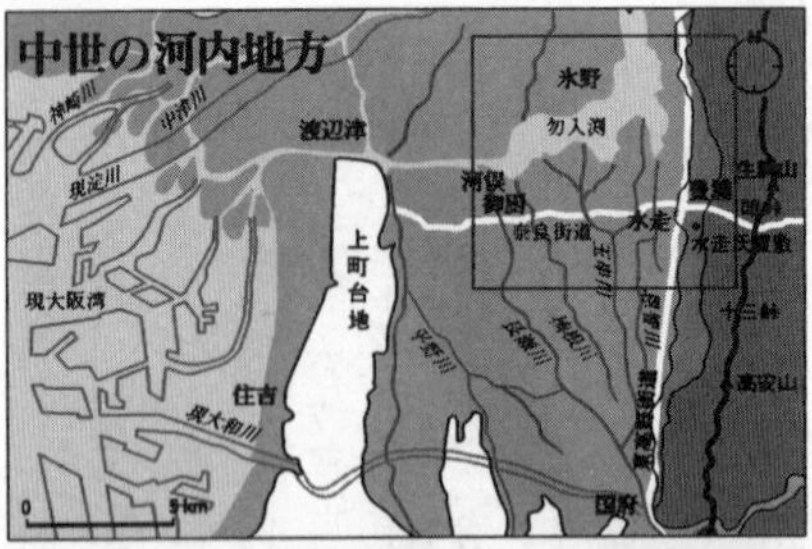

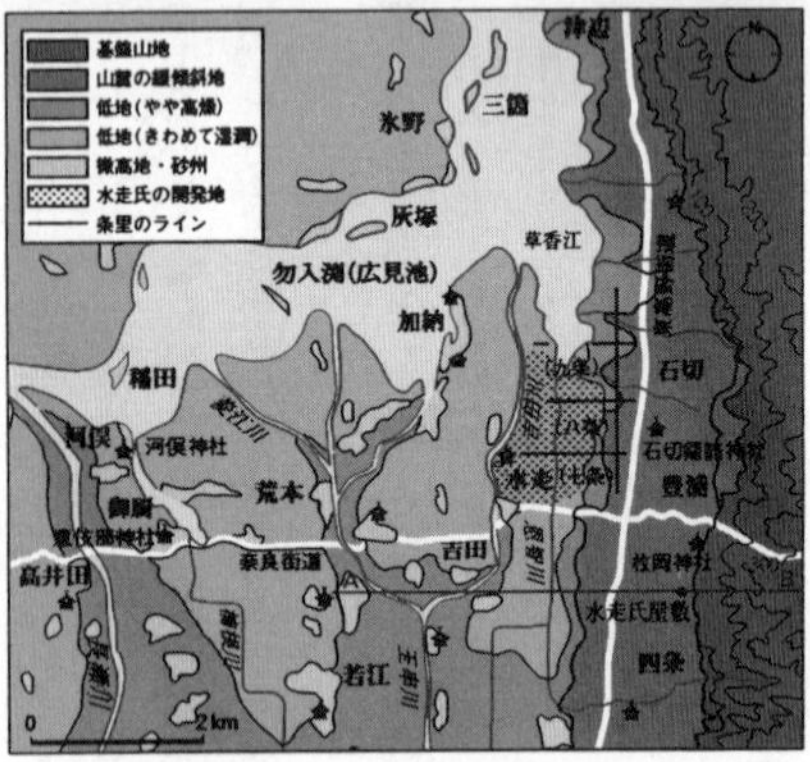

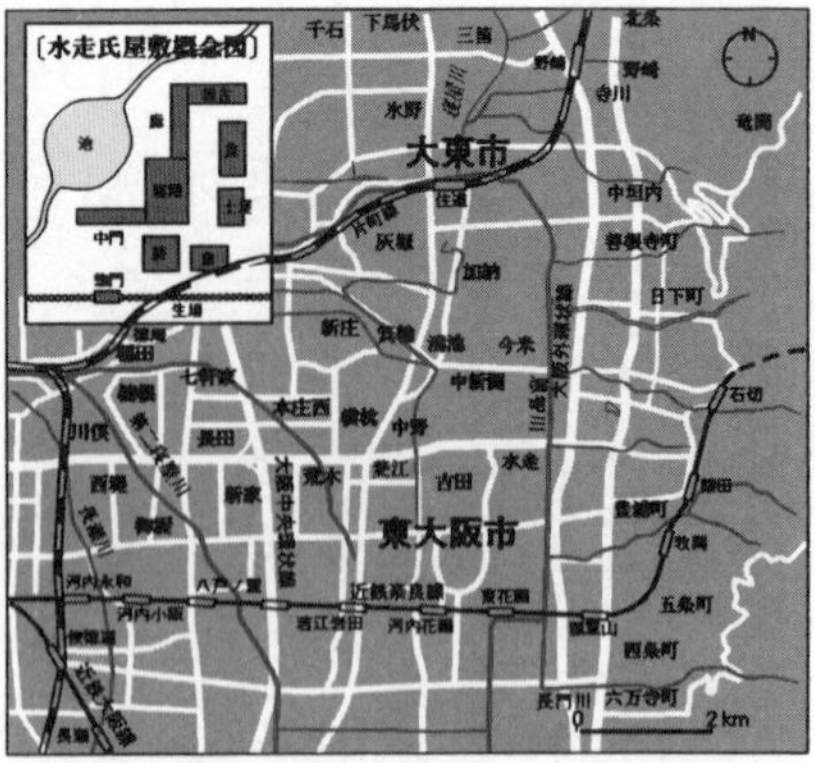

譲渡　嫡男藤原忠持屋敷并所職私領等事

合

副渡公験調度證文等 別紙目録在

一屋敷一所 五条

六間壹面寝殿一宇　七間廊一宇

惣門一宇　中門七間一宇

三間土屋一宇　三間壹面廐屋一宇

五間倉一宇　三間倉一宇

六間雑舎一宇

一大江御厨山本河俣両執當職并

御　宣旨御牒　大治長承里券

氷野河并廣見池、細江等

一以南惣長者職并四ケ郷郷務

一松武庄下司職　一旁公券證文

一母木寺本免下司職　一國衙鵜飼

一平岡社務并公文職　一豊浦郷公文職

一林四所 幸峡良尾 今摂寺林 田宿井南北浦 小坂林

一水走私領壹所之内八坪 壹町千歳御前領分 在判

一諸寺俗別當職

右件所職并田畠等者、左衛門尉藤原康高

之先祖相傳之所職私領也、而今依爲嫡男

藤原忠持相副調度證文等、譲渡事畢

仍爲後日證文、勒處分之帳之状、如件

建長四年六月三日

左衛門尉藤原康高 在判

(『朝日百科・日本の歴史・中世Ⅰ・源氏と平氏』4－20頁より)

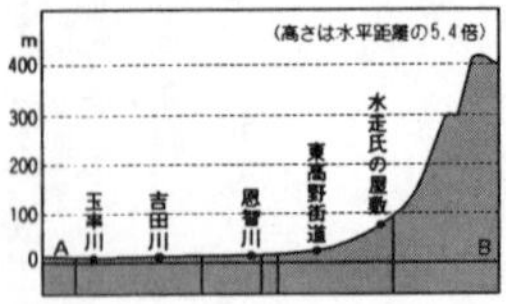

▲►水走氏の館周辺　上図は、現在の水走氏館跡周辺の東西の地形、すなわち図9のA～B点の断面図である。高台に構えた館からは、水走氏配下の地が一望のもとに見晴らすことができ、さらに、すぐ前を東高野《こう》街道が南北に走る交通の要衝でもあって、まことに中世の領主の館の立地として適した場所である。

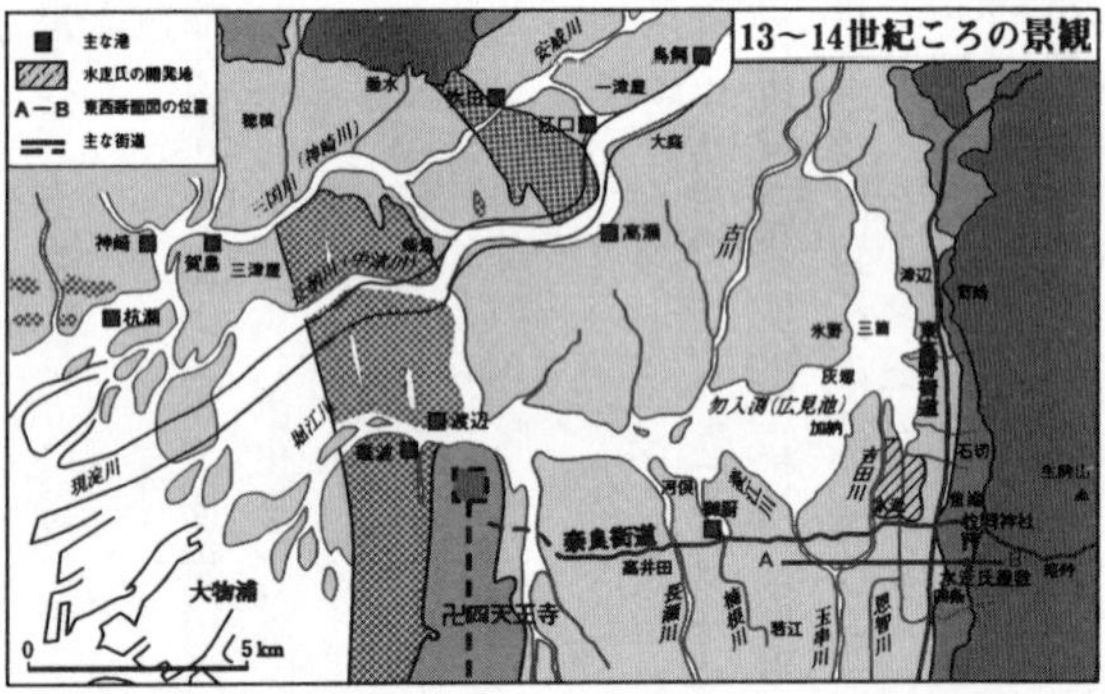

(『朝日百科・日本の歴史・別冊・都市と景観の読み方』41頁より)

日下雅義氏作成

下文の政治史的意味」（河音能平編『中世文書論の視座』東京堂出版、一九九六年）参照。
(19)「絵巻の方法―黒田日出男氏の批判に接して―」（『思想』一九九四年三月号）。
(20)『日本歴史大系1／原始・古代』九二八～九三一頁、山川出版社、一九八四年。
(21)本書第二章「中世都市共同体の構造的特質―中世都市大山崎を中心に―」参照。
(22)『寝屋川市誌』、一九六六年。
(23)橋本久和「武士の台頭と自然」（『考古学による日本歴史　16　自然環境と文化』所収、雄山閣出版、一九九六年）。
(24)拙稿「河内・和泉地域における南北朝内乱―楠木氏・和田氏を中心に―（上）」（『大阪樟蔭女子大学論集』第二〇号、一九八三年）参照。

第十章　戸田芳実の都市論・交通論について

はじめに

俊敏な中世史家として名を馳せた戸田芳実の数多い業績を戦後の学説史に位置づけるにあたって、都市論と交通論（ないし流通論）を中心に取り上げることには、さまざまな立場からの異論や反論が予想される。戸田は以前にも指摘したように、なによりもまず新しい分析視角での領主制論を提起した論客として著名だからであり、第七章で論述したように、戦後における最初の中世都市論を著した歴史家として筆頭にあげられる豊田武が、戦前の一九三五年にはその仕事を開始しているのに比較すると、戸田が都市論へ取り組んだ時期自体が、ずっと後年の一九七〇年代に入ってからだという事情があるからである。その都市論の内容も、豊田武に代表される都市論の大多数が商業史や社会経済史を基調にしたものであるのと相違して、古代から中世への移行期における階級的支配関係や封建的社会の形成過程についての理論体系、および政治史への戸田の独自の見解を組み込んだものになっている。戸田芳実の仕事が永遠に途絶してしまった今、その学説史的な検討を試みることは、最近の中世都市論が因習的・封建的社会に対する断絶と近代社会形成の萌芽としての都市という固定した視点から脱却して、封建制社会の一翼を担う都市という従来とは逆説的な視点による検討を経た上で、さらに自由かつ大胆に多義的な分析視角の形成を試みつつあるだけに、重要で必要なことだと考えられる。戸田の逝去を悼んで記された多くの文章のなかで、最近の中世都市論を代表する位置にある網野善彦が、「学問の友」としての戸田を語り、みずからの「非農業」民研究（具体的には鋳物師や海民の研究）が、戸田の都市と分業、交通論に触発されながら形成されたという意味のことを語っているのは、[1]充分に顧慮されなければならないと思われる。ここでは戸田の著作のうち、初期の『日本領主制成立史の研究』から、最近あいついで刊行された『初期中世社会史の研究』と『歴史と古道』に収められた諸論稿[2]までの内容をたどりながら、問題を明らかにしていきたい。

第一節　在地領主制論から荘園領主制的都市論へ

戸田芳実の仕事は、黒田俊雄による戦後の諸学説史のなかで、荘園制＝封建制説と分類される独自の位置を占めている。[3]その理論的な立場は、いわゆる領主制理論の再検討・再構成から出発しているために、私は新領主制論と命名することもできると考えているが、その代表的な仕事がまとめられているのは、一九六七年に刊行された『日本領主制成立史の研究』であり、なかでも「第六章　在地領主制の形成過程」である。このなかで戸田は石母田正以後の多くの領主制論の特色は、極言すれば典型的な封建領主制のモデルに向かって在地領主制がどこまでも進化して行く過程の追求であったという観点から、中世における封建領主制成立の困難さを強調する中世史観に、もともと疑問をもっていることを述べている。このような発想法そのものが問題なのであり、その封建制像と歴史的現実へのそれの適用の仕方こそ再検討が必要であったと考えるというのである。またこれらの領主制論によって中世史像を描くとすれば、それはいわゆる領主史観にとどまり、中世人民の課題がその領主とのたたかいであり、その領主制支配からの解放であったという、もっとも重要な問題を欠落させることになるとも指摘している。このような認識から、戸田は基本的には領主制理論によりながら、領主制形成の土台に関する具体的分析に取り組んでいく。すなわち、古代末期・中世初期の農村における開発の問題とそのなかで開墾の主力として発展するのが富豪層と彼らに依拠した貴族階級であること、富豪層およびそこから成長してきた在地領主層の分析（中世的な開発領主の形成過程の分析）などである。そのおもな内容は、在地領主の直接経営の労働力たる下人・所従に農奴的性格を認め、その領主が国衙などの国家公権や荘官的地位を利用しながら、自立しつつある小経営農民を封建的に隷属させていくことにあるとされている。このような具体的実証的な分析を通じて提起された領主制の内容と歴史的役割、在地領主制の形成を支配に組み込まれていく農民の視点から論じる立場は、以前に私が述べた鈴木・石母田論争における主要な問題点（中世社会形成の担い手は、領主か人民か）や、松本新八郎にみられる民衆史的な歴史観をふまえたものというべきであり、たしかに石母田正以来のいわゆる領主制論とは段階的に区別されるものになっている。さらに重要なのは、石母田説では古代的勢力とされた荘園領主の位置付けで、戸田は小経営農民の自立保持の戦いを利用して、荘園領主の収取は受動的に封建的隷属民を支配するかたちに転換していくと考える。したがって、中世の荘園領主はもはや古代的な勢力ではなく、在地領主制の形成と小経営農民の自立闘争を体制に組み込んで、封建領主制に近い内容に転化しているとするのである。これが黒田俊雄がいうところの荘園制＝封建制説である。

このような農村における開発の展開から領主制の形成過程を追求する仕事によって、中世社会の分析を開始した戸田が、都市論や交通論に取り組むようになった経緯には、どのようなものがあったのだろうか。戦前の欧州経済史の蓄積をふまえた商業史や社会経済史の立場からする都市論や都市史は、豊田武や原田伴彦を中心にすでに提起されていたし、京都を中心にして、林屋辰三郎が町衆研究に松山宏が都市史に取り組むなど、次第に都市史研究がさかんになりつつあったが、どちらかといえば中世都市史は非主流的な研究分野として、一九五五年頃まではその重要性が注目されるところとはならなかった。現在の問題関心からいって信じられないことであろうが、戦後の日本中世史研究において、農村を基盤にした領主制研究と、都市（京都・鎌倉・奈良など）を基盤にした商業史・都市史研究とは、まったく異なる研究分野として、分離したかたちで出発したのである。

ただこれらの都市は、荘園領主の集住地であったり、政権の所在地だったりするから、中世国家論を意識した全体的な視野にたてば、領主制研究と都市史研究とが統括的に把握されることになる。現に石母田正においても、都市論が存在しないわけではなく、黒田紘一郎が「中世都市成立論序説――石母田氏の「分業」論＝「都市」論にふれて――」のなかで、その都市論・分業論について、はじめてといってよい検討を加え、いくつかの重要な指摘をおこなっている（『新しい歴史学のために』一三二号、一九七三年）。ここでは、石母田が中世の手工業者や座について、やはりヨーロッパを中心にしたイメージを抱いていたこと、すなわち、座と中国宋代の「行」とヨーロッパ中世のギルドを同様に「封建制に対抗する組織」として考えていたことを確認するだけで充分だと思われるが、都市と農村との関係について、石母田がどう考えていたのかという問題だけを分析しておこう。石母田自身の文章によるならば、「律令制にあっては都市と農村を媒介するものは国家機構に外ならず、都市は農村と並列的な存在でなく単に支配するものにすぎなかった」。手工業者を「都市に集めることは、手工業と農業、都市と農村との間に、たとえ貴族の経済を通してであるとはいえ、交換による分業が成立すること」を必要とする、といった当時としては当然であり、現在からみて古典的な命題を、そこに見いだすことができる。

戸田芳実についていえば、そもそもの研究の出発点から、「職」の具体的な分析を上部構造として理論的な枠組みから排除ないし留保して、農村における領主制形成の土台を分析の主軸にすえるといった厳密で潔癖な方法と立場があった。かれ自身がみずから認めているように、最初の著作においては、領主制内部の基本的な階級関係を具体化することに分析が集中され、たとえば所職と百姓支配、領主制展開に照応する国家の行政面・軍事警察面での諸政策などの独自の研究に手が及ばなかったという反省があった。ここから、つぎの問題を解明するために、王朝国家論や国衙軍制の研究に取り組んでいったと思われるのであるが、その研究が途絶したため、保立道久が指摘しているように、(4)研究の理論的な方向を決めるにあたって大きな意味をもった黒田俊雄や永原慶二の仕事と比較して、上部構造論の枠組みが手薄であることは否めないと評価されるのは、やむをえないところであろう。

ところで戸田が代表する新領主制論の内容自体に異論や反論が提起されなかったわけではない。論文というかたちをとらないシンポジウム形式の討論においてではあるが、一九七三年の荘園制をめぐる議論のなかで問題にされているように、(5)工藤敬一は開発領主すなわち在地領主が非常に素朴に農村的なものであると思われていたが、最近網野善彦や大山喬平らの研究によって、寄進地系荘園の成立にあたって寄進主体である開発領主に、じつは下級の貴族、神官、山僧といったものが非常に多くて、いわゆる草深い農村から出てくるようなものではないことが解ってきたと指摘している。また網野善彦はもっと明確に反省と疑問を提出しており、中世社会ないし荘園制社会を考えるときに、それを最初から農業社会ときめこみ、もっぱら領主と農民の対立のみに視点をあわせていこうとする「農民一元論」ともいうべき傾向があり、都市と分業の問題を論ずるときにもそれが大前提になってしまう弱点があったとして、非農業民研究の重要性を指摘している。ここでは石母田正以来の領主制論における開発領主・在地領主のイメージ自体が問題にされているのである。石母田の領主制論の欠陥を克服するために提起された新しい領主制論も、こと都市や交通・流通にかかわる側面においては、古典的な領主制理論を払拭する新しいイメージを欠いていたといえよう。このシンポジウムの領主制（土地所有論）においては、領主的土地所有、地主的土地所有とならんで、都市貴族的土地所有が問題にされている。この土地所有は院政期に成立した寄進地型荘園を典型とし、それを実現し、荘園領主（本家職・領家職）たりえたのは、都市貴族（寺社）のみであったことが確認されている。この当時にあって中世都市とは、何よりも古代律令制以来の支配階級である貴族（朝廷や寺社をふくむ）の集住地である京都をさすものであり、中世社会全体を通じての「荘園制の都市と分業」は、ようやく重要な研究課題として一般に検討されはじめたばかりだった。

ただ戸田芳実の場合、社会的分業に関わる研究を早い時期に発表していることは忘れられてはならない。それは前述の著書に収められた「第八章　山野の貴族的領有と中世初期の村落」（初出は一九六一年）である。この論文も石母田正の『中世的世界の形成』において提示された平安時代の大土地所有成立における村落の「入会地」囲い込みの問題に触発され、古代から中世にかけて山林原野の占取・用益をめぐる諸階層の関係がどのようなかたちで展開したかを追求したものであり、石母田説の分析視角から出発したものではあるが、戸田みずからが述べているように、村落共同体論については、当時すでに提起されていた黒田俊雄による、「全農民を規制する共同体が、組織としては一部上層農民の閉鎖的組織形態をとる」という中世村落共同体の「座」的構造論（＝二重構造論ともいえる）に触発されていることも注目されよう。「律令国家の山野規制、貴族的領有下における非農業経済の場としての山野の経営、中世初期村落の共同体的山野占取のあり方、荘園制における領主制的な山野規制の内容とそのもとでの農民の状態を究明しようとしたもの」として、その的確な問題意識と具体的実証的な分析の見事さとにおいて、非常に優れた仕事となっている。とくにこの論文のなかで、貴族的領有下の山野が、特殊労働力である「寄人」集団と、その長としての長者的富豪層に依拠して開発され、農耕地のみならず、林業・牧畜・漁業・塩業・窯業など非農業的諸産業の場として発展し、律令制とは異質の構造をもつ社会的分業の展開の拠点となったと結論しているところは、最近の網野善彦による「非農業」民の研究の盛行ぶりとも照らしあわせて、ことに重要であると私は考える。

ここで戸田が新しく定義した長者的富豪層とは、これ以前に林屋辰三郎が散所民の組織者として歴史概念化した「散所長者」[6]を前提にしていると思われるが、農業以外の特殊労働集団の長として各種分業の組織者となった型の富豪層であるという。しかし林屋の散所長者とは必ずしも中世初期村落における先進的な労働の担い手とはいえず、むしろ定着せず移動するところに存在形態の特質が示されている。戸田のいう王臣社寺の山野管理人である富豪層、という概念規定とは本来異質のものであろう。具体的に戸田がイメージしていたのは、『信貴山縁起絵巻』で有名な「山崎長者」で、荏胡麻油作りや問丸的な業務を行なっていたとされている。また平安末期、近江国に「浦長者」が存在し、住人等を所役に従わせた事実があり、これも漁業ないし水運業の集団の長としての長者を想像させることをも傍証にあげている。ここで例証とされている長者的富豪層はたしかに定着性を示しているが、山崎長者は私が別のところで詳しく分析したように[7]、古代から京都の外港として、また交通・流通の拠点として繁栄した都市的な場における共同体ないし座的組織の長であり、近江国の浦長者は漁村的な場に位置しており、住人等も単なる漁村の住人等ではなく、某既に所属した住人等である。そして山野河海という際の山野と河海とでは、おおきく問題のあり方が異なってくることが、この時点では明確に意識されていなかったという認識のくい違いもある。この問題は網野善彦が提唱している天皇の流通路支配の問題[8]とも関わってくるところである。しかし、このような根本的な問題をひそめながら、戸田の長者的富豪層という歴史的概念は、現在にいたるまでそのまま存続しているといえよう。河音能平は『中世封建社会の首都と農村』において、和田氏や水走氏といった畿内在地領主の長者職について分析し、八人の長者が存在するという山崎の長者衆における都市的・水平的な階層構成について対照的に明らかにしている[9]。山崎長者（衆）の例によって、長者的富豪層が都市的な場においても敷衍できる概念とすれば、最近では瀬田勝哉が都市史の特集号[10]において論じた「中世祇園会の一考察——馬上役制をめぐって——」における長者的住民の系譜をもつ御旅所神主（稲荷社の場合は「柴守長者」の伝承）にまで、問題の範囲は及んでいく。長者的富豪層という歴史的概念をこれ以後も適用しようとすれば、根本的に長者概念の再検討ないし再構成が必要になってくると考えられるのである。

第二節　王朝都市と荘園体制をめぐる諸問題

戸田芳実がこれまでにみたような過程を経て、本格的に都市論に取り組むのは、一九七三年の日本史研究会大会の報告「王朝都市論の問題点」[11]においてである。ここで戸田が規定した「王朝都市」とは、「王朝国家」の都としての京都をさすもので、平安京が律令国家の帝都から中世的な「荘園領主の都市」へと転換する摂関期・院政期に固有の中央都市をとらえる概念として提起されたものであった。ここで課題とされたのは、（1）都における貴族階級の集住形態と諸官衙の配置・分布形態の考察、（2）都市の領主としての荘園領主が全国的な諸荘園とその農民の支配を実現し、維持・再生産しうるための機構と人的・物的手段の究明（同時に諸国衙と公領の支配についても、同じ視点からの研究が必要とされる）、（3）都市と農村の交通形態の多面的な分析、（4）都市住民の実態の究明（その居住形態と都市行政、分業と流通・交通の担い手としての具体相、その社会的主体形成と運動など）、（5）都市における政治的・社会的闘争、民衆運動の諸形態の解明、であった。これらの課題のなかで具体的に分析されたのは、あとで述べるように十世紀以後の平安京の都市構造変化を、都市居住者諸階層の居住形態に焦点をおいて分析することであった。

ここにおける課題は一九七六年の「王朝都市と荘園体制」[12]にそのまま引き継がれて、（3）の具体化を中心として、（1）（2）（4）との連関をさぐるという方法での仕事となった。すなわち、ここで課題とされたのは、荘園体制という支配システムに直接関わるタテ・ヨコの人的・集団的関係の有機的な内実や動態の究明であったと思われる。そのための史料とされたのが、摂関期の往復書簡を編集した教科書用消息文集である『高山寺本古往来』に登場する摂関時代の地方有力者たちで、かれらを戸田は「国内名士」と規定した。「国内名士」とは「国の住人」「国人」の代表的な存在であり、これまで一般に在地有力者・在地領主・私領主・武士などと呼ばれていた者の集団を地域的集団としてとらえた概念であるという。たしかにここで引用されている大名田堵・私領主・納所預など預人・郡郷司・舎人・在庁書生・国侍・荘官らは、在地領主らにあてはまるかもしれないが、中央官司・権門社寺の直接の官職・身分をおびる地方在住者や国内社寺の神官寺僧、また国内の社会的分業・流通・交通を担う諸集団の上層（長者的存在）も「国内名士」に加えられるとしているのが、とくに重要である。ここで戸田はいわゆる領主制概念をこえて、「政治的・社会的な諸種の職能・身分・権威・名望によって地域内で相互有機的にかかわり合うものとしてとらえた地域的集団概念」というものを提起したのである。

つぎの院政期になって「国内名士」がどのようなあり方を示すのか、という分析では、十二世紀初頭の近江国を具体例に、国衙支配と結合して中央の大宗教領主である山門（比叡山延暦寺）の荘園体制が形成されてくる具体相を、延暦寺の鎮守日吉大社の神役奉仕者に指定された地方有力者の行動を通してみている。なかでも中原成行という人物は、都市貴族的家系、白河院召次勾当、愛智郡司、日吉新宮神事勤仕人などの地位からして、近江国における「国内名士」の典型的な人物であり、京・近江をしきりに往復し、京都と深いつながりをもっていた。かれは、京都の商人高利貸集団の代表的存在であった大津の日吉神人の一員として、「借上」をも営んでいた。このような新しく台頭してくる商人階層といってもよい「国内名士」を、具体的実証的に検証したことは、大きな意味をもつであろう。さらに考察は荘園体制の側からみた王朝都市じたいの構造の研究に及んで、荘園制的都市構造というものが分析されているのも、画期的な内容である。

すでに前述の「王朝都市論の問題点」で明らかにされていたように、この時期の平安京の変貌については、(1)貴賤の混住・集住(大内裏の東にひろがる平安京東北部は、ふつう整然とした官庁街・貴族邸宅街とみられやすいが、じつは十世紀後半の一種の建築ブームによって、貴賤混住・集住をもたらす居住形態の流動と変動が進行していた)、(2)新しい町と保(平安京行政区画＝条坊制の保の変化)、(3)宅地領有と居住(京内の居住形態、宅地の所有・占有関係とその移動性・流動性については、平安貴族特有の移転や退転に際して、都市の下層住民＝雑人らの占有・用益は、いちがいに排除されてはいなかった)、(4)市をめぐって(鴨河原に接した三条京極での榑交易の市、京極寺での神輿巡行とその路次の大衆的田楽)、といった諸現象が分析されていた。

「王朝都市と荘園体制」で改めて追求されたのは、荘園体制の発展と深く結びついていた都市の倉庫群とその経営者および要員の動き方であり、それによって、洛中左京の都市構造変化を中心にしながら、それと有機的に結合して周辺地域が荘園制的な形態で都市に組み入れられ、中世京都の都市的景観が形成されてくる姿が解明されている。これについては義江彰夫が、日本の伝統的市街住宅である町屋の形成過程を解明した野口徹著『中世京都の町屋』(東京大学出版会、一九八八年)の「解説」のなかで説明しているように、戸田芳実の王朝都市論は直接町や町屋を研究対象にとりこんでいないが、王朝都市京都の解明の鍵として強調しているのは、権門―下級官人―庶人という重層的構成のなかでそれぞれがもつ固有の都市的権利内容を把握することと、とりわけそのなかで大きな役割を果たした下級官人層の経済活動から市行政にまで及ぶ広範かつ多面的な活動の特質を理解することであるという。義江によれば、野口が町屋の先駆形態とする付属屋・門屋の実質的な統括者が都市中間層たる下級官人層であり、かれらが庶民一般を対象とする町屋の形成においても、リーダーシップをとっていたとすると、戸田が開拓した新しい研究視角は、野口説において町屋のレベルで受けとめられて、具体的な展開を示すかたちになっているという。これはまことに重要な指摘であり、以後の中世都市論は京都や鎌倉における町屋形成についてのこの具体的な成果を継承して、さらに続行されなければならないと考える。

このようにして、戸田芳実のふたつの王朝都市論は、中世都市論としては、限定された時期と場所を扱っているにもかかわらず、以後の都市史研究にとって、決定的に重要な意味をもつことになったと思われる。問題意識の明確さに比較して、具体的実証的な裏付けは、必ずしも豊富であるとは言いがたいが、それも新しい研究領域を開拓する際に不可避的な問題であり、これまでの長い平安京の研究史を受け継いで再検討していけば、さらに多くの問題を解明できると思われるのである。

つぎに都市と農村を往復し、京都に深い関わりをもつ〈国内名士〉を実証したことは、その歴史的概念の是非はともかく、従来の商業史と領主制論とを統合したものとして、もっとも注目されなければならない。商業史（および都市史）研究と領主制研究は手を携えていかねばならないというのが、元来の戸田の考え方だったと思われるが、実際問題としては両者の統合は不可能に近く、たとえば地頭領主と商業・流通との関わりといった限られた分野の研究以外は、両者の統合は進展していなかった。中世社会成立期にあたる王朝国家および王朝都市という分析視角を得て、はじめて荘園領主・都市貴族に組織された商人や手工業者を主要な分析対象とする従来の商業史を戸田も取り込むことができたのである。このような戸田の問題関心と触れ合う仕事としては、近年『日本中世商業史の研究』(13)として刊行された小野晃嗣の一九三二年から三七年にかけての論文や、豊田武著作集第三巻『中世の商人と交通』(14)に収められた仕事と、脇田晴子『日本中世商業発達史の研究』(15)や戸田の「王朝都市論の問題点」と一緒に日本史研究会大会で報告された「日本中世都市の構造」(16)があげられよう。いずれも京都を分析視角の中枢にすえており、荘園領主の自給的家産経済と一般に規定される経済構造を視野に入れ、そのなかで活躍した商人層の活動を分析しているからである。

しかし当然のことながら、王朝都市京都のみを分析するだけに終ったという限界から、中世都市論としては多くの未解決の問題を残す結果になっている。本格的な中世社会が確立した鎌倉時代における京都の都市構造はどうであったのか、別に研究が進展している都市鎌倉との相互関係はどうか、また承久の乱以後の京都の変化はどうか、といった問題である。とりわけ、都市と農村との交通の多面的分析という課題を解明するためには、京都だけではなく、他の諸都市との関わりあいが問題になってくるところである。第七章で明らかにしたように、最近の都市論は交通と流通の要衝である都市的な場のあり方を、全国的な、また国際的な分析視角で検討しなければならなくなっている。荘園領主制的都市構造を問題にするといっても、京都だけでは分析がおさまらない段階に、現在の中世都市論の水準はあると考えられるのである。

戸田芳実の都市論は、前述の二論文以前に発表された「第一〇章　荘園体制確立期の宗教的民衆運動」を考慮するとしても、以上で途絶している。以後の戸田は『歴史と古道――歩いて学ぶ中世史』にまとめられた研究分野に没頭していったようである。その多くは熊野参詣の道の研究であり、一部に「東西交通」にかかわる研究分野が含まれているとはいえ、都市論というにはあまりにも迂遠である。もちろん、中世の道の研究は、つぎに紹介するように、都市と交通にかかわる重要な分野であり、古道の研究も、或いは王朝都市京都を中枢に、広域的な都市と農村との交通を多面的に分析することをめざして、積み重ねられていたものかもしれない。

第三節　比較史的観点による展望

個人的な感慨にすぎないのかもしれないが、ジャン・ピエール・ルゲ『中世の道』（井上泰男訳）が刊行されたことは、中世都市論をこころざす研究者にとって、まことに喜ばしい快挙であった。[17]この著書がフランス本国で出版されたのは一九八四年であるが、いわゆるアナル派の基本的な文献であっても、日本で翻訳されるまでに長い年月を費やす事例が少なくないのを考えると、この種の地味な学術書としては、むしろ驚くべき速さで翻訳出版の作業が進行したことになる。西洋史家井上泰男が「訳者あとがき」で述べているように、著者ジャン・ピエール・ルゲは、一九三八年の生まれで、中世のブルターニュとサヴォワの諸都市についての研究で知られた専門家であり、一九八一年には、ブルターニュ公領というひとつの地域をモデルとした、中世における都市網の形成を論証した『中世の都市網――十四、十五世紀ブルターニュ公領の諸都市』を発表し、一九八二年には、H・マルタンとの共著『公領ブルターニュの豪奢と不幸』で、単なる政治史にとどまらぬ生活史・心性史・民俗史といった諸領域にふみこんだ、新しい問題意識にもとづくアプローチを示した仕事をしている。いわば、アナル派によって代表される社会史の研究動向を充分に受けとめた、フランスの中世都市史の新鮮な開拓者のひとりといった位置にある人と思われる。

この『中世の道』では、道が主人公であり、そのこと自体が卓抜な着想である。ルゲ自身が「序文」で確認しているように、都市についての一般的な著作や個別的な研究は、都市空間の統一的な構成要素、城壁、共同建築物に対しては関心を寄せるが、そうした記念碑的な「目印」とともに、都市景観を識別することに役立った街路の本来の姿にはあまり関心を払わない。そこから著者は「第一編　都市景観における街路」においては、街路の配置、中世の不潔、現われはじめた都市計画、街路を識別する名称や装飾、標識や地区割りについて触れ、「第二編　街路に生きる人々」では、路上での営業や疎外者の領分としての街路、街路を支配する権力、街路の慰みなどが、あらゆる資料を網羅した詳細な実証によって、綴られている。

豊田武の都市論・会合衆論を中心にあつかった第七章で述べたように、日本における最近の中世都市史研究は、これまでの文献史学的な研究を主流とする傾向から離れて、空間と都市景観からのアプローチが目立っており、これは世界的な傾向であると思われ、中世の道についてふれた論稿も、そのなかには多くふくまれている。たとえば、高橋康夫著『洛中洛外——環境文化の中世史』(18)では、「第二部—生活空間の数寄デザイン」において、戦国時代における京都町衆の借家と路地の形成が記され、「第三部—絵が語る洛中洛外」に含まれた「I道と暮らし」においては、洛中洛外図屛風を通じて路上の構築物(車屋=屋根つきガレージ・公衆便所・井戸・洗濯石・物干し場など)が具体的に記述されている。むしろ、社会史的な分析視角による都市史において、道の記述が出てこない例の方が少ないと言わざるをえない。しかし、ルゲが自身の著書について記しているように、道そのものを主人公に都市論を展開した研究は、フランスではかつて見られなかったし、もちろん日本ではまだ現われていない。

この『中世の道』について、学ぶべきことは多いが、とくに私が注目したいのは、「第七章　街路を支配する権力——尊重された権威、対抗する勢力」で、地方の政治生活の歯車の役割を果たしてきた街路についての分析と記述である。ここでは都市領主の側からする街路を媒介とした都市民の支配についてだが、まず最初に論じられている。そこでは、行政区分の基本要素としての街路、街路と教区組織、の二項目で、聖俗領主の行政区分や教区を区切るものとしての街路が具体的に論じられ、つぎに、街路の中の良民という項目で、多勢の群衆を動員する政治的な意思表示の舞台としての街路、すなわち、国王ないし王侯や司教の入城(市)式、それと対極的な王権への忠誠の第二の意思表示である王侯や有力者の葬式、また全国ないし地方三部会の開催の祝典が論述される。このような分析視角そのものが日本では目新しいし、以後充分に研究されなければならない課題になるだろうと思われるが、このような「尊重された権威」に次いで「対抗する勢力」として、〈動乱〉の渦中にある街路、党派に委ねられた街路、が分析されているところが、さらに重要であると考えられる。ここで取り上げられているのは、十一世紀と十二世紀に都市解放の諸段階を画した初期のコミューン運動の際に時にともなった騒乱であり、また十四世紀から十六世紀にわたる中世末期に頻発した社会動乱や民衆反乱である。「都市反乱は街路に生まれ、拡がり、激化した」という視点から、フランス全土の具体例が記述され、それに対する冷酷な鎮圧によって、多くの場合、暴動によるよりも一層多くの犠牲者が出たことが簡単に触れられている。たとえば、「税務官とか非常に富裕な宗教施設に対して企てられた一三五一年のルーアン市民の一揆は、八三人もが絞首刑によって処罰された。」という冷厳な歴史的事実が明らかにされているところがそれである。

ここで想起されるのは、戸田芳実の都市論のなかで一〇九六（嘉保三＝永長元）年の「永長大田楽」といわれる田楽の熱狂的大流行をあつかった「荘園体制確立期の宗教的民衆運動」という仕事である。「京都の一般住民、貴族の下部らが連日鼓笛を高らかにひびかせ歌い踊りつつ大路小路を埋めたこの大田楽が、どうして発生したのか」という問題意識に発し、運動の宗教的・芸能的外被の奥にひそんでいる当時の民衆の現実的利害とそれに対する闘争の問題に考察をすすめた戸田は、この段階の荘園公領の農民闘争の主要な課題が、造内裏役・伊勢神宮造営役などに代表される「一国平均課役」の拒否ないし免除の獲得であったこと、おなじく王朝都市京都の住民には造営役賦課問題があったことを明らかにしている。

この論文はヨーロッパの中世都市論では普遍的な問題として認識されている初期のコミューン運動に相当する問題を解明した仕事だと思われるのであるが、最近の日本における社会史的な傾向のつよい都市史においては、このような問題意識を受け継いだ仕事がみられなくなっている。ルゲがこのような社会史的な立場で、中世の街路という視点から、あらためて都市におけるコミューン運動や中世末期の民衆反乱・社会動乱を分析する新しい方法を開拓したことは、日本で都市史に取り組む私たちにとっても無縁ではなく、まことに魅力的な挑戦であり、見事な成果であるというべきであろう。もちろん、ルゲの場合、政治史的な問題と宗教的な祝典行列・祭礼・民俗芸能・演劇などの記述は区別してあつかわれ、後者は「第八章　街路の慰み」において記述されている。しかし、疎外され差別された反社会的な人々が生活する場としての街路をあつかった「第六章　街路――疎外者の領分」とを併せて読めば、「祭りと反乱」「疎外」といった最近のヨーロッパ社会史における最新のテーマへのめくばりが充分であるばかりではなく、民衆史にかける著者の穏やかながら真摯な心情の熱さは、おのずから伝わってくる。

このようなフランスにおける民衆史の仕事に関連して、取り上げておきたいのは、西洋史における最新の民衆反乱史の仕事である。野崎直治「ドイツ中世における民衆蜂起の系譜」（『思想』八一九号、一九九二年九月）は、ドイツ史の側から中世初期の民衆蜂起二件、ツンフト闘争、および農民闘争を素材として、農村と都市の民衆蜂起の共通点と相違点を検討したものであり、結論的には、その担い手において中・下層民（ヴィードゥキントの反乱、ステリンガの反乱）、中産市民（ツンフト闘争）、富農・中農（農民戦争）と分かれ、主要な闘争目標においても、政治的伝統の回復（ヴィードゥキントの反乱）、経済的重圧の排除（ステリンガの反乱）、政治への参加（ツンフト闘争）、経済的改良（農民戦争）その他と分かれ、共通点を指摘することは難しいとされている。しかしながら、ツンフト闘争を除けば、伝統への回帰を志向する点ではすべて一致していることと、経済的契機がすべての民衆蜂起の根底に推定されるが、後日の研究にまちたいと結ばれている。ここから何を汲み取るかは、読者によって大きく異なってくるだろう。ともあれ、刺激的なこのような民衆闘争史にかかわる研究が、以後も続行することを望みたい。同じドイツの民衆史にかかわる仕事として、近年邦訳されたペーター・ブリックレ『ドイツの臣民――平民・共同体・国家　一三〇〇～一八〇〇年』[19]（服部良久訳）があり、ブリックレも共同体論の立場から、村落共同体と都市共同体との関連や、農民反乱と都市の反乱について触れている。以上の著作は共にいわゆる社会史的な潮流とは、一線を画す内容であるが、ドイツの都市論を考えるうえで、併せて検討するべき重要性をもつものとして特筆される。

また『中世の道』の翻訳者である井上泰男も所属する比較都市史研究会が、一九九一年、創立二〇周年記念論文集と銘打って『都市と共同体』上・下二編を刊行したことも記憶に新しい。ここは紙数からいって全体を紹介するのにふさわしいところではないため、内容の要約は控えておきたいが、世界史的な視野で、日本の都市史研究者三三人による最新の仕事を一覧することができる（名著出版）。

社会史的な研究と社会経済史的な研究とが、けっして対立したり矛盾したりするものではなく、本来ともに進展していくべきものであることは、第七章においても強調したが、一九九〇年に社会経済史学会が創立六〇周年を迎え、記念論文集『社会経済史学の課題と展望』を刊行している（有斐閣、一九九二年）。これについても、全体の内容を紹介するようなことは到底できないが、都市論と交通論とに関連して、どうしてもふれる必要のある論文だけをとりあげておきたい。

その第一は、森本芳樹による「西洋中世の都市＝農村関係」である。ここで森本は、都市と農村の関係を新しい価値観に基づいて捉え直し、研究方向を強力に規定するような都市（ないし農村）理念が見えていない現状では、中世社会・経済史の構造と展開を、中世都市＝農村関係というタームで考察する際に、従来とはまったく異なるような明確で新しい動向は存在しないことを確認している。「今のところ、それはかつて色濃くみられた都市と農村とを性格の異なった二つの世界として峻別する見方からの離脱と、言わば消極的に示されざるをえないであろう」というのである。しかしながら、このような現状のなかでも、新しい理論的次元での視角（機能分析を重視する地理学での中心理論）と実証作業に近い分野での都市的なものの発見が相互にあいまって、研究の一定の方向性ないし姿勢がみられないわけではないという。それを森本は、都市というものを一定の空間に生活する人間を、求心的にまとめる方向で作用する諸力として眺めるという姿勢である、と述べている。さらに森本は、都市を一定地域の中心として位置づけることが最大の関心となった点を重視して、それを都市的諸機能の地域的編成への関心、という呼びかたで表現している。そして、都市的なものとして捉えられるのは、商工業として分化し、一定地点に集中している経済的諸機能だというわけではなく、社会的・政治的・行政的・軍事的・宗教的等々の次元で発揮され、周辺の生活空間に求心的まとまりを与える諸機能のすべてだと解説している。中世における都市機能は主として政治的性格のものだとする論者もいるが、むしろ中世における都市的なものは専ら領主制的、共同体的諸組織のなかでこそ十分な役割を果たすと考えるのが一般的であることを強調しているのは、重要であろう。ここにおいて、戸田芳実による王朝都市論は、それが荘園領主制的都市論であるという意味で再評価されうる局面に立ちいたっているのである。すでに指摘したような数々の残された諸問題に取り組むことこそ、私たちのつぎの課題だといわなければならない。

このようにまとめられたヨーロッパ学界での研究動向だけでも、私たちにとって充分刺激的なはたらきかけであるが、森本はもうひとつ新しい都市論の創造について、「イスラムの都市性」Urbanism in Islam に関する共同研究を紹介している。いわゆるヨーロッパ中心史観を排するという決意のもとに、ことにヨーロッパ中世を主たる素材として練りあげられた都市論の硬直性（「西洋中世のコミューン都市像」では、商人・手工業者による特権の制度化を称揚してしまうという限界性とも言い換えられる）を排するとの主張を前面に出して、「都市」集落ではなく「都市性」の研究を課題に設定したこのプロジェクトにおいて、描写された都市生活は、「どんな階層・集団に属する者も差別なく参加して、近在でも遠隔地にも柔軟に織りなしていく多様な諸連繋として構想されており、コスモロジー・アウトロー・ネットワークをキーワードと考えてよい」とされ、いささかユートピア的であるという印象をも付け加えている。この問題については、森本が「都市史研究の新しい動向――共同研究・国際会議『イスラムの都市性』をめぐって――」という別稿で紹介している詳細なプロジェクトの内容ともあわせて、今後とも慎重な検討が必要であると思われる（『歴史学研究』第六〇七号、一九九〇年）。羽田正・三浦徹編『イスラム都市史研究――歴史と展望――』が出版されたことは、その意味で、まさに時宜を得た有益な仕事であると思われる（東京大学出版会、一九九一年）。

おわりに

前述した「西洋中世の都市＝農村関係」においても、またこの論稿がおさめられた『社会経済史学の課題と展望』の「第一編　地域世界の経済史（二宮宏之編）」冒頭の斎藤寛海による「1　地中海世界」でも、深く意識されているように、一九九一年一一月から浜名優美翻訳によるフェルナン・ブローデルの大著『地中海』[20]（全五分冊、藤原書店）が刊行されはじめた。その反響の大きさは、最初の「I　環境の役割」出版前後の日本の読書界だけをみても驚異的なものがあり、アナル派の巨匠ブローデルの仕事を代表する本書の刊行事業によって、ようやく日本の歴史学界にもアナル派が根付きつつあるのではないかという期待をもたせるのに充分である。まことに山口昌男も称賛するように、「ブローデルは本書によって、マルク・ブロックとリュシアン・フェーヴルによって創始されたアナール派の社会史の伝統の頂点を極めた」（「微細を極めた大著」、『地中海』発刊記念「ブックレット　地中海」所収、藤原書店）。都市論・交通論に問題をかぎってみても、『第一部　環境の役割』の「第5章　人間の単位――交通路と都市、都市と交通路」は、この論稿において私が紹介し、検討してきた都市論・交通論にかかわる最新の動向と照らしあわせてみても、いささかも古びていないばかりか、いまだに最新の仕事そのものがブローデルの分析視角を超えていないのではないかと思われるほどの拡がりと深さをのぞかせている。むしろ、本当の意味で、私たちがブローデルに学ぶのは、これからであろう。問題はますます精緻に、明晰に検討されねばならない。私も九二年の夏にみた地中海の独特の澄みきった明るい青を思い出しながら、ふたたび決意を新たにしたことである。

註

（1）戸田芳実氏追悼文集編集委員会編『戸田芳実の道　追悼思藻』一九九二年。

（2）『日本領主制成立史の研究』岩波書店、一九六七年。『初期中世社会史の研究』東京大学出版会、一九九一年。『歴史と古道　歩いて学ぶ中世史』人文書院、一九九二年。

（3）「中世史序説」（岩波講座日本歴史5、中世1）。

（4）「戸田芳実氏と封建制成立論争」（『戸田芳実の道　追悼思藻』所収）。

（5）『シンポジウム　日本歴史6　荘園制』学生社、一九七三年。

（6）『古代国家の解体』東京大学出版会、一九五五年。のちに、日本史論聚三『変革の道程』に再録、岩波書店、一九八八年。

（7）『門真市史　第二巻』門真市役所、一九九二年、六九〜八一頁参照。

（8）たとえば、『日本中世の非農業民と天皇』岩波書店、一九八四年、参照。

（9）「畿内在地領主の長者職について」参照、東京大学出版会、一九八四年。

（10）『日本史研究』二〇〇号、一九七九年四月。

（11）『日本史研究』一三九・一四〇合併号、一九七四年三月。のちに『初期中世社会史の研究』第八章（東京大学出版会、一九九一年）。

（12）『岩波講座日本歴史4、古代4』、一九七六年。のちに『初期中世社会史の研究』第九章。

（13）法政大学出版局、一九八九年。「油商人としての大山崎神人」「北野麹座に就きて」「興福寺と座衆との関係」「内蔵寮経済と供御人」など八編をおさめる。

（14）吉川弘文館、一九八三年。

（15）御茶の水書房、一九六九年。

（16）『日本史研究』一三九・一四〇合併号、所収。のちに加筆されて『日本中世都市論』（東京大学出版会、一九八一年）の第一章と第四章。

(17)　白水社、一九九一年。
(18)　平凡社、一九八八年。
(19)　ミネルヴァ書房、一九九〇年。
(20)　全五分冊、藤原書店。原題『フェリペ二世時代の地中海と地中海世界』初版一九四九年。

あとがき

本書は、私にとって最初の論文集であり、一九七〇年代から数えて、二〇数年に及ぶ中世都市史研究をまとめたものである。それ以前の私は、荘園史を中心に研究していたのだが、都市領主の荘園支配のもとで展開する名主百姓等の共同体的結合、すなわち惣的結合に主要な関心があったから、一九七三年に大阪府三島郡島本町史編纂室で仕事を始めた際にも、中世の油商人として有名な八幡宮大山崎神人の根拠地について、その惣のあり方に最大の関心を抱いたのは、ごく自然なことだった。

第一章では、大山崎の分析にあたって、〈商業的共同体〉と規定しているが、このような規定には、ふたつの理由があったと思う。まず第一に、戦前に開始された商業史研究において、大山崎油神人の研究がすでに大きな成果をあげていたという研究史の蓄積である。第二に、私は〈大山崎惣町共同体〉という規定もしているように、大山崎を中世都市と考えていたが、当時の中世史学界では、都市史研究の重要性が現在ほど認識されていず、また都市史研究者のあいだでも、中世都市といえば、まず京都・奈良・鎌倉を考えるといった有様だったから、大山崎を中世都市として分析すること自体が、ただちに抵抗なく受け入れられるという訳にはいかなかった。当時の都市史においても、原田伴彦氏が大山崎を都市として分類していたが、私は更に詳細に大山崎の内部構造を分析するにあたり、従来の商業史・都市史の成果に基づいて、大山崎を〈商業的共同体〉と規定し、しかも国家権力との密接な関連をもった〈商業的共同体〉と位置付けたのだった。

第二章は、一九七六年度の日本史研究会大会における中世史部会の報告をもとにしたものである。今では女性が大会報告をすることなど、ごくありふれた日常的なことであるが、その頃はまだ珍しい事態だったということもあり、さまざまな意味で苦労したが、三浦圭一氏の紹介もあり、大山崎の宝積寺で特に文書の閲覧を許され、「山崎長者等山寄進状」を確認したときの感激は、今でも忘れることはできない。第一章にみるように、戦国時代に八人の長者衆が大山崎の祭礼を執行していること、鎌倉時代末には在地の有力者として長者が登場するということは、すでに明らかにしていたが、鎌倉時代なかばまで長者衆の存在がさかのぼるという史料を得たことは、本当に幸運だった。まさに「信貴山縁起」に描かれたような〈山崎の長者〉は実在したのである。それも八人もの長者が。なお、三浦氏には、私が現在の職場に勤めるようになってからも、東大阪市での公開講座の講師に誘って頂いたり、いろいろとお世話になった。当時は私も若かったから、自分よりはるかに年長の方が多い聴衆を相手に講義するという経験を繰り返すなかで、どれだけ歴史家として励まされ、また鍛えられたか解らない。

私の大山崎研究は右の二論文である。その後、脇田晴子氏の『日本中世都市論』や、田端泰子氏の『中世村落の構造と領主制』、また高牧実氏の論著が私の二論文を批判しているが、本書を編むにあたり、二論文の内容を改変することはせず、歴史的事実についての二、三の誤りを訂正し、若干表現を改めるに止めた。すでに二論文が学説史の上で、それなりの評価を得ていると考えるからであり、また基本的に論旨を改変する必要がないと考えるからでもある。脇田氏の大山崎についての都市論も、基本的には、私の分析視角を受け継いでいると考えるので、それを改変するというのは、学説史に対しても失礼であろう。ただ、一言しておきたいのは、論文を批判する際には、その批判が論文の誤読に基づくということのないように、充分吟味してからにしていただきたいということである。あきらかに誤読だと思われる指摘が、論者のなかに見受けられるのは、実に残念なことである。

一九七六年に、四年間住み親しんだ長岡京市を離れて、堺市に転居してから、私の関心は都市堺に移り、ちょうど有光友学氏や本多隆成氏から、科研費の総合研究をめざした共同研究に誘われたのを機会に、堺についての都市論をまとめることになった。戦前からの研究史を豊富にもつ都市堺を対象に、研究を続けるうちに、豊田武氏の会合衆論（えごうしゅう論）に、根本的な疑問を抱くようになり、つぎに、日本の中世社会で堺と同様な会合衆が出現する伊勢の宇治・山田・大湊に、関心が展開していった。三重県伊勢市は、実は私の故郷であり、第六章で扱った山田上中之郷の筋向橋近くに、私も育っている。誠に不思議なめぐりあわせだというほかはない。幼い頃に、仕事をもった母に連れられて、大湊に行ったことがあるが、そのころはまだ造船業が活発に機能していて、宇治山田港に続く大湊川一帯に沢山の船舶が停泊していたことを覚えている。現在の静謐な大湊に調査に行くたびに、昔日の感をあらたにせざるをえない。

戦前の『堺市史』では、会合衆にルビをふっていないが、その普及版ともいうべき一九三一年刊行の『摘要堺市史』には、会合衆に〈くわいがふしゅう〉とルビが付いていた事実や、一九六四年に出版された『三重県史』に、会合衆〈かいごうしゅう〉とルビがふられていた事実は、堺や山田の論文を書いてから知ったのであり、比較的最近のことである。どれほど豊田武氏による会合衆論が一世を風靡したかが、解ろうというものである。私は会合衆の正しい読み方によって、はじめて、伊勢や堺の〈会合衆〉と、各地の〈会合〉とを結ぶ、全体的、また総合的な日本の自治体研究への道が開かれると考えている。

本書の第二部には、都市論と長者論にかかわる論文を四編収めた。第一部における大山崎・堺・大湊や山田についての研究と密接に関連したもので、理論的、あるいは学説史的な意味で、第一部の内容を補い支えている。本書では、都市論にかかわる論文だけを収めているが、都市論にかぎらず、今後もこのような学説史的な問題提起の仕事は、比較史的な観点をも含めて、続けていきたいと思っている。

最後になったが、本書は一九九六年度に京都大学文学部に提出した学位論文である。審査にあたられた大山喬平氏・藤井譲治氏・高橋秀直氏には、心からお礼を申し上げたい。そのことに加えて、主査の大山氏には、学位論文の出版にあたり、思文閣出版をご紹介いただいた。また、本書は一九九九年度の日本学術振興会科学研究費補助金研究成果公開促進費（一般学術図書）を交付されている。科学研究費への申請事務からはじめて、出版に不慣れな私の作業にさまざまなご配慮とお世話をしていただいた思文閣出版の林秀樹編集長と、本書を担当された後藤美香子氏に、お礼を申し述べたい。

私事になるが、本書の最初の大山崎研究に取り組んだ頃の私は、東京での最初の大学での勤務をやめざるをえなくなって、夫と幼い息子二人とともに関西に帰ってきたばかりだった。当時の東京は革新都政になっても、公立保育所の数はほとんど増えず、最初は無認可の保育所で、続いて実母を川崎市に呼び寄せての共働き生活は、無理を重ねたうえに、とうとう不可能となり、関西に帰ってからは、公立保育所の数が多いという乙訓郡の長岡京市に転入し、やっと研究を再開することができたのであった。その息子たちも今は独立して、それぞれに家庭を営んでいる。感無量というほかはない。常日頃私の研究生活に、さまざまな協力をしてくれている仏文学者である夫嘉幸には深く感謝したい。京都での大学院進学に始まり、終始私の仕事と学問を援助してくれた母小牧静子が一九九六年七月に亡くなり、本書をみせることができなかったことだけが心残りである。その母に本書をささげたいと思う。

二〇〇〇年の年頭に

小西瑞恵

初出一覧

第一部　惣町と会合の発達

第一章　地主神の祭礼と大山崎惣町共同体……『日本史研究』一六六号、一九七六年六月（一部補筆）

第二章　中世都市共同体の構造的特質――中世都市大山崎を中心に――『日本史研究』一七六号、一九七七年四月（一部補筆）

第三章　戦国都市堺の形成と自治……原題「堺都市論――戦国都市堺の形成と自治――」有光友学編『戦国期権力と地域社会』（吉川弘文館、一九八六年一月）所収（一部補筆）

第四章　大湊会合の発達――宇治・山田・高向・河崎との関係を中心に――……大山喬平教授退官記念会編『日本社会の史的構造　古代・中世』（思文閣出版、一九九七年五月）所収（一部加筆）

第五章　会合年寄家文書から見た都市行政……河音能平編『中世文書論の視座』（東京堂出版、一九九六年三月）所収（一部加筆）

第六章　戦国期における伊勢御師の活動――橋村氏を中心に――……『大阪樟蔭女子大学論集』第二五号、一九八八年三月（全面改稿）

第二部　都市論と長者論をめぐって

第七章　豊田武の都市論・会合衆論について……原題「『中世的世界の形成』から『無縁・公界・楽』まで（三）――豊田武の都市論・会合衆論を中心に――」『大阪樟蔭女子大学論集』第二九号、一九九二年三月

第八章　安良城盛昭の奴隷制社会論について……原題「『中世的世界の形成』から『無縁・公界・楽』まで（五）――安良城盛昭の奴隷制社会論を中心に――」『大阪樟蔭女子大学論集』第三三号、一九九六年三月

第九章　水走氏再論――畿内型武士団の特質と構造――……阿部猛編『日本社会における王権と封建』（東京堂出版、一九九七年七月）所収

第十章　戸田芳実の都市論・交通論について……原題「『中世的世界の形成』から『無縁・公界・楽』まで（四）――戸田芳実の都市論・交通論を中心に――」『大阪樟蔭女子大学論集』第三〇号、一九九三年三月

小西瑞恵（こにし　みずえ）
1942年生まれ。京都大学文学部卒業。博士（文学）。昭和薬科大学薬学部一般教育助手・講師の後、1973～76年大阪府三島郡島本町町史編纂室嘱託、1980年大阪樟蔭女子大学学芸学部一般教育専任講師、1983年同助教授、1995年同教授、現在に至る。主要著書に、『島本町史』（史料篇）『門真市史』（第二巻）『小野市史』（第一巻・第四巻）（いずれも共著）などがある。

中世《ちゅうせい》都市《とし》共同体《きょうどうたい》の研究《けんきゅう》　　思文閣史学叢書

2000年（平成12年）2月25日発行

定価：本体6,400円（税別）

著　者　小西瑞恵
発行者　田中周二

発行所　株式会社　思文閣出版
京都市左京区田中関田町2-7
電話　075－751－1781（代表）

印刷所　株式会社　同朋舎
製本所　株式会社　大日本製本紙工

© Printed in Japan ISBN4-7842-1026-1 C3021 ¥6,400E

索　引

人　名

あ

愛洲氏　152, 159, 179
茜屋宗左　131, 238
赤松貞村　49, 72
赤松貞範　50
赤松俊秀　246
赤松教貞　49, 50, 72
赤松則祐　48, 49
赤松則村円心　50, 73
赤松満祐　50, 73
赤松満則　50
赤松持貞　50
赤松元祐　49, 73
赤松義則　45
阿川毛利氏　202
秋山国三　75, 91
朝尾直弘　138
足代氏　212
足利尊氏　110
足利義詮　43, 87, 97
足利義教　135
足利義満　44, 87, 97
足利義持　50, 124, 236
油屋常琢　131, 238
阿部猛　191, 284
尼見清市　134
網野善彦　6, 75, 91, 103, 137, 140, 164, 233, 250, 254, 255, 263, 270, 274, 280, 290, 293-295
安良城盛昭　6, 243, 245-249, 252, 254-258, 263
荒木田五郎女　169
荒木田氏　146, 147, 150, 152, 156, 161, 163, 169, 172, 174, 199
荒木兵庫頭　199
荒木田氏貫　158
荒木田重員（大塩屋東殿）153-155, 160, 161, 163, 169-174, 178, 179, 187, 191, 192
荒木田重行　169, 178
荒木田重富　170, 171, 191
荒木田重朝　171, 191
荒木田実喜　171, 191
荒木田尚重　152, 153, 160, 161, 170, 171, 176, 177, 192 → 木下慶一大夫
荒木田尚朝　152, 176
荒木田尚満　152, 160, 176
在竹兵衛尉　199

い

飯田良一　142, 164, 219
池永道記　124
井坂源兵衛　162, 189
石母田正　17, 81, 93, 246, 247, 249, 267, 290, 292-294
井尻氏　47, 49, 51, 62, 89
井尻助吉　47, 48, 72
井尻助尚　48, 72
井尻則孝　25, 38, 69
井尻孫左衛門尉　49
井尻弥次　49
泉澄一　101, 102, 112, 115, 120
和泉殿　170
和泉屋道栄　112, 121, 122, 132, 235
伊勢新九郎長氏　→ 北条早雲
磯貝富士男　252, 254
板原次郎左衛門尉　125, 126
壱演（権僧正）　19, 47
櫟木善性　176
一条兼良　94
一瀬殿　152
一柳俊夫　262
一休和尚　123
伊東祐遠　200

伊藤邦彦　285
稲本紀昭　142, 164, 168, 179, 191
井上正　71
井上正雄　268
井上泰雄　300, 301, 304
今井修平　117, 135
今井宗久（納屋）　125, 131, 238
今川氏　179, 201
今川氏親　200
今川義忠　199
今林准后　105, 116 → 四条貞子
印首座　121

う

ウェーバー、M　234
上杉政憲　200
魚澄惣五郎　91
魚住昌良　231, 232, 240
鵜川馨　231, 232
雲林院殿様　208

え

永福門院　106
榎（木）倉氏　157, 179, 211, 216, 259
榎木蔵松寿大夫　157
榎倉（榎木蔵之大夫殿）　148-150, 156
榎倉次(二)郎大夫　150, 213
榎倉靭負家　216
榎倉武則（山田の御師村山武則）　149
恵良宏　218

お

相鹿二郎大夫　194
大内氏　124, 138
大塩屋和泉殿　175, 178
大塩屋東家　170
興長　152, 176
興光　152, 171
興晴　152, 171
(大塩屋) 龍満大夫　151, 154, 156, 160, 161, 163, 169, 170, 173, 177-179, 191, 192
大塩屋善光　170 → 奥善光
太田大炊助殿　161
太田氏（家）　4, 5, 141, 158, 160-163, 168, 169, 172-181, 183, 184, 187, 189, 190
太田殿　156 → 大塩屋
太田東殿　156, 169, 172, 174, 188, 189, 191
太田梶衛門　187, 188
太田重正　187
太田重道　188
太田善太郎重隆（龍熊殿）　191
太田浄感入道殿　161
太田新八重就　187, 188
太田道灌　200
太田八太（大）夫重満　174, 189
太田与十郎　162, 189
(大和守) 大中臣朝臣宣長　147
大中臣氏秀　176
大中臣久次　147
大中臣忠直　147
大中臣頼隆　194
大湊助三郎　176
大宮院（姞子）　106
大山喬平　293
岡光夫　191
岡本堅次　246
小川信　164
奥善光 156, 161 →大塩屋善光・沙弥善光
奥田豊　138
小田大夫　196
織田氏　179, 191
織田信雄　208
織田信長　116, 131, 132, 141, 174, 184, 185, 208, 238
小槻広房　273
小野均（晃嗣）　69, 71, 91, 97, 223, 299

か

加賀房源秀　272
柿崎文雄　138
カザケヴィチ、エミリア・リヴォヴナ　261, 263
(パードレ) ガスパル・ビレラ　99, 120, 229

加藤友彦　262
角屋氏（家）　4, 162, 163, 180, 186, 189, 200, 201
角屋嘉右衛門義広　162
角屋七郎左衛門（忠直）　162, 189
角屋七郎次(二)郎　160, 162, 189, 200
角屋忠栄　162
角屋秀持　162
金集末正　117, 118
金集百成　118
甲屋太郎二郎　176
鎌倉景正　194
亀山天皇　106
蒲生氏郷　162
河崎氏　159
河音能平　240, 268, 269, 274, 281, 284, 287, 295
河原崎貞輝　27, 54, 55
河原崎氏　27, 55, 89

き

季弘大叔　121, 123
紀氏一族　39
岸俊男　246
岸田裕之　69
木曽義仲　272
北重康　283
北川殿　199, 200
北河原道作　124
紀則勝　35, 96
紀御豊（山城守）　38, 39, 40
紀良子　44
北畠氏（家）　149, 150, 153, 159, 160, 163, 179, 182, 184-186, 207, 208, 210, 211
北畠信意　218
北畠具豊　184
北畠具教　174, 184
北畠具房　182, 184
北深井宝阿　122
北山准后　106 → 四条貞子
吉川氏　201, 203, 209, 217
吉川広家　202
吉川元氏　201
吉川元長　202
吉川元春　202
木下慶一大夫尚重 → 荒木田尚重
木村茂光　285
木村武夫　285
行基　108, 236
行教（南都大安寺僧）　19, 20, 22, 38, 39-42, 45, 49, 76

く

空海（弘法大師）　108, 236
空也　236
九鬼　185
日下（加賀）坊　272
日下雅義　270, 274
楠木氏　135, 287
楠木正儀　43, 87, 97, 116
グッチャルディーニ　230
工藤敬一　293
宮内太輔元棟　202
国遠（遠カ）（住吉神主）　105, 108
国元（基）（住吉神主）　107
久保倉氏　153, 179, 259
窪倉大夫弘真　154
窪次郎衛門　153
公文任耀（下水大哉房任耀）　48
栗田寛　24
黒田紘一郎　75, 91, 292
黒田俊雄　17, 284, 290, 293, 294
黒田日出男　287
桑山浩然　97, 165

け

建春門院滋子　106

こ

小泉宜右　72
香西之長　116
高師直　43, 87
後宇多上皇　106
孝徳天皇　18
幸福氏　212

光範門院（藤原資子） 135
後嵯峨天皇 106
小嶋氏（泉州） 122
小島三郎左衛門 122, 124
小島広次 103, 126, 133, 140, 160, 164, 191
小島屋 127, 137
後白河法皇 106, 272, 285
巨勢金岡末孫巨勢有家 66
後醍醐天皇 66, 109
児玉洋一 191
後藤筑後入道（重誉・貞誉・重阿） 48
後鳥羽上皇 106, 118
小葉田淳 134, 137, 138
小早川隆景 202
後深草天皇 106
後北条氏 200, 201, 203, 217
後堀河天皇 106
狛氏 82
五味文彦 269, 277, 278, 280
後村上天皇 43, 87
惟喬親王 39
惟仁親王 39
誉田正康（康氏） 112, 123
近藤義郎 190

さ

西園寺実氏 106
左衛門大夫宗次 159
鎖翁首座 121
坂一臈大夫 153, 173
坂氏 153
嵯峨天皇 19, 24, 39, 86
坂上氏 117, 119
坂上七名家 113, 117, 119, 132
酒波氏 82
佐々木銀弥 69, 163, 231, 233
ザビエル、フランシスコ 237
沢井浩三 91
沢地（蔵人佐）朝則 208
三条西家 89
三条西実隆 34

し

シェノン 228, 229
塩屋宗悦 131, 238
繁沢元氏 202, 217
四条貞子 106
四条隆衡 106
柴田実 70
清水廣一郎 232, 240
清水三男 34, 35, 69, 96
島田次郎 67
島津氏 122
沙弥善光 171
十文字屋（宇治） 142
常春 182 → 乗春
シャルル八世 230
シュルツ、K 233, 240, 260
四郎大夫 156
新城常三 218
神野清一 246, 247, 262

す

末満（杭全庄長者） 117, 118
末吉氏（家）（元は野堂氏） 117, 119, 132, 227, 240
末吉勘兵衛利方 119
菅江真澄 81
杉山博 94
助次郎 158
鈴木董 261
住吉内記広行 66

せ

清和天皇 19, 38
関幸彦 284
関哲行 260
世古口龍福大夫（用久） 155
瀬田勝哉 295
千宗易（利休） 131, 238
善法寺通清 44
宣陽門院 272

そ

曽根彦左衛門 210
曽根研三 113, 117, 134

た

大道寺太郎　199
大道寺殿　199
平重衡　64
平忠盛　275
高尾一彦　231
高木久衛門　189
高木孫七郎　162,189
高三隆世　131,238
高橋昌明　284
高橋康夫　241,302
高柳久阿（左衛門次郎）　150,151,153,170-172,192
高柳友継（左衛門太郎）　150,151,192
高柳永阿　150,151,172
滝川左近将監一益　159
多気様 → 北畠家
武野紹鷗　125,238
橘氏　25
橘屋（宇治）　142
田中融清（男山検校）　34
棚橋光男　145
太郎兵衛（河崎）　158

ち

千葉氏　269
長慶天皇　284
乗春／ちゃうしん坊／ちゃうしゅん　182
奝然（東大寺僧）　21

つ

津田氏（大山崎）　89
津田宗及　238
土橋家　135
筒井順慶　119
堤殿　185
恒次勉　144,165,190,192
津守国清（住吉神主）　115
津守氏（住吉神主）　109

て

照見（摂津国鳴海里芦屋長大夫の娘）　279
天寶　155
天王寺屋財閥　238
天王寺屋津田一族　127
天王寺屋津田宗及　127,131

と

藤間生大　246,247,249
土岐直氏　46
徳川氏　179,180
徳川家康　200,218
徳田釼一　140,224,227,240
ドージェ・モチェニーゴ　230
戸田芳実　6,7,75,81,91,93,267-269,276,280,284,289-300,303,306,308
橡川一朗　258,260
鳥羽上皇　275
鳥屋尾（石見守）満栄　182,185,186
豊田武　3,6,28,29,91,96,99,100,102,103,112,115,117,120,132,133,135-138,140,164,175,191,204,223-227,229-231,234,235,237-239,249,289,291,299,301
豊臣氏　208,228,260
豊臣秀吉　188,189,209,211,253

な

中四郎緯重　194
長江太郎義景　194
永島福太郎　231
中田四朗　103,141,160,191
中西家（大湊）　181
中西太郎兵衛　162,189
長野殿様　208
長野内蔵允（友秀）　212
中原成行　297
中原光氏（鋳物師惣官）　134
中原家（穀倉院別当）　85
永原慶二　164,191,293
中部よし子　103,117,135
仲村研　75,91
中村氏（大山崎）　90
鍋島氏　196

鳴海太郎　279
南条（勘右兵衛尉／元続）殿　209, 218
南条（虎熊）元忠　209
南条氏　217

に

丹生谷哲一　134, 271, 285
仁木宏　240
西岡虎之助　68, 69
西垣晴次　165
西山長正（堺北荘政所）　116, 121
西山克　141, 148, 149, 165, 166, 192, 203, 218, 219

の

野口徹　298
野口直治　304
野口実　284
能登屋（野遠屋）　131, 132, 138

は

萩原龍夫　148, 154, 165, 204, 217
橋村氏（家）　5, 158, 193, 195-198, 200-209, 211, 214, 216-218
橋村熊兵衛　212, 214
橋村（八郎／右近）大夫正兼　195, 196, 197-199, 201, 202, 205, 207, 212, 214
橋村内膳家　216
橋村八郎大夫正修　212-214, 219
橋村肥前大夫　217
橋村正滋　212
橋村（新太郎／内膳）正房　208, 209, 212, 218, 219
橋村（内膳）正康　206-208, 218
橋村（市大夫）正慶　212, 219
橋村主水　217
橋本久和　287
橋本正仲　116
畠山高政　99, 120, 229
畠山義就　123
秦氏　169
秦（井尻）助長　47
秦助久　49
畑井弘　69
八文字屋石原源次郎（堺北荘）　122
服部良久　304
羽田正　306
浜名優美　307
林屋辰三郎　70, 81, 93, 231, 267, 280, 291, 295
原田伴彦　67, 73, 88, 90, 94, 117, 225, 227, 228, 231, 234, 260, 291
春木氏（山田）　212
伴信友　24

ひ

東二条院（公子）　106
疋田氏　89
日比谷了珪　230
日向半兵尉（一成）　212
平岡　284
平野甚三郎　125, 128
平野殿（平野氏）　117, 120, 136
ピレンヌ、H　232
広山堯道　144, 165, 190, 192

ふ

フィリップス、W. D.　260
フェーブル、リュシアン　307
フェリペ二世　309
福屋隆兼　202
福島末尊　184
藤井家（島本町山崎）　54
藤木久志　233
藤波慶忠　218
藤本利治　219
藤原明衡　118
藤原実高　279
(藤原)明子　39
(藤原)定家　22, 26, 30, 77
藤原季忠　267, 271, 273-275, 283
藤原忠夏（水走氏）　282
藤原忠持（水走氏）　93
藤原為房　107
藤原多門丸　283
藤原康高（水走氏）　93, 275, 277, 282

藤原（水走）康忠　274-276
藤原康綱（水走氏）　275
藤原康政　282
(藤原)良房　39,40
藤原頼重（播磨守護使）　48
藤原頼通　21,83,273
富那宇屋完元　112,123,132
船尾又太郎入道　123
プラーニッツ　232
ブリックレ、ペーター　304
古市氏　283
古市（伊賀）憲康　283
フロイス　120,125,126,128
ブロック、マルク　307
ブローデル、フェルナン　307

へ

ベニ屋・臙脂屋　131,138
紅屋宗陽　127,131,238

ほ

北条氏政　200,218
北条氏　159,179,270,280
北条早雲　199,200
ポスタン　258
細川氏一族　116,122
細川高国　128
細川晴元　125,128
細川政元　116
保立道久　293
堀田啓一　135
本願寺証如　122,125,126
本城加賀守　119
本庄上野介（堺北荘政所）　116,121
→ 西山長正
本城正徳　117,118,135,136

ま

槙島氏　82
馬瀬弥松大夫　158
馬瀬氏（家）　4,156,162,163,172,189
馬瀬五郎右衛門　162,189
馬瀬左衛門尉知親　151,172
馬瀬西殿　172
馬瀬民部　187
馬瀬屋　172
馬瀬弥介　186
馬瀬屋新左衛門　172
馬瀬辻兵衛太郎　172
町野左近　208
松浦氏（肥前）　270
松江隆仙　131,238
松岡孝雄　133
松田一族　64
松永久秀　119,120,125,131,136
松本新八郎　225,246,247,249,291
松山宏　94,233,291
的屋知泰　176,177
マルクス、K.　244,247,248
マルタン、H.　301

み

三浦圭一　75,91,92,134,270,285
三浦氏　269,280
三浦徹　306
三浦周行　99
三浦元忠　202
和田氏　82,135,280,283,287,295
和田性蓮　82,93
和田蔵人助泰（助康）　283
和田助家　283
（御厨司）忠光　273
水野綱子　231,232
水走氏　2,6,81,265-267,269,
271-277,279-286,295
水速氏（安富因幡入道）　284
水走（下野守）忠名　283,284
水走忠直　284
水走忠夏　283
水走長忠　285
三津寺四郎左衛門入道円浄（沙弥円浄）
47,49
水原一　285
峰岸純夫　17,164,168,191
美濃太郎重能（大山崎住京神人）　30,94
水無瀬家　89

水無瀬英兼　34
みなと乗春（大湊）　185 → 乗春
源顕俊（河内国司）　273
源時広(宇生一次郎)　156, 166
源（蔵人）仲兼　272, 273
源（河内守）仲信　272, 273
源憲康　283
源（河内守）光資（光輔）　273
源光遠（河内守／後白河院判官代）　272, 273
源満仲　284
源義経　276, 285
源頼朝　194
三宅一族　122, 124
三宅主計　112, 121, 122, 132, 235
三宅仲友・仲富　124
三好氏　119
三好（修理太夫）長慶　119, 125, 131
三好範長　131
三好元長　125
妙阿（尼）　282

む

向館（宇治）　142
村井康彦　35, 96
村山掃部　207
村山修一　39, 68, 71
村山（榎倉）武則　207, 211

も

毛利輝元　202
元木泰雄　284
本村凌二　262
本山重英　268
森鷗外　81
森末義彰　94
森田安一　240
森本芳樹　305, 306
モンテスキュー　248
文徳天皇　39

や

安岡親毅　207
矢内一麿　138
山上宗二　131, 238
山口昌男　307
山崎屋定森（三郎次郎）　116
山崎金七郎広行　208
山田大路殿　185, 208
山田大路方八　218
山名是豊　52
山中殿　199
山中才四郎　199
山中荘兵衛　268

ゆ

湯川氏　122, 136
湯川新九郎（道歓）　121-123, 132, 136
湯川新兵衛（池永入道）　123, 136
湯川助太郎　121-123, 132, 136
湯川宣阿　122-124, 126, 136

よ

耀清（八幡宮別当法印）　36
横橋国久・国正　199
義江彰夫　277, 278, 298
吉川一郎　69, 70
吉田晶　247
吉田伸之　241
吉村武彦　248, 250, 262, 263

り

竜王丸　200
龍熊殿　169 → 太田善太郎重隆
龍造寺氏　196

る

ルゲ、ジャン・ピエール　300-303

わ

脇田修　117, 135, 136
脇田晴子　29, 67-69, 71, 72, 75, 91, 94, 231, 299
渡辺則文　190
渡辺宗徹（堺北荘領家）　115
綿貫友子　142, 157, 158, 164, 168, 175, 191

度会家行 164,165
度会生倫 194,217
度会生光 194
度会国正 214
度会氏 146,147,151,156,163,172
度会常香 150,165
度会常行 194
度会光倫 194,217,218
度会用貞 155
度会用延 155

資料名（史料・文書・絵図類）

あ

赤松家文書 50
開口神社史料（開口神社文書） 108,114,121,122,124,127,134-137,236
足利季世記 100,131
阿蘇品文書 134
吾妻鏡 194
井尻家文書（井尻松子文書） 35,37,47,49,50,60-62,72,80,86,96
伊勢国司紀略 208
「伊勢宗瑞判物」 200
「イタリア史」 230
「一志則友等山寄進状」 78
→「山崎長者等山寄進状」
厳島野坂文書 138
伊東文書 200
今井宗久茶湯日記書抜 125
石清水菊大路家文書 48
石清水田中家文書 72
石清水文書 20,21,37,46,50
「石清水離宮八幡宮御旧記」 28,38,68
引接寺文書 124
宇治会合年寄家文書 219
宇治関白高野山参詣記 69,94
宇治拾遺物語 83
氏経卿神事記 210
氏経卿引付 165,211
榎倉文書 166
延喜式 19,23,272
太田家（古）文書 4,5,142-145,147,157,168-176,178-181,187,190,191
「大寺縁起」 108,236
大湊会所文書、大湊古文書 4,5,133,140,141,144,158,159,161,162,167,168,174-176,180,181,184,185,190,191,201
「大山崎住京新加神人等被放札注文」 34,85,94
「大山崎神社仏閣改帳」 62
「大山崎惣中連署状」 64
「大山崎利生図」 38
→「離宮八幡明験図」
「御師職式目（17カ条）」 213,216,219

か

春日神社文書 110
角屋文書 201,218
鏑矢伊勢宮方記 165
観心寺文書 128
看聞御記 71
祇園執行日記 29
吉川家文書 202
京大絵図 70
宮寺縁事抄 20,31,39
宮寺見聞私記 28,33,37,94
楠木合戦注文 136
賦引付 72
杭全神社文書 136
「倉之内諸社鎮座本紀」 24,35,36,69,86
内蔵寮領目録 281
「外宮御師連署誓約状」 219
→「山田三方連判状」
元徳奏進度会系図 194,218

源平盛衰記 272
高山寺本古往来 297
考訂度会系図 214,219
光明寺古文書 166,218
粉河寺縁起絵巻 277,278,279
御前落居奉書 135,165,209
「近衛家所領目録」(近衛家文書) 83
後深草院御文類 106
「御普請所発端絵図」 144
金剛寺文書 137

さ

「最勝光院領荘園目録案」 105
西明寺文書 34,96
「堺大寺図」 138
「堺南北庄大徳寺奉加引付」 128,138
定頼卿集 101
薩藩旧記 122
実隆公記 71,97
山椒大夫 81,93
三代実録 20,68,69,72
三方会合旧例 219
三方会合記録 219
「信貴山縁起」(飛倉の巻) 30,83,84,94,277,295
「式内自玉手祭来酒解神社旧祭礼行列正式」 27,54-58
七十一番職人歌合 30
輯古帖 165
重編応仁記 100,131
「主従作法」 6 →「山田主従作法之事」
諸廻船法令条令 161
続日本後紀 23,27,69
蔗軒日録 100,101,103,109,112,113,116,121,123,137,235,236,238
糸乱記 235
賜廬文庫本太田家古文書（大湊年寄所蔵古文書） 167,174,181,183
神祇志料、神祇志料附考 24,69
神宮雑書 143,218
新猿楽記 118
真珠庵文書 136
尋尊大僧正記 122 → 大乗院寺社雑事記
仁部記 94
親鸞上人縁起裏書 128
親鸞上人御影裏書 128
末吉（家）文書 119,227,235
菅原神社文書 128,137
住吉神社文書 110
住吉大社神代記 114,235
住吉松葉大記 101
政事要略 68
勢陽五鈴遺響 159,207
節用集（饅頭屋本・易林本） 100
総見記 116
続左丞抄 21,68
続史愚抄 31

た

醍醐枝葉抄 71
大乗院寺社雑事記 52,54,88,89,111
大乗院日記目録 97
大徳寺文書 117,118
平親信記（親信卿記） 68
為房卿記 107
親長卿記 122
親元日記 89
朝野群載 21,71
中国九州御祓賦帳 196
中右記 100
徴古文府 219
経光卿記 134
庭訓往来 137
天王寺屋会記 102,126-128,130,131,137,238
天文日記（石山本願寺日記） 122,125
桃花蘂葉 93
童使（子）出銭日記 18,26,54,59,61,64-66,70,80,90,91,97
東寺雑抄 31
東寺年代記 32
東寺百合文書 95,105,136
東大寺奴婢帳 18
東大寺文書 29,111
言継卿記 128

な

内宮子良館記 157
内宮引付 192
南紀徳川史 218
蜷川家古文書 45,92
(邦訳) 日葡辞書 3,101,137,237,238
日本後紀 19,68
「日本史」(フロイス) 120,125,126,128
日本書紀 272,276
念仏寺築地修理料差文 127,128,136,137

は

橋村家(古)文書 5,195,196,198,200,208,213,217-219
鉢かづき姫(御伽草子) 279
東末吉家文書 100,116
疋田家本離宮八幡宮文書 32,70
疋田家文書(疋田種信文書) 70,79,96
兵庫北関入船納帳 134
平野郷土橋家文書 135
平野郷土橋家記録 136
「フィレンツェ史」 230
福島信悟家文書 155
伏見院宸記 31
「藤原康高譲状写」 268,274,276,280
「藤原康高譲渡証文目録写」 280
「藤原康政譲状写」 281
扶桑略記 26
「船々聚銭帳」 160
平家物語 100,272,273,285
宝積寺文書 3,34,78,96
細川両家記 128
法華寺文書 137
梵舜日記 70
本朝世紀 26

ま

満済准后日記 165
政所賦銘引付 97
和田文書 93
三日市大夫文書 219
「水走家系譜」 271
水走文書 93,280,282,283
「源康忠解状案 付源義経外題」 277
「源義経書状案」 277
宮川夜話草 219
むかし物語 202
武蔵国品河湊船帳 157,164,166,168,175,191
明月記 22,26,27,30,36,70,77
毛詩抄 134
文徳実録 19

や

耶蘇会士日本通信(イエズス会士日本通信) 99
耶蘇会日本年報(イエズス会日本年報) 118,129
「山崎油売の図」 30
「山崎長者等山寄進状」 3,78,83
「山田三方連判状」 216
「山田主従作法之事」258→「主従作法」
「万記録」 62

ら

洛中洛外図屏風 302
「離宮八幡宮御遷座本紀或謂石清水」 38,70
「離宮八幡宮別宮本紀或謂石清水」24,25
「離宮八幡明験図」 3,36,38,41,42,53,66,71,86
離宮八幡宮文書 21,32,48,68,69,70,94,96,97,110,134
類聚神祇本源 143

わ

和名抄 158

地　名（寺社名、所領名を含む）

あ

赤江　272
赤留比売命神社　113
開口水門姫神社　114, 235
開口神社　107, 108, 109, 113-115, 119, 124, 129, 132-134, 235, 236, 238
開口村　114, 235, 236
新子　206
熱田宮田中　46
アテナイ　262
我孫子　111
アフリカ　261
アメリカ　261
アンダルシア　260

い

飯高郡細頸　208
医王寺　162
伊河（川）荘　49, 50
池之窪　206
生駒山（脈）　268, 275, 276, 282, 283
生駒山宝山寺　272
石津　105, 106
石山道場　126
井尻保　34, 51, 62, 88, 95
出雲井郷　268, 276
出雲井町　282
イスラム　260, 261, 306
石動山　203
伊勢釈尊寺　209
伊勢神宮　2, 4, 132, 141-143, 145, 147, 159, 162, 168, 179, 184, 188-190, 192, 193, 195, 200, 202, 303
伊勢神宮外宮　259
伊勢太神宮　147, 164, 169, 173, 194, 201, 202, 210, 211
伊勢大神宮寺　68
伊勢湾　4, 142, 143, 159, 164
市荘　134
市町　117, 118, 128
一色通　158, 174
五日市場　211
稲荷社　296
今一色　158, 174, 181
今一色村　186
今市　124
今市町（堺）　128, 137
伊東本郷　200
岩神（保）　34, 64, 70, 79, 88, 93, 95
岩神地蔵堂　64
石清水八幡宮　2, 3, 17-19, 21, 22, 26, 35, 36, 40, 41, 44, 48, 53, 68, 72, 80, 83, 85, 96, 97, 104, 278
岩淵（方）　153, 209
岩淵町　165, 210
岩淵三日市　197
引接寺　124

う

羽衣石城　209
ヴェネツィア（共和国）　229, 230
宇佐　86
宇治（現・伊勢市）　2, 4, 5, 103, 112, 129, 132, 133, 139-142, 168, 189, 195, 207, 210, 211, 217, 228, 235, 237
宇治（現・宇治市）　90, 91, 96, 97
宇治川　18, 83
宇治神社　82
宇治二郷（現・伊勢市）　141
宇治六郷　129, 159, 173, 179, 209, 218, 235
鵜殿　43, 87
梅宮　24
瓜町保　96

え

叡福寺 137
会賀牧 275
朴津郷 123
榎津郷 104, 105, 107, 108
円通寺 64, 94
円明寺 87
延暦寺 33, 297

お

大江御厨 6, 267-270, 273, 278, 281, 282
大江御厨山本河俣 268
近江国小秋 46
大河土御厨 194
大阪府三島郡島本町 18
大坂平野 270
大阪湾 270, 279
大塩屋 157, 161, 174, 175, 179, 187, 189
大塩屋郷 173
大塩屋北之浜ひさこ松田 187
大塩屋北浜田 155
大塩屋御園 4, 5, 142-145, 147, 148, 150-153, 156, 158, 160, 162, 163, 168, 169, 172-174, 176-179, 187, 188, 190, 191
大塩屋ひしやこ松 188
大塩屋村 174
大路町（堺） 128
大小路 105, 123, 126, 130, 133
大小路町（南・北） 4, 102, 122, 125, 127, 128, 130, 131, 133, 137, 138
大津 21, 43, 68, 87, 91
大津街道 83
大寺 129
大鳥郡 134
大庭御厨 146, 194
大部荘 67
大町（堺） 128
大湊（郷） 2, 4, 5, 100, 103, 112, 126, 129, 132, 133, 137, 140-143, 145, 147, 148, 150, 151, 153, 157-163, 167-170, 172-175, 177-187, 189-191, 200, 201, 211, 217, 228, 235, 237
大湊川 144
大湊すしおき 162, 166, 189
大湊町 145
大山崎 2, 3, 6, 20, 26, 37, 38, 40, 43, 44, 53, 54, 62, 64, 66, 68, 69, 71, 75, 84-88, 90, 104, 287
大山崎郷 118
大山崎内井尻保 48
大山崎上下十一保 3, 28, 34, 36, 37, 53, 62, 85, 86, 89, 90, 96, 104
大山崎惣荘 46
岡本町 211
小田原 200
男山 19, 20, 22, 39-42, 49, 77, 86
おとのや丁（堺） 128
小俣町（度会郡） 175
母木観音 276
母木里 276
母木寺 276, 280, 281, 285
母木邑 276
遠里小野（大阪市・堺市） 46
恩智神社 276

か

海会寺 121, 123, 134
甲斐町（堺） 128
鹿児島 237
梶無神社 268
春日（神社） 70, 137
春日部荘 50
霞ヶ浦 270
桂川 18, 83
賀沼絶間江 272
金田郷 283
蒲屋御厨 194
鎌倉 75, 194, 228, 292, 300
上中之郷 195, 197, 204, 205, 211, 216
上二郷 141, 142 → 宇治二郷
上浜田遺跡 270
神社（村） 158, 159, 174, 181, 186
神屋町（堺） 128

上湯川　206
河陽館　20, 21, 68
河陽津　19
河陽（離）宮　19-21, 40, 41, 68, 71
河（川）崎　4, 139-141, 153, 158, 159, 166, 186, 204, 205, 211
河崎町　204
河崎世古　204, 205, 214
河尻　84
河内郡　278, 285
河内郷　268
河内町　282
河内江　272, 275, 276
河内国江御厨　272, 273
河内国讃良の郡　278
河内平野　270, 272, 286
河辺里　158
河辺村　158, 194
川俣、河俣　274
川俣神社　268, 274
河俣御厨　282
川原崎荘　21
神崎　43, 84, 87
神戸荘（播磨国）　50

き

祇園社　25, 32, 33, 70, 96, 117
北社　121, 136 → 菅原神社
北野社　96
北浜　172
北湊　147
木津川　18, 83
木戸村　236
城崎御坊　203
旧大和川水系　275, 279
旧淀川水系　279
京都　30, 75, 76, 85-87, 90, 91, 96, 97, 228, 236, 238, 271, 275, 282, 291, 292, 294-297, 299, 300, 302, 303
京都四条道場金蓮寺　124
京都七条　118
京都府乙訓郡大山崎町　18
ギリシャ・ローマ世界　261
禁野　43, 87

く

久木　206
久岐庄　110
久岐荘内道祖小路　46
草賀郷　282
草香江　272
草香津　272
草苅（散所）　83
櫛屋町（堺）　128
楠浦　184
楠葉　43, 87
楠木本城　136
楠根川　274
杭全　135
杭全神社　117, 119, 132, 235
杭全荘　117, 118
熊野　104
熊野街道　106
熊野権現社　117
蔵内保　34, 59, 65, 86, 88, 94
車町（堺）　128
黒瀬　174
黒田荘　267
桑名　103, 140, 184, 185, 240

け

外宮　149, 150, 153, 158, 159, 162, 165, 179, 194, 195, 209, 210,
下馬所前野町　210

こ

五位川　77, 91, 92
五位川保　34, 64, 85, 88
小木村　185
興国寺城　200
上野　174
興福寺　308
興法寺　283
光明寺　154
高野（山）　21, 104, 206, 275
五箇荘　49

五箇荘野口保　50
極楽寺　47
五条　268
五条郷　281
五条屋敷　6,270,275,278
牛頭天王社　25,70,117
小勾村　143,147
木村（摂津）　46
小屋町（堺）　126,128

さ

西国街道　3,19,34,76,85,86,88,278
最勝光院　106
材木町（堺）　122,128
西蓮寺観音堂　279
サヴォア　301
境　105,123
堺　2-4,75,99-102,104,106,107,109,110,112-114,116-134,136-138,159,211,217,219,224,226-230,235,237,238,
堺浦　110,111,114,123,134
堺四条道場　124
堺（南・北）荘　46,103,104,106,108,109-111,113-116,119-122,124-126,128,130,133,136,236,237
堺津　104,105,106,111,113,123,131,134,138
酒解神社　23,25,27,54,76-78,83
坂本　43,87,91
佐用荘　50
讃良郡　279
三箇　274
三十歩神社　113
三条高辻　92
三保地蔵堂　64

し

塩小路油小路　94
塩穴　105,106
塩穴観音寺　113
塩穴郷　104-108
塩屋御園　143,151,177
塩屋村　174
塩屋社／志宝屋神社　143,174,178
餝西余部郷（飾西郡）　50
四条　274
四条郷　268
四条町　282
地蔵寺　64
品河湊　141,157,161,168,177
島本町山崎　54
下方荘一三郷　200
下豊浦　276
下中之郷　205,211
下中之郷町　155
下野（村）　174,185,186,188
下湯川　206
酬恩庵　128,138
十一保（大山崎）　278
修楽寺　117
宿院　124
成恩寺　94
常賢町（堺）　128
相国寺　131,238
相国寺崇寿院　125,237
常楽寺　128,129
白肩之津　272
神感寺跡　283
神宮　142,150,154,156,158,163,207　→ 伊勢神宮
神宮寺（護国寺）　19
神宮寺（感応院）　276
神三郡（飯野・多気・度会郡）　153
真宗寺　128
信州松本　4,163

す

菅原神社　129,133,136
すしおけ／鮨桶／すしおき　144,166,178,188,189
筋向橋　195,197,204-206
スペイン　260,261
住吉　46
住吉浦　110,134
住吉津　134

住吉慈恩寺 121
住吉神社 107-111, 113-116, 132, 236

せ

関戸院 19, 21, 87
関戸保 34, 65, 86, 88, 95
勢田川 4, 141, 158-160, 174, 186, 194, 204
背戸口町 117
瀬戸内海 104, 105, 279
セビーリャ 260, 261
芹町保 96
千光寺観音堂 64
千光寺薬師堂 64
専宗寺（東大阪市） 268

そ

相応寺 19, 47, 51, 72
相馬御厨 146

た

大治江 272
大徳寺 118, 138
大徳寺塔頭松源院 138
田結荘 203
太平洋 4
多加荘 50
竹門江 272
高向（郷） 4, 139-143, 145, 148-151, 156-158, 163, 165, 172, 174, 186
鷹保 34, 64, 88, 95
高宮神社 279
高宮大祖神社 279
高宮郷 279
高柳（伊勢市） 151, 153
多気 207
竹内街道 106
盾津（蓼津） 272
玉串荘 284
田丸城 208
多米多坊（普光寺） 155

ち

地中海 307, 309
チューリッヒ 240
長宝寺 117
頂法寺六角堂 203

つ

津 103
通法寺 275
継橋郷 209
辻 91
辻保 27, 34, 47, 65, 85, 86, 88, 95, 96
津村郷 282

て

泥堂町 117
天神 133
天神八王子社 2, 3, 18, 22, 23, 25-28, 37, 52-54, 59, 61, 62, 66, 70, 76, 77, 80, 88-90
天王山（山崎山） 25, 28, 70
天王寺 46, 136
天王寺遍照光院 106

と

ドイツ 260, 304
東寺 136
東条御厨 194
東大寺 111, 267
東大寺八幡宮 111
通 175
常盤大路（八幡） 96
土佐 125, 126
利根川 270
豊受大神宮 195 → 伊勢神宮外宮
豊国荘（美作国） 49
豊浦（郷） 268, 274, 276, 280
豊浦町 282
豊原寺 203, 205
鳥養牧 49, 50

な

内宮 133, 149, 156, 159, 162, 169, 174, 176, 179, 188, 210 → 伊勢神宮
内宮領的屋浦 176

長尾街道　106
中島町（堺）　128
長曽根郷　283
中野木疎　46
中野村　120
中町（堺）　128
中村保　34,64,88,95
長屋御厨　143,151,177
流町　117
七坂御厨　194
難波　275
難波津　68
奈良　75,118,228,238,275,292
奈良街道　275

に

新見荘　136,284
西京七保　96
西高野街道　106
西トウイ（西洞院）　93
西脇町　117
日蓮宗顕本寺　125
如意庵（紫野）　118
韮山城　200

ぬ

額田郷　268,276
額田町　282
沼木郷　156

ね

葱町保　96
寝屋村　279
念仏寺　107-109,114-117,121,124,127,128,132-138,236,238
念仏寺一切経蔵　105,107-109,113

の

野堂町　117

は

灰塚　274
博多　228,229
箱根神社　200
箱根別当坊　200
橋村世古　207
橋本津　48,69
八王子　92
八王子山　28 → 天王山
八幡宮　2,20,28,29,33,47,48,76,77,81,84,86-88,91,94,96
花園山殖（植）槻観音寺　282
馬場町　117,124,128
浜五郷　174,182,185,186
浜七郷　129,157,174,185
浜田城　202
原村　236
パリ／巴里　228,229
播磨大道（路）　30,79,91
播磨大路道祖神　26
播磨国五箇荘内野口村　49

ひ

比叡山　82
東高野街道　275,284
氷野河　273,274
日保見山八幡宮　132,174
兵庫　84,92,93,123,124
兵庫嶋　43,87
平等院　117
日吉（神／大）社　30,33,82,105,134,297
平岡郷　276
平岡社　278,280
枚岡神社　275,284
平岡三ケ郷　268
平岡南郷　268
平野（郷）　2,113,116-120,132,135,136,227,234,235,237,240
平野郷社　117
平野荘　113,118,119,227
広見池　273,274

ふ

葺屋荘　106
福地牧　275

普光寺　155
藤井尻畠　96
藤井保　34, 85, 88, 95
伏見　89
二見御厨　152
船江　186, 211
船江町　180, 192
船橋保　34, 64, 88, 94, 96
フランス　260, 300-304
フランドル地方　228, 229
ブルターニュ　301

へ

平安京　2, 7, 18, 278, 296, 298, 299
舳松町（堺）　128
ベニス　99, 120, 229 → ヴェネツィア

ほ

伯耆三郡　209
宝光寺　128
宝積寺　78, 83, 92, 94
法住持殿　272
宝蔵院十王堂　206
宝蔵坊　206, 207
細江　273, 274
法華寺　137
ボン　240

ま

馬漸　157, 175
馬瀬（郷）　143, 157, 174, 186, 188
馬瀬町　145, 174, 175
馬瀬御園　172, 176
馬瀬村　147, 172
松ケ島城　208
松坂　162
松武荘　280
松原荘（現・姫路市）　45, 47-49, 51, 89
松原八幡宮　45
的屋郷　177

み

和田郷　81
和田荘　283
御倉まち（山崎）　86
三島神社　200
水走　267
水走開発田　268, 269, 273
溝口保　34, 64, 65, 88, 89, 95
御薗村　175
御薗村高向　143 → 高向
三日市場　197, 210
蜜厳寺僧堂　152
三村宮（開口神社）　101, 113-115, 119, 121, 132, 133,
三村社　102, 112, 235
水無瀬河　87
水無瀬宮　34
水無瀬荘　22, 89
水無瀬殿　30
箕面寺　203
箕曲郷　4, 143, 147, 148, 150, 158, 172, 174, 194
宮方（散所）　83
宮川、宮河　143, 144, 149, 157, 174, 189, 208, 211
宮後　197

む

六日市場　211
向井　111

も

杜郷　85

や

安松　111
宿屋町（堺）　128
楊井新荘　197
柳町（堺）　128
山口中町（堺）　128
山崎（郷）　22, 26, 29, 30, 34, 41, 49, 68, 76-79, 82, 84-87, 90-97, 83, 86, 96, 134, 277, 295
山崎社　23
山崎神社　24, 77, 96

山崎駅 19
山崎納殿 22, 36
山崎津 19, 21, 68, 76, 84
山碕宮 18
山崎山（天王山） 2, 24, 25, 77, 84
山崎離宮 19-21, 39-41, 71
山科（散所） 83
山城国府 21
山田 2, 4, 5, 112, 129, 132, 133, 140-142, 149, 150, 152-157, 163, 165, 168, 171, 176, 177, 179, 189, 192, 195, 205, 207, 208, 210, 211, 217, 228, 235, 237, 259
山田外宮 151 → 外宮
山田一二郷 173, 209, 211
山田須崎 209
山田高柳 172 → 高柳
山田御厨 201
山田の市場 219
山中城 200
山中の里 200
山内（摂津国） 111
山本 274
山本七ケ郷 268, 282, 283

ゆ

寛御厨 145
湯田郷（度会郡） 210
湯屋町（堺） 128
由良 81

よ

八日市場（庭）（町） 155, 211
横小路郷 268
横小路町 282
横条＝大小路道 106
淀 22, 83, 84, 89
淀魚市 89, 97
淀川 2, 20, 25, 47, 77, 83
淀川水系 275
淀川原埼地 21
淀津 19, 21, 68, 76, 83
ヨーロッパ 240, 241, 261, 292, 303, 304, 306

り

離宮八幡宮 2, 18, 20, 21, 39-42, 45, 49, 67, 69-71, 76, 86, 89-91, 96
琉球 124

る

ルーアン 303

れ

霊泉庵観音堂 64

ろ

六万寺郷 268
六万寺町 282
ローマ世界 262

わ

渡辺 43, 84, 87
度会郡 143, 148, 150, 152, 157, 158, 163, 169, 172, 174, 175, 194, 210

事 項 名

あ

相物座 210
赤松春日部流 49, 50
赤松庶流家 51
悪党 152, 184
麻座 210
アジア型奴隷制社会 257

アジア的共同体　248, 249
アジア的生産様式論　245, 247, 248, 257, 261
芦屋の長者　279
アジール（平和領域）　103
アジール論　104
預所（職）　4, 47, 48, 51, 72, 89, 146, 151, 161, 163, 171, 173, 269, 275, 281
校倉　83
アナル派　300, 301, 307
荒和祓家の神事　113
油木　46, 88, 110, 111
油座　90, 97, 110, 210
油神人　2, 29, 76, 111
網野説　254-256
網野批判　256
安良城（学）説／安良城理論　244-247, 249, 251, 252, 254-256, 259, 260, 262
安居頭役　28

い

伊勢御師　5, 193, 195, 201, 203, 204, 212-214, 217
伊勢講　203, 204
伊勢参り　195
磯貝説／磯貝報告　253, 254
一揆　303
一揆衆　165
一向一揆　128, 184
以南惣長者職（并四ケ郷郷務）　268
鋳物師　105-107, 118, 119, 134, 135, 290
鰯座　210
石清水神号訴訟事件　42
石清水八幡神　46
岩淵方（山田）　153, 208

う

ヴィードゥキントの反乱　304
魚座　210
宇治長　210
宇治会合　133, 173
宇治惣中　211
宇多源氏　272
産土神　23, 26, 53
海の武士団　270
浦長者　295
売り子　90

え

衛星都市　90
永長大田楽　303
会合（えごう）　235, 237
会合衆（えごうしゅう）　3, 6, 101, 112, 137, 226, 238
荏胡麻　29, 43, 44, 46, 50, 84, 87, 110, 111, 134
荏胡麻油　3, 83, 85, 88, 295
江坂方（山田）　209 → 坂方
遠隔地商人　1, 232

お

王権　302
王朝国家　296, 299
王朝国家論　17, 293
王朝都市　7, 296, 297, 299, 300, 303
王朝都市論　91, 296, 297, 306
応仁（文明）の乱　51-53, 124, 179
大内人（職）　146, 169
大江御厨司、執行職、惣官職　273
大江御厨山本河俣両執当職　81, 273, 274, 278, 281, 283
大塩屋新造（船名）　157, 161
大塩屋惣里　5, 150, 151, 154, 156, 160, 161, 163, 170-173, 175-177, 179
大塩屋惣里老分衆　141, 148, 150, 154-156, 160, 161, 163, 170-174, 177, 190, 191
大地震　190
大年寄　130
大舎人　271
大舎人允　271, 275
大鳥郡上中条惣下司職　82
大政所座　27, 58, 59
大政所長者　81, 83
大湊会合　174, 175, 180-185, 189, 190
大湊会合所　180

大湊公界　190
大湊惣中　189, 211
大山崎油神人　2, 3, 17, 30, 47, 69, 91, 104
大山崎神人　21, 22, 27-34, 37, 40-46, 50-54, 62, 64, 66, 76, 77, 84-88, 110, 308
大山崎住京神人　3, 32, 45, 90, 97
大山崎住京新加神人　3, 85, 86
大山崎惣　17, 67
大山崎惣町　3, 54
大山崎惣町共同体　36, 37, 52, 53, 62, 66
大山崎年寄衆　70
大山祇（神）　28
お蔭参り　195
織田政権　137, 238
男山八幡神　42, 46
御祓銘　195, 217, 218
御師　5, 58, 141, 142, 148, 150, 154, 155, 157, 158, 163, 169, 179, 190, 192-195, 201-205, 211, 213, 216, 217, 259
御師家　216
御塩取役人　169, 170, 174
御旅所神主　296
御初穂料　193, 196, 202, 207

か

会　3, 238
会合　2-5, 7, 100, 101, 112, 113, 116, 119, 123, 131, 132, 139-141, 160, 162, 163, 173, 184, 185, 190, 211, 235, 237, 238
会合衆　6, 7, 99, 100-103, 107, 110, 112, 113, 115, 119-126, 131-133, 138, 141, 142, 160-163, 172, 182, 190, 201, 211, 223, 234-237, 301
会合所　174
会合年寄　133, 209
会合年寄家　133, 167
外国人　260
廻船　4, 105, 106, 142, 164, 168, 175, 176, 185
廻船衆　160-163, 190
廻船業　4, 133, 141, 154, 162, 175, 177, 179
廻船業者　186
廻船商人　180
廻船問屋　200, 235
会所　103, 109, 116, 121, 174, 180, 183, 236, 238
開発領主　267, 269-271, 277, 279, 281, 283, 291, 293
海民　270, 274, 290
街路　301-303
かうおや　→ 講親
替銭　156
垣外　102
鎰取（職）　150, 165
隔地間交易／取引　76, 84, 142, 157, 158, 164, 175, 191
笠役銭　80
春日社神人　134
交野郡寝屋の長者　279
家父長制（社会）　260
家父長制論　256
家父長的奴隷制　244, 245, 249, 252, 254, 257, 258, 262
家父長的奴隷制社会論　6
鎌座　210
紙座　210
上条惣長者職　82
上中之郷老若　209, 216, 217
借上　297
かわし／為替　207
為替業　238
為替手形　136
為替羽書　189
河内母樹馬飼首御狩　276
河内源氏　275
河内国一在庁　283
河内国讃良郡長者　277
河内国惣大判官代職　283
河俣執当職　274, 282
河俣御厨執当給同真垣名并舜見跡　282
河守　159
河原者　240
環濠都市　107, 117, 137, 138, 230
関渡津泊　233

神主(職)　82, 117, 164, 188, 268, 279
官符権禰宜　151

き

祇園会　295
祇園祭　236
桔梗神事　113
北野麹座　308
畿内型武士団　2, 6, 265, 271, 274
畿内在地領主　266, 295
客衆／きゃくしゅ　122, 126, 137
給主（職）　49, 72, 146, 147, 151, 153, 163, 173, 178, 194
教会施設　237
行政権　5, 7, 160, 235
経蔵　109
経堂　103, 109, 116, 121, 134, 236
共和都市　228, 230
ギリシャ・ローマ型奴隷制社会　257
ギルド　292
近代資本主義社会　251
銀札　118
金融業　161, 173, 179, 184, 186, 207, 208

く

空間と（都市）景観　4, 239, 301
宮司庁　147
公界　2, 5, 103, 104, 107, 109, 116, 121, 126, 130, 131, 137, 138, 140-142, 157, 160-163, 180, 184, 185, 190, 211, 217, 236, 238, 240, 254-256,
公界所　137
公界の印判　162
公界大道　130, 133
公界堀　149
公界者　185
供御江　272
供御人　85, 105, 107, 134, 308
草香郷半長者職（同郷務）　272
草香党　272, 273
公事并土倉役　88
宮内省内膳司　272
口入神主（職）　194, 202
熊野御師　193
熊野参詣　300
公文　48
公文級領主　269, 270, 280
公文職　48, 276, 280, 281
内蔵頭　281
内蔵寮　281, 308
蔵人所　105, 107

け

警固　164
ケガレ論　266
結縁共同体　248
下司（職）　114, 273, 276, 280, 281, 285
下司級領主　269, 280
下人　255, 258, 282, 291
下人身分　252, 255, 258
検非違使　21
検非違使庁　33
原始共同体的生産様式　248
検断権　124, 160, 161, 163, 176
検断（職）　152, 170, 171, 176, 177, 192
遣明船　122-124, 126, 136

こ

小繭笠神　26
五位河大政所座　27
行（中国宋代）　292
麹座　210
郷司職　268, 281
講親　203, 204
嗷訴　33, 48, 85
嗷訴閉籠事件　87
郷務　268
高野山参詣　273
高利貸　227, 238, 259
港湾　106, 111
港湾都市　2, 4-6, 104, 107, 126, 140, 145, 157, 158, 160, 168, 176, 177, 179, 190, 278
御器座　210
国人領主　284
穀倉院　85

国内名士　297, 299
御家人　6, 275-277, 281, 283, 285
五条郷公文職　282
古代アジア的生産様式　250
古代奴隷制社会　251, 257
米座　85, 210
コミューン運動　233, 302, 303
小宿　160
御霊会　121, 236, 236, 238
紺座　210
権禰宜　5, 133, 145-147, 150, 151, 155, 156, 158, 163, 169, 171-174, 179, 190, 191, 194, 259

さ

座　69, 228, 292
座的構造論　294
財産処分権　259
祭主　147, 151, 169, 209
在地首長制　249
在庁（官人）　281, 283
在地領主　267-269, 277, 278, 280, 281, 291, 293, 297, 308
在地領主制　284, 285, 290, 291
在地領主制論　265, 266
左衛門尉　275
堺教会　125
堺渡御祭　113, 114, 236
堺奉行　113, 130
坂方（山田）　153
酒解神　2, 23-28, 53, 77
酒屋　86
酒座　210
沙汰人　47, 70
雑掌　89, 111, 183
茶道　238
さへのかみ　26
座法　90, 97
座役銭　45
讃良の長者　279
三方　→ 山田三方
散所　21, 22, 69, 81, 83, 94, 240, 285
散所長者　295
散所民　295
山僧　269
三人委員会　229

し

塩土老翁神　236
式内社　236
執行　70, 93
地下請　115, 116, 119, 125, 237
地下親方（様）　156, 166
地下古老の親方　156
地下人　153, 154, 156
地下老分　177
司祭　125
地侍的殿原層　203, 204
時宗　122, 124
地震　5, 163, 173, 174, 187
志多羅神　26, 29
師檀関係　5, 158, 193, 195, 196, 198, 200-204, 213
七条細工　118
自治行政　90
自治権　5
自治組織　112, 173, 185, 210, 234, 238
自治体　126, 137
自治的共同組織　97
自治都市　1, 2, 3, 75, 100, 103, 117, 119, 120, 125, 126, 137, 159, 217, 228-231, 240
自治都市組織　259
使庁官人　68
執政官　99, 120, 125, 229
執当職　267, 268
地頭代　269, 281
地頭并領家職　109
神人　22, 29, 44, 85, 87, 90, 153, 154, 159, 179, 209
神人悪党　31, 33, 41
神人親方　156, 166
地主　173, 187, 188, 190, 207, 293
地主神　2, 3, 18, 22, 28, 34-37, 52-54, 66, 77, 84, 88-90, 104
柴守長者　296

締木 83
下部 282
社会的弱者 254
社家 64, 65, 89, 90, 109, 115
社家雑掌 47, 48, 51
社務（職） 85, 275
朱印状 200, 211
朱印船貿易 180
十一面観音 276, 279
十会合家 132
従軍慰安婦 251
自由都市 1, 3, 75, 99, 136, 224, 227, 229-231, 255
自由都市論 1, 75, 76, 139, 256
自由民 254
十人委員会 229
十人組 216
宗教的権門 17, 22
宿場町 227, 228
宿老（衆／中） 3, 62, 89, 125, 126, 186
修験者 203
守護城下町 233, 240
守護所 111, 116, 119
守護代 269, 281
守護不入（の地） 48, 87, 118
主従の作法 259
首長 276
純封建都市 228
荘園制＝封建制説 284, 290, 291
荘園制的都市構造 297
荘園制的都市論 7
荘園領主制的都市論 7, 306
城下町 162, 225-228, 233, 240
商業座 3, 28, 30, 33, 45, 53, 54, 76, 104, 234
商業的共同体 2, 18
荘郷長者職 268, 281
正禰宜 147, 151
縄文海進 270
職人的武士団 270, 280
職能論 265, 266
織豊期 5
織豊政権 4, 211, 224, 255
所従（眷属人／等） 78, 258, 282, 291
女性史学 256
神官 259
神宮寺 68, 132, 133, 236
新座 44, 53, 88, 210
神三郡土一揆 154
身上（財産） 259
人身売買 259
神明社／神明宮 158, 201, 204
新領主制(理)論 6, 267, 274, 290, 293
神役人 153-156

す

鈴木・石母田論争 291
ステリンガの反乱 304
須原方（山田） 153, 209

せ

製塩業 141, 143, 147, 151, 154, 156, 161-163, 167-170, 173, 177-180, 186, 187, 190, 191
政治的奴隷制 248
誓約団体 232
石造十三重塔 282
世古 157, 170, 204
摂関家 22, 69, 117
摂津国渡部（被補）惣官 282
瀬戸物座 210
宣教師 211, 230, 237, 253
戦国大名家法 252
専制的自治 228
専制的自治体 228
賤民 234, 240

そ

惣 104, 149
惣会所 113
惣公文 117
惣結合 170
雑色 69
惣代／総代 101, 102, 127, 130
惣長者（職） 58, 82
惣追捕使職 51, 72

惣村　234
惣村結合　34, 88, 104, 148
総体的奴隷制　244, 245, 247-249, 257, 262
惣鎮守　112, 118, 132
惣中　3, 4, 61-63, 65, 89, 120, 125, 126, 132, 160
惣中結合　52, 62, 64, 66, 150, 163
惣年寄／総年寄　118, 130-132
惣町　88-90
惣町共同体　3, 36, 90
惣有文書　175
惣領職　152, 160, 176, 285
惣領制的武士団　280
村堂の結衆　109
村落共同体　18, 234, 235, 304

た

代官　284
代官的武士団　269, 270, 280, 281
太閤検地　188, 211, 245
太閤検地封建革命説（封建的変革説）　246
対明貿易　138
館衆　142
立物座　210
太布座　210
たふの新座　210
駄別銭　159
檀家　196
檀家回り（道者回り）　259
檀那／旦那　5, 155, 193, 195, 196, 201, 203, 204, 206, 207, 213, 216,

ち

知行権　161, 163
児禰宜　113
地方新加神人　44-46, 51, 53, 88
茶会　125, 127, 131, 137, 138, 238
茶の湯　238
中世の王権　266
中世の道　300-302, 304
中世封建社会　251, 253, 285, 295
抽分銭（貿易税）　122
長官　133, 159
長者（職）　2, 3, 6, 26-28, 59-61, 70, 76, 78-82, 84, 85, 89, 90, 92, 117-119, 268, 275, 277-279, 281, 283, 295, 296, 308
長者座　3, 27, 86-90, 93
長者衆　6, 90, 278
長者的富豪層　81, 276, 291, 294-296
町代　101, 102, 127, 130, 131, 181
丁老／町老　101, 127, 130
勅使少将代　22, 77, 80, 83
勅使代　58
直轄都市　87
直轄地（御料所）　236
鎮守　174

つ

追捕使職　47
月行事　102, 131
辻社　26, 77
辻祭　22, 23, 26, 27, 77, 91
兵と侍　270
ツンフト闘争　304

て

手搔会　29
手代　259
殿下御方安主職　82
殿下散所雑色　22
天下の三茶人　238
天神八王子大政所長者　29, 60, 61
天童　37, 54, 58
天皇　249, 295

と

問　133, 160
土一揆　153, 154
問屋（業）　4, 90, 92, 133, 141, 154, 162, 179
問屋衆　160-162, 190
問丸（職）　83, 88, 137, 295
道後政所　158
頭指　28

頭人　22,59,62,65,93,121,122
頭役　65,80,113,114,121,236,237
刀禰（職）　3,21,22,26,68,83,114,149
童使　26,37,54,77
童使頭役　62
ドージェ（総督）　229,230
道者　5,141,155,158,163,195-199,203-206,208,259
道者株　5,195
道者売券　155,196,197,201,203,217
道祖神　26,77
党的武士団　269
同名衆　213
同名中　212,217
徳政　153
徳政一揆　90,153,154
土豪的御家人　270,280
都市議会　4,7
都市共同体　1,89-91,100,139,225,226,232,235,287,304
都市行政権　163
都市考古学　232
都市自治　7,228,229
都市自治体　210,211
都市的な場　6,233,295,300
都市（的）景観　298,301
都市と景観　285
都市と農村という場　278
年寄　102,158,160,161,181,184,189,190,195,212,227
年寄（御）衆　99,101,102,117,120,125-128,130,138,229
年寄中　162,189
都市領主　302
都市連盟　227
土倉（業）　85,86,149,150,153,154,179,259
戸田説　274
特権的座商業／特権的座商人　18,43,51
特権都市　87
土蔵　123
殿原層　3,89,90
奴隷　6,251,258-262
奴隷制　250,252,253,258,262,263
奴隷制社会　252,253
奴隷制社会論　243,254
奴隷制的生産関係　249
奴隷包摂社会論　6,250,251,254,260-263
奴隷（制）論　244,251,252,258,260-262

な

長崎学林　237
長島攻め　184,186
納屋衆（倉庫業）　138,238
縄張り　5,158,196,198,200,209
南北町衆　4,101
南北老若　101

に

日本イエズス会　237
日本型奴隷制　253
日本型奴隷制論　248-250
日（使）頭役　28,29,44-46,52,54,73,81,88
日使（大）神事／日使頭祭　22,26-28,33,34,36,37,40,43-45,51-54,66,76,77,80,81,83,87,88
入港税（舟迎銭）　103,126,160,183

ぬ

抜け参り　195
布座　210
奴婢　250,258,262
奴婢制　248,250

ね

禰宜　146,150,156,163,165,173,235
禰宜家　169
禰宜庁　151
寝屋長者　279
年季奉公人　255

の

農奴　255,259,291
農奴制　245,250,262
農奴的隷属農民　268

農民闘争　90, 304

は

舶船目銭　111
橋村家の内紛　212
馬上銭　32
馬上役　32
馬上役制　296
八王子神　77
八子神　2, 25, 27, 28, 53
八子宮　25
八幡宮社家雑掌　49
八幡宮神人　49
八幡宮日使（頭）役　52
八幡神　19, 20, 22, 39-42, 49, 51, 76, 86
八朔祭　113, 114, 236
浜御油座　114
番衆　103, 126, 133, 160, 161
半長者職　282

ひ

被官　258
被差別民　240
非農業民　290, 293, 294
日長者　22
日の使　→ 勅使少将代
百姓（職）　177, 178, 254, 255
百姓論　255
平岡社務　268
平野酒　118
非（反）領主制論　270

ふ

奉行　183
奉行所　181
武家給人　51
武士団　269-271, 275, 277, 280, 281, 283-285
武士団草賀党　282
不自由ないし被差別民　234, 260
武士論　265, 266, 270, 271
譜代解放令　255, 256
ふなどのかみ／岐神　26
船迎銭　160
部落民　240
文江自在天神　26
紛失状　70, 117, 118, 149

へ

閉籠　31, 33, 48, 52
「編戸＝造籍」学説　246

ほ

保と座　69
封建都市　97, 224-228
封建的主従関係　259
封建的都市論　1, 140
封建領主　280
封建領主制　284, 290, 291
奉公人　259
保長　118
ポルトガル語　120
本宮庁　146, 147 → 禰宜庁
本家職　294
本座　44, 46, 54, 88
本所　46, 69, 115, 116, 119, 149
本所神人　89
本宅　268, 276
本領　268, 269, 285

ま

マイノリティ　251, 254, 260
馬漸本丸（船名）　158
町衆　4, 6, 99, 101, 110, 112, 120, 121, 125-129, 132, 133, 138, 234, 236-238, 291, 302
町年寄　130-132
町年寄家　166, 217
町屋　298
政所　21, 68, 69, 72, 89, 116, 119, 120, 150, 152, 176

み

御厩別当　275
御倉町　35, 36, 70, 86
御厨　194, 201, 272, 274, 279, 281, 285

御厨御園 158, 162, 179
御厨子所 273, 281
水走氏武士団 271, 280-284
溝口座 27, 59-61, 73, 80
湊公界 5, 180
港町 227, 228
ミニステリアール層 233, 240, 260
宮座 2, 22, 28-30, 33, 34, 36, 37, 44, 51, 53, 54, 62, 64, 45, 66, 76, 78, 80, 84, 89, 90, 104, 109, 117, 118, 132, 234
宮所 117
名主沙汰人 101

む

無縁 103, 104, 240, 254
無縁所 256
棟別 115

め

馬寮 275

も

門前町 195, 227, 228
門前都市 2, 4, 18, 140, 141, 179

や

八面神 26
八上郡内金田長曽根郡司書生以下所職 283
屋地子（家屋税） 115, 237
屋銭 116
宿 133, 160
山崎油売 52, 88
山崎御神神人 94
山崎神 23-29, 34, 53, 76-78, 83, 84, 86, 87
山崎胡麻船 110
山崎諸侍中 51
山崎長者座 61, 73, 84
山崎長者（職） 30, 83, 84, 278, 295
山田長 210
山田会合 173
山田三方 6, 129, 141, 142, 153, 158, 159, 166, 173, 184, 195, 209-218, 235, 258, 259
山田三方会合 173, 195
山田三方（会合）年寄 208, 209, 216
山田三方（会合）老分 210, 213, 216
山田三方家 166, 195, 212, 216
山田三方構成員 211
山田三方土一揆 5, 163, 209
山田三方年寄家 5
山田三方寄合 210
山田三方老若 210
山田惣中 211
山田の座 210
山田奉行 208, 212, 213
大和川の付け替え 268
山本川俣両執当職 6 → 大江御厨
山本執当職 268

ゆ

湯起請 52

よ

淀魚市神人 32, 33
寄合 102, 121, 132, 181, 237
寄合衆 100, 101, 112
寄人 22, 69, 81, 85, 294
四箇郷惣長者職（以南惣長者職） 81

ら

ラキーク（奴隷） 261
楽 103, 104, 254
楽市 255

り

離宮神前 52
離宮八幡神 42, 46, 87
離宮八幡神信仰 53, 86
領家 47, 105, 106, 115, 143, 146, 147, 151, 152, 163, 169, 173, 176, 177
領家職 4, 294
領国都市 225
領邦都市 228
領主制 284, 290, 291, 293, 308
領主制研究 292, 297

領主制（理）論　267, 270, 284, 289, 290, 299

れ

隷（属）農（民）制論　250

ろ

老若　102, 103, 121, 126, 130, 131, 133, 138, 148, 149, 156, 160, 163, 173, 174, 184, 185, 210
老若中　183
老若分　126
老分　103, 126, 141, 142, 150, 160, 170, 172, 183
老分衆　148, 150, 154, 156, 160, 161, 163, 171, 173, 174, 177, 182, 190
老分中　182, 184-186

わ

若衆　3, 62, 89, 138
若党　282
渡辺惣官職　270
割符　136, 137